《清廉浙大》丛书

清心　正道

——浙江大学廉洁教育与廉政文化建设的思考与实践

总 主 编　周谷平

本册主编　郑爱平　张子法

ZHEJIANG UNIVERSITY PRESS

浙江大学出版社

图书在版编目(CIP)数据

清心正道：浙江大学廉洁教育与廉政文化建设的思
考与实践/周谷平总主编.—杭州：浙江大学出版社，
2014.9

(清廉·浙大丛书)

ISBN 978-7-308-13915-1

Ⅰ.①清… Ⅱ.①周… Ⅲ.①浙江大学—廉政建
设—文集 Ⅳ.①D630.9-53

中国版本图书馆 CIP 数据核字 (2014) 第 228753 号

清心　　正道——浙江大学廉洁教育与廉政文化建设的思考与实践

总主编　周谷平

责任编辑	姚燕鸣
封面设计	姚燕鸣
出版发行	浙江大学出版社
	(杭州市天目山路 148 号　邮政编码 310007)
	(网址：http://www.zjupress.com)
排　　版	杭州林智广告有限公司
印　　刷	杭州丰源印刷有限公司
开　　本	700mm×960mm　1/16
印　　张	15.75
插　　页	8
字　　数	300 千
版 印 次	2014 年 9 月第 1 版　2014 年 9 月第 1 次印刷
书　　号	ISBN 978-7-308-13915-1
定　　价	48.00 元

版权所有　翻印必究　印装差错　负责调换

浙江大学出版社发行部联系方式：(0571) 88925591；http://zjdxcbs.tmall.com

构筑"4-3-2-1"校园廉洁宣教工作格局，打造具有浙大特色的"求是廉文化"体系

浙江大学党委副书记、纪委书记　周谷平

　　近年来，浙江大学始终注重把廉洁教育纳入学校"大宣教"工作格局，把廉政文化融入学校文化建设总体布局，融入改革发展的方方面面，加强组织领导，健全协调机制，创新工作方法，拓展宣教平台，以传承和弘扬竺可桢老校长"只问是非，不计利害"的求是精神为切入点，逐步构筑起"4-3-2-1"校园廉洁宣教工作格局，努力打造具有浙大特色的求是廉文化体系，不断增强教育的说服力和感染力，营造风清气正的良好氛围，为实施"六高强校"战略，为建设世界一流大学提供了坚强的政治保证。

　　"四位一体"的廉洁教育体系。学校廉洁教育和廉政文化建设聚焦于领导干部反腐倡廉教育、重点领域和关键环节风险防范教育、教师职业道德教育和大学生廉洁修身教育四大方面，着力打造"四位一体"求是廉文化体系。一是加强领导干部反腐倡廉教育。学校把反腐倡廉教育贯穿到领导干部培养、选拔、管理、使用的各个环节，通过专题培训班、理论中心组学习、集体谈话、签署廉政承诺书等形式加强对中层干部反腐倡廉教育。二是加强重点领域和关键环节风险防范教育。围绕"七个关口"，针对学校的重点领域和关键环节，对相关人员开展以典型引导和案例剖析为主要内容的预防宣传和警示教育；有针对性地开展反腐倡廉方针政策、法律法规、财经纪律规定等方面的教育培训。三是加强对教师的职业道德教育。重点抓好教师职业

生涯三个重要关节的教育培训：以"进入教师职业角色，树立良好师德师风"为主题的新教师始业教育培训；通过"求是导师学校"加强对新晋研究生导师的教育；通过"育人强师"培训计划加强对学术带头人、重大科研项目负责人等高层次人才的教育。四是加强大学生廉洁修身教育。把廉洁教育纳入课堂教育，纳入党员发展教育的全过程，纳入学生思想政治教育的重点环节，纳入学生组织建设，纳入校园文化建设，提高大学生廉洁教育实效性。

"三者贯通"的廉洁宣教工作内涵。 多年来，浙江大学党政领导班子和纪委班子一贯重视将廉洁教育、廉政文化和廉政理论研究这三方面工作一起谋划，一起部署和一起落实，追求"用科学理论引导人、廉洁理念教育人、先进文化熏陶人"的目标，努力实现廉政文化建设与校园文化建设的有机结合，不断增强廉洁教育的说服力、廉政文化的感染力和廉政理论的引导力，营造风清气正的良好氛围，一些工作得到上级纪检监察机关的肯定，2012年被中央纪委监察部列为全国纪检监察工作调研与创新联系点。近年来共有近10件书法作品、摄影作品和新媒体视频等入围首届和第二届全国高校廉政文化作品大赛决赛。学校开展了7大类别的校园廉政文化作品征集活动，举办了廉政书画大赛、廉政摄影比赛等文化传播活动，结集出版了部分优秀书画作品，并在多校区组织展览和展播，在校内外产生了良好的反响。学校有关专家主持了国家社科基金重大招标项目《健全权力运行与监督机制研究》，廉政中心承担了教育部廉政专项课题，承接了省、市级等10余项研究调研课题；校内社科部门资助廉政研究专项2项，学校党建研究中心在校内已连续两年组织廉政理论研究立项课题。在党风廉政建设责任制、高校惩防体系建设、高校院级单位治理结构与廉政风险防控、二级单位纪检监察组织建设、高校师德师风建设、"制度＋科技"（廉政信息化建设）等方面已经有一些较高质量的研究、调研成果；以廉政研究中心为平台，已形成一支由法学、公共管理学等领域专家学者和一批专兼职纪检监察队伍组成的研究队伍。

"校院两级"的整合联动机制。 学校成立廉洁教育和廉政文化建设的领导小组，学校分管宣传思想工作和文化建设的校领导同分管纪检、监察工作的校领导担任组长，其成员由学校相关职能部门的负责同志以及相关学科的专家组成，主要职能是加强对全校这一工作的领导、协调、计划、督查，以确保廉洁教育落到实处、取得实效。领导小组坚持定期专题研究部署、规划指导全校的廉洁教育与廉政文化建设。近两年来，领导小组推出了"廉洁教育季"系列活动，经学校整合，推出了"十个一"教育活动等活动平台。这些活动有些由学校集中组织开展，更多地则依托二级单位开展。特别是2013年以来，学校完善了二级单位纪监察组织和队伍，二级单位纪委已基本覆盖设立党委的各院级单位。学校加强对二级单位纪检监察干部的培训培养，二级单位纪委积极主动开展工作，极大地拓展了廉洁教育的覆盖面，增强了教育的针对性和有效性。校院两级的整合联动必将进一步推进学校廉洁教育、廉政文化体系的建设效果。

"一院一品"的廉政文化品牌。近年，在"廉洁教育季"等活动开展过程中，学校组织引导各单位积极开展创建廉政文化精品活动，在抓好各项"规定动作"的基础上，推出有特色、显亮点、出成效的"自选动作"，培植并巩固"一院一品"廉政文化品牌。据不完全统计，已经培育"一院一品"廉政文化品牌50余个。譬如：人文学院（以艺术系为依托）组织开展的"清心正道"廉政书画展；传媒与国际文化学院开展的"廉始于心、洁践于行"学生廉洁教育平面公益广告设计大赛；思想政治理论教研部的"廉洁教育进课堂"计划，聚焦"第一课堂"这个主阵地；公共管理学院组织的廉政理论征文和光华法学院组织的廉政读书报告会；建工学院、电气学院、化工系为代表的"廉洁工程师"计划，上好大学最后一课和入职前第一课；计算机学院和软件学院开展以"廉为本，洁自好"为主题的浙江大学爱莲（廉）摄影大赛和廉洁主题动漫、DV作品征集活动，在校内外产生积极反响；生命科学学院、环境与资源学院等组织的"树廉洁新风尚、筑生态中国梦"系列活动回应了生态文明和政治文明双主题；医学院组织的"廉洁修身，'医'路同行"——医学生毕业宣誓签名仪式；药学院制作并在院内推广廉政屏保（"屏保"非常契合药学的保健预防机理）；邵逸夫医院、儿童保健医院、口腔医院等组织契合医务人员的"医德师德双提升"廉洁教育活动；离休党工委组织的离休老党员关心下一代廉洁教育计划；机关党委（纪委）开展的"抓教育，促廉洁，正作风"廉政文化建设；后勤集团推行廉洁从业"8项制度"的廉政文化；等等。这些项目基本已覆盖主要的学科院系和重点关口单位，有不少紧扣院系特色的活动项目，已经在学校内部产生良好的反响和效应。

党的十八大以来，以习近平同志为总书记的新一届中央领导集体高度重视党风廉政建设和反腐败斗争，将之提到一个新的高度，摆在更加重要的位置。中央在抓党风廉政建设的理念、思路和举措方面呈现出更加强烈的忧患意识、更加坚定的决心、更加果断的重拳行动、更加明晰的改革思路和更加注重以上带下的高姿态等特点。高校是教书育人的神圣殿堂，特别是知名高等学府，应该是引领正气，教化社会的典范，因此，高校发生的违纪违法案件，无论是发生在领导干部身上，还是发生在教师和学生身上，负面影响远超出腐败本身，严重损害教育形象，严重破坏立德树人环境，严重影响学生健康成长，对社会风气的影响更加不可小视。包括浙江大学在内的高校党组织都要认真贯彻落实中央决策部署，坚持社会主义办学方向，扎实推进党风廉政建设和反腐败工作，不断取得新进展、新成效。高校的党风廉政建设就像做医生，我们既要做"看病医生"，更要做"保健医生"，最好的医生就是能"治未病"。现在全党"以治标为主，为治本赢得时间"的标本兼治的思路切中要害，而基于高校的特殊使命和地位，在"治标"的同时，要更加注重在"治本"方面下大工夫，且应该为全党反腐倡廉的治本之策发挥更大的功用，中共中央印发的《建立健全惩治和预防腐败体系2013—2017年工作规划》也特别强调科学有效预防腐败。正是基于这样的思考，我们一直以打造"清廉浙大"为目标，坚持把科学有效预防腐败摆在学校党风廉政建设工作更加重要的地位，更加注重从宣传教育、理论研究、制度文化等方面立治本之策、做治本之功。这也正是我们推出《清廉·浙大》丛书的初衷。本丛书将择优分期推出学校在廉洁教育、廉政文化、廉政理论研究方面的成果，热忱欢迎学校广大纪检监察干部和关心学校党风廉政建设的师生员工予以支持和关注。

2014 年 6 月于求是园

前　言

"清心为治本,直道是身谋。秀干终成栋,精钢不作钩"。多年来,浙江大学认真贯彻落实中央纪委、中宣部等《关于加强廉政文化建设的意见》、《关于加强领导干部反腐倡廉教育的意见》以及教育部《关于在大中小学全面开展廉洁教育的意见》精神,把廉洁教育纳入学校"大宣教"工作格局,把廉政文化融入学校文化建设总体布局,融入改革发展的方方面面。学校廉洁教育和廉政文化建设坚持用科学理论引导人、廉洁理念教育人、先进文化熏陶人,聚焦于领导干部反腐倡廉教育、重点领域和关键环节风险防范教育、教师职业道德教育和大学生廉洁修身教育四大方面,积极调动二级单位的主体意识和参与热情,着力打造"四位一体"求是廉文化体系。

特别是党的十八大以来,学校积极打造"清心正道"书画展、"廉洁教育季"等廉政文化品牌活动,推出"十个一"宣传教育活动,同时开展了七大类别的校园廉政文化作品征集活动,并积极引导二级单位培育并巩固"一院一品"廉政文化品牌,推动校园廉政文化建设形式和传播手段创新,得到上级纪检监察机关的肯定。如今,各单位在抓好各项"规定动作"的基础上,着力推出有特色、显亮点、出成效的"自选动作",以"一院一品"为鲜明特色的学校廉政文化建设理念越来越得到广大师生员工的认同和积极响应。

呈现在读者面前的这本书,初步梳理了近年来浙江大学在廉洁教育和廉政文化建设方面的一些思考与实践。这里,有学校领导在工作会议、研讨会上的讲话摘要,也有校领导为干部、教师上廉政党课的相关材料;有专兼职纪检干部结合工作实际的理性思考,也有在不同阶段围绕中心工作任务进行调研形成的研究报告;有为上级纪检监察机关提供的调研参考,也有参加理论研讨会或在兄弟高校间交流时形成的专题性材料;有学校整体纪检监察工作的实践总结,更有二级单位紧扣单位工作实际进行的探索和创新;有干部、教师的工作成果,也有来自学生的思考和感悟;有逻辑严密、充满理性思辨的理论文章,也有生动活泼、形式多样的书画等艺术作品……虽略显繁多,却始终围绕廉洁教育与廉政文化,希望呈现给读者我们的思考与实践,也期冀广大读者提出改进我们工作的意见和建议。

目　录

▲调研报告▼

▲古今中外▼

▲活动案例▼

讲话辑录

做好学校党风廉政建设和反腐败
工作需要五个"到位"

(根据在 2012 年暑期党风廉政建设研讨会上的讲话整理)

浙江大学党委书记　金德水

今天的会议是党风廉政建设研讨会暨纪检工作负责人培训班,我作为学校党风廉政建设第一责任人,讲五个方面的意见(五个"到位"),与大家一起研讨。

一　思想意识要到位

所谓思想意识要到位,就是要深刻理解全党反腐倡廉建设的形势,清醒认识高校党风廉政建设面临的挑战,牢牢抓住加强我校党风廉政建设的难得机遇。党风廉政意识和观念的提升是个老生常谈,又不得不谈的话题。从当今全党的情况来看,从整个高等教育界,又具体到我校的情况来看,我认为这个党风廉政意识和观念既要迅速提升,又要大幅提升。

一是要深刻理解全党反腐倡廉建设的形势。胡锦涛总书记在中纪委七次全会上,特别是在分析当前反腐倡廉过程当中,谈到现在全党反腐倡廉工作"三个并存"、"两个依然"。"三个并存"是指成效明显和问题突出并存,防治力度加大和腐败现象易发多发并存,群众对反腐败期望值不断上升和腐败现象短期内难以根治并存。"三个并存"是对现阶段反腐倡廉形势的科学判断。"两个依然"是指反腐败斗争形势依然严峻、任务依然艰巨。这就是我们党的领导同志对当前反腐倡廉形势的总体判断。贺国强同志在七次全会上又针对当前反腐倡廉形势正处在相持阶段的情况,提出了必须要做到三个深刻认识:深刻认识我们党反对腐败的坚强意志和坚定决心,充分肯定反腐倡廉建设和反腐败斗争取得的明显成效;深刻认识当前反腐倡廉斗争面临的严峻形势,切实增强忧患意识、危机意识和责任意识;深刻认识中国特色社会主义的政治优势,进一步坚定反腐败斗争必胜的信心。这体现了两个层面,一个层面是我们讲的"三个并存"、"两个依然",第二个层面是面对"三个并存"、"两个依然"我们一定要按照贺国强同志的"三个深刻认识"去深刻理解当前全党反腐倡廉的形势。

二是要清醒认识高校党风廉政建设的面临的挑战。首先,面对日益复杂的国际形势,针对西方敌对势力把我国高校作为意识形态的渗透重点,加强政治纪律、维护党的集中统一,对高校党风廉政建设提出了更高要求。其次,随着国内经济社会发展进入改革关键期和矛盾凸显期,高校党风廉政建设与教育改革发展重大实践相适应,如何与教育改革发展重要步骤相一致,如何与教育改革发展重要举措相配套,从而确保教育改革发展的顺利进行,对高校党风廉政建设提出了更高要求。第三,随着教育投入大幅增加,高校掌握的资金数额越来越大,相应地面临的廉政风险也就越大,加强廉政风险防控,保证教育项目安全、资金安全和干部廉政安全,对高校党风廉政建设提出了更高要求。第四,高校在履行人才培养、科学研究、社会服务和文化传承创新职能过程中,广泛接触社会,深度融入社会,社会上各种消极腐败现象会渗透到高校,影响干部师生,如何保持风清气正的校园环境,对高校党风廉政建设提出了更高要求。最后,随着越来越多的年轻干部走上领导岗位,在带来更多新鲜力量的同时,由于这些干部普遍缺乏严格的党内生活锻炼和复杂环境的考验,有些干部管理经验不足、投入管理工作的精力不够,自我监督和接受监督的意识不强,如何创新干部教育培训方式,增强培训效果,对高校党风廉政建设提出了更高要求。

三是要牢牢抓住加强我校党风廉政建设的难得机遇。按照中央巡视工作的统一部署,中央第六巡视组于2012年3月18日到4月27日,对浙江大学开展了巡视试点工作。巡视期间,巡视组听取了我校领导班子的工作汇报和校纪委、校党委组织部等机关部门的专题汇报,并通过召开各类座谈会,列席校党委常委会,与学校及中层领导干部、师生员工代表等进行了个别谈话等多种形式,对学校领导班子及其成员贯彻执行党的路线方针政策和决议决定,特别是深入贯彻落实科学发展观、坚持党的教育方针和正确办学方向、执行民主集中制、执行党风廉政建设责任制、开展作风建设和选人用人等五个方面的情况进行了监督检查,并对学校纪检机构和组织人事部门履职情况进行了巡视监督。近日,巡视意见已经正式反馈。巡视报告在对我校改革发展事业给予充分肯定和较高评价的同时,明确指出了我校在提高教育质量方面存在的薄弱环节以及领导班子建设、党风廉政建设、队伍建设和思想政治工作等方面存在的问题,并针对性地提出了意见和建议。

按照中央巡视工作领导小组的要求,学校要在接到正式反馈意见的60

日内（就是 9 月 15 日前）提出整改方案，一年之内提交整改工作报告。学校正积极研究整改方案，制定整改措施，落实整改任务，确保整改实效。这既是推进学校发展再上新台阶的重要机会，更是加强我校党风廉政建设的难得机遇。我们一定要牢牢把握，全面加强学校党风廉政建设。学校将在进一步听取意见的基础上，尽快出台《关于进一步加强党风廉政建设的实施意见》，并将此作为落实反馈意见，努力整改的重要举措。

二 责任落实要到位

所谓责任落实要到位，就是要更加清晰地明确各自岗位的反腐倡廉责任分工，就是要更加坚决地贯彻执行"一岗双责"的要求。

思想意识到位之后，责任也要落实到位，因为大家思想意识都提高了，大家就会在想，到底我这个岗位承担着哪些责任呢？2012 年 2 月 17 日，学校新年度的第一次全校性大会也就是学校纪检监察工作会议上，举行了签署廉政承诺书和责任书的仪式，我也有感而发地说大家领回去的是沉甸甸的责任，我在讲话的最后还特别强调了党风廉政建设制的内容，相信在座的各位还记得。2012 年，我们还根据学校领导班子调整的实际，及时修订了反腐倡廉组织领导和责任分工。这个责任简单地讲就是"一岗双责"，大家都知道，"一岗双责"的要求和主要内容在《关于实行党风廉政建设责任制的规定》里规定的非常清楚，"党风廉政建设责任制是反腐倡廉建设的龙头"这个概念大家都不陌生了，但具体的责任是什么，我分三个层面来讲。

一是党政一把手的责任要落实到位。《教育部关于执行党风廉政建设责任制的实施办法》进一步明确，高校党委要承担起全面领导反腐倡廉建设的主体责任，行政领导班子要抓好教学、科研等各项行政管理中的反腐倡廉工作，把反腐倡廉要求同行政管理工作一起部署、一起落实，一起检查、一起考核；党政主要负责人要勇于担当、敢于负责，切实肩负起党风廉政建设第一责任人的政治责任。落实到我校，就是我和杨卫校长要履行好学校第一责任人的职责。同时，按照党风廉政建设责任制的规定，学校各单位党政主要负责人都要切实做到"一岗双责"并切实履行所在单位第一责任人的职责，只有这样，才能把反腐倡廉的各项任务落实到基层，落实到实际工作中，建立纵横贯通、涵盖全面的责任体系。现在，自上而下特别重视高校二级单位党风廉政建设责任制的落实，我们各院级单位的主要领导千万不要再认为党风廉政建设只是学校层面的事。特别是各单位的行政主要负责人不要认为党风廉政建设是书记的事情，与管业务的领导无关；当然，我们的党委书记也切不可认为管钱管物的都是行政领导,自己分管工作范围内没有太多反腐倡廉的工作需要做。

二是党政领导班子副职的责任要落实到位。 学校党政班子各位副职要坚持"一岗双责",就是要认真履行分管范围内的反腐倡廉职责,指导、检查所联系单位和分管部门的党风廉政建设和反腐败工作,特别是紧紧抓住联系单位和分管部门的重点部位和关键环节,加大治理力度。这样的要求同样适用于各院级单位党政领导班子副职。各中层领导班子的副职不能再错误地认为党风廉政建设的责任应该是班子党政主要负责人即一把手的事情。

三是纪检工作负责人的责任要落实到位。 反腐倡廉领导机制是"党委统一领导,党政齐抓共管,纪委组织协调,部门各负其责,依靠群众支持与参与"。这其中,纪委的组织协调至关重要。学校纪委要积极协助学校党委研究部署反腐倡廉工作,以落实党风廉政建设责任制为抓手,协调学校各单位各部门,抓好任务分解和落实,加强组织协调和督促检查。纪委要定期向党委报告工作,并提出加强学校党风廉政建设的意见和建议。大家都注意到了吧,学校反腐倡廉组织分工中,谷平同志的条目最多,任务最重,我想这正是她作为纪委书记这一角色责无旁贷的体现。当然,这里的纪委自然也包括各院级单位的纪委,进而也应该包括不设纪委的各院级单位纪检工作负责人。学校纪委在这方面已经做了很好的工作,还要继续总结经验,寻找差距,弥补不足。院级单位和各部门纪检工作负责人也要主动担责,大胆协调,有效协调。我曾经讲过学校党建的指导思想是"加强党建到位不缺位,服务中心进位不退位",我想,这个"到位不缺位""进位不退位"同样应该是我们从事纪检工作的各位同志"定好位"的工作信条。

三　工作推进要到位

所谓工作推进要到位,就是要更加有力地推进学校党风廉政建设各项重点工作,努力突破学校反腐倡廉建设的难点工作,不断完善学校反腐倡廉制度体系和长效机制,有效地推进决策科学化,防范廉政风险。思想意识到位,责任落实也到位后,关键就在工作推进,要善做善成抓落实,实实在在地推进学校确定的各位工作,扎扎实实地增强反腐倡廉各项工作的实效性。

我校在2012年开学的第一周就召开了全校纪检监察工作会议,这也是新学期第一个全校性的大会。我在会上讲了四个方面的意见:一是抓教育增意识,坚定反腐倡廉建设决心;二是把关口强监管,提升制度管理能力水平;三是重调研促完善,深入推进惩防体系建设;四是抓监督促落实,保障学校事业科学发展。谷平同志代表学校纪委部署了年度工作,并明确了重点任务。明天谷平书记还会就2012年上半年的工作进行总结,并对2012年下半年的重点工作进行部署。我强调以下三方面。

一是要准确把握学校党风廉政建设的工作重点。学校党风廉政建设头绪多,事情杂,涉及面广,在纷繁复杂的工作中,一定要抓住重点工作,解决主要矛盾。我理解,当前我校党风廉政建设的重点工作就是研究落实巡视整改方案,并扎扎实实地进行整改落实。而这整改的方面在我看来,其实与我们年初确定的工作重点不谋而合。比如我在年初的工作会议上讲到的强化科研经费的使用监管、强化校办企业的监管、强化物资采购的监管以及加强学校学风建设等四个方面年度重点工作,都在巡视报告的意见建议中可以找到,说明我们已经看到了问题,关键在扎扎实实地把工作推进。又比如加强对政治纪律执行情况的监督检查、加强对学校重大决策部署贯彻落实情况的监督检查、加强对人财物等社会和师生员工关注的热点问题的监督检查、加强对贯彻落实"三重一大"决策制度情况的监督检查等,则是任何时候都不能放松的、必须常抓不懈的重点工作。

二是要努力突破学校反腐倡廉建设的工作难点。这里我提两点。首先是如何完善党风廉政建设考核评估机制。校党委已部署要尽快修订《浙江大学党风廉政建设责任制考核办法》,完善检查考核与监督机制。这项工作的难点一方面是怎么考核,另一方面是考核结果如何运用。我们希望能将考核情况作为各级领导班子和领导干部履职考核的重要内容,这个前提就是必须要有一个科学合理的考核结果,这样才能做到有效的激励,也才能做到有效的责任追究。另一个难点我想提的是领导干部兼职问题。这个问题的成因很复杂,但巡视组非常明确的给我们指出来了,整改的方案其实也非常简单明确,就是要在摸清底数、自查自纠的基础上,及时出台规范性意见。但这个规范性意见如何能既体现中央和上级纪检监察机关的要求,又能符合浙江省和学校实际,很不简单,需要学校干部管理部门和纪检监察部门广泛听取意见,希望大家一起来想办法。

三是要不断完善学校反腐倡廉制度体系和长效机制。经过2008—2012这一轮的惩防体系建设,学校各方面工作的管理制度和反腐倡廉制度比较健全、完备,但距离内容科学、程序严密、配套完备、有效管用的要求还有一定的差距,制度的系统性、科学性、有效性、针对性还需进一步加强。我们要科学谋划下一个五年规划,确定把进一步完善反腐倡廉制度体系,积极推进学校各方面管理制度和反腐倡廉制度的完善提升,推进校、院(系)两级制度建设的良性互动和制度体系的关联配套作为新一轮惩防体系建设的重点。学校纪检监察部门努力要加强对学校制度建设的协调和监督,既要做到制度体系科学严密,又要确保制度"落地",政令畅通。制度的执行力够不够,关键在机制,我们在总结评估的基础上,要在健全长效机制上下工夫,着力构建包括廉洁教育机制、风险防控机制、监督检查机制、考核评估机制、激励惩处机制等在内的完备的、成体系的并且是可操作的长效机制。

（四）监管督查要到位

所谓监管督查要到位,就是要求学校纪检监察部门要更加严格地加强对重点领域和关键环节的监管,努力做到关口前移、实时监督、及时预警。纪检监察部门要进一步树立"加强监督是本职,疏于监督是失职,不善于监督是不称职"的观念,积极作为,我相信也定会大有可为。

贺国强同志在高校反腐倡廉建设座谈会上强调,要抓住监督管理这个关键,切实加强对高校重点领域和关键环节的监管,严把招生录取、基建项目、物资采购、财务管理、科研经费、校办企业、学术诚信等"七个关口"。中央巡视组也对我校提出了该意见建议。这七个关口为代表的重点部位和关键环节,对教育功能的发挥具有关键性作用,是推动学校发展的动力源泉。同时,也存在着较大的廉政风险和利益冲突。我校近年来发现的相关问题也大多出自这些重点部位和关键环节。我们要统筹兼顾,抓好长期性、基础性工作,整体推进"七个关口"等的监督管理。这"七个关口"是按领域来分的,我今天想换一个维度,从时间的维度上来强调监管要到位。

一是要在决策前防范上下工夫,关口前移未雨绸缪。要健全重大事项科学民主决策机制,坚持和完善重大决策、重要干部任免奖惩、重要项目安排、大额度资金使用等重大事项应经党委常委会集体讨论决定制度。完善并严格执行议事决策规则和程序,加强领导班子决策前的事先论证和沟通、决策中的充分讨论的监督检查等工作。建立完善专业性事项应经过专业委员会咨询论证、事关学校(院、系)改革发展全局的问题和涉及教职工切身利益的事项应广泛听取群众意见,并经教代会讨论审议或通过的制度。

二是要在执行中纠偏上下工夫,发现问题及时补救。要健全决策后执行情况的监督检查,建立完善决策实施情况的追踪、反馈、评估和调整纠偏机制,确保决策实施的科学性、有效性。

三是要在实施后问责上下工夫,严肃追究以儆效尤。领导干部因不认真履行职责,造成本单位、本部门发生严重影响学校社会声誉和重大经济损失、严重损害广大群众切身利益的行为,均应追究单位主要负责人、分管负责人和直接责任人的责任。

五 队伍建设要到位

所谓队伍建设要到位,就是要以更加坚决的态度进一步加强学校纪检监察机构和队伍建设,以更加有力的举措提升学校纪检监察队伍能力和水平,以不断创新的工作方式方法坚决保障学校党风廉政的需要。

毛主席老人家有句话说得好,大家也都挂在嘴边:路线确定以后,干部就是决定性的因素。工作是人做出来的,道理再浅显不过,由于学校事业发展的需要,学校纪检监察工作呈现出范围“宽”、任务“重”的局面,同时,由于纪检队伍力量“散”,纪检监察工作特别是其核心的监督检查工作则不可避免地存在着时机“迟”、程度“浅”、效力“软”的问题。因此,学校一定要下大决心、花大气力加强纪检监察机构和纪检干部队伍建设。

一是纪检监察组织机构要进一步健全。学校纪委办(监察处)是学校纪检监察的重要工作机构,要配备数量足、能力强、素质好的专职纪检干部。可根据工作需要设立正、副处级和正、副科级纪检员岗位。学校在所属具有独立法人资格的单位(控股公司、各附属医院)设立纪委(纪工委),下设纪(工)委办公室或监察室,配备相应的专职工作人员。积极探索在若干院系设立相应的机构、配备专职人员的试点工作。不设纪委的院级党委以及学校直属的党总支、党支部,应明确一位分管纪检监察工作的领导,一般应为本级党组织的书记或副书记,也可由作为党委(总支、支部)委员的行政负责人分管,同时要明确一位纪检委员或纪检工作联络员。机关各部门要有一位领导分管纪检监察工作,同时要落实纪检工作联络员。

二是纪检监察干部队伍要进一步优化。要努力建设一支政治坚强、公正廉洁、纪律严明、业务精通、作风优良的高素质纪检监察干部队伍。选拔党性好、作风正、能力强、威信高的干部进入纪检监察领导班子,优化班子年龄、知识和专业结构,增强班子整体功能和合力。学校每年举办院级单位纪委书记和院级党组织、机关部门纪检工作负责人培训班,分层分类举办纪检委员和纪检联络员培训交流活动,不断提升纪检监察工作队伍的理论和业务水平。继续落实校纪委委员牵头调研的工作制度,积极开展调查研究和理论研讨。学校支持和保护专兼职纪检干部依法依纪履行职责,确保学校党风廉政建设各项工作落到实处。

三是要不断创新纪检监察工作方式方法。党风廉政建设决不能按“暂停键",也不能简单地按"重复键"。学校广大专兼职纪检监察干部要主动适应新形势新要求,克服惯性的思维定式和模式化的工作方式,紧紧围绕学校中心工作,以改革创新精神推进学校党风廉政建设各项工作。要善于发现问题、认识问题、分析问题、解决问题,通过推进廉政理论研究把握工作规律,不断增强工作的应对力、整合力、推动力。要切实做到纪检监察工作与业务工作的深度融合,建立完善纪检监察部门和业务监管部门联动开展工作的有效机制,纪检监察部门加大组织协调的力度,业务部门充分发挥自身职能作用,将反腐倡廉融入教学、科研、后勤等业务工作和管理流程之中,真正做到业务工作延伸到哪里,监督检查就跟进到哪里。

求真务实,真抓实干,全面推进
学校党风廉政建设

(根据在 2013 年党风廉政建设工作会议上的讲话整理)

浙江大学党委书记　金德水

毛泽东主席说:"世界上最怕'认真'二字,共产党就最讲认真";邓小平同志也经常讲"求真务实",可以说"求真务实"是邓小平理论的精华,小平同志也是求真务实的典范;习近平总书记在浙主政期间曾讲过,浙大校训之"求是"精神也是浙江精神的组成部分;这个"求是",浙大校歌里有着精当的解释:"昔言求是,实启尔求真",包涵着求理论之"真",求规律之"真",求科学之"真"的意思;我本人到浙大两年来,也一直秉持一个"真"字,一直强调要听真言、明实情,讲真话、办实事。我今天的讲话也围绕这个"真"字,与大家共勉。

一　对上级有关会议和文件精神要认真学,要真领会

党的十八大明确提出要把我党建设成为"学习型、服务型、创新型"的马克思主义政党。2013 年 3 月 1 日,习近平总书记出席中央党校建校 80 周年庆祝大会暨 2013 年春季学期开学典礼,强调要在全党大兴学习之风,依靠学习和实践走向未来。他强调,我们的干部要上进,我们的党要上进,我们的国家要上进,我们的民族要上进,就必须大兴学习之风,坚持学习、学习、再学习,坚持实践、实践、再实践。他指出,学习应该是全面的、系统的、富有探索精神的,既要抓住学习重点,也要注意拓展学习领域;既要向书本学习,也要向实践学习;既要向人民群众学习,向专家学者学习,也要向国外有益经验学习。认真学习马克思主义理论,这是我们做好一切工作的看家本领,也是领导干部必须普遍掌握的工作制胜的看家本领。学习党的路线方针政策和国家法律法规,这是领导干部开展工作要做的基本准备,也是很重要的政治素养。要坚持干什么学什么、缺什么补什么,有针对性地学习掌握做好领

导工作、履行岗位职责所必备的各种知识。习总书记的讲话,既说明了学习的重要性,也指出了要怎么学、学什么,更强调了要以什么样的态度对待学习,就是领导干部应该把学习作为一种追求、一种爱好、一种健康的生活方式,做到好学乐学,如饥似渴地学习。我理解就是要"真学"。当前和今后一段时间,我特别强调我们的各级干部重点要认真学、真领会以下四方面内容。

一要认真学习党的十八大报告和中央纪委向党的十八大所做的工作报告。这两个报告,特别是有关党的建设的内容,又尤其是有关"党要管党、从严治党"部分(具体内容在这里我不展开了),这是今后几年管总的东西,就是习总书记所讲的必须"学习、学习、再学习"的内容。我们的干部一方面要以更加认真的态度参加学校党校等组织的集中学习培训,更重要的还是要以虔诚的心态平时反复学习,并结合实际工作深入思考领会,做到真学、真用。

二要深入学习党章,牢记党章,全面履行党章赋予我们的职责。党章就是党的根本大法,是全党必须遵循的总规矩。认真学习党章、严格遵守党章,是加强党的建设的一项基础性经常性工作,也是全党同志的应尽义务和庄严责任,对强化全党党章意识,增强党的创造力、凝聚力、战斗力具有极为重要的作用。当前,认真学习党章、严格遵守党章,是学习贯彻党的十八大精神的重要内容。党的纪律检察机关是党章规定的党内监督的专门机关,其职责来自党章,维护党章更是其庄严使命。因此学校广大党员、干部特别是从事纪检监察工作的干部更要带头学习党章,全面履行党章赋予的职责。

三要深刻领会十八大以来党的新领导集体对反腐倡廉建设的重要论述。党的十八大以来刚刚过去的四个月的时间,中央新领导层所释放的新信号、带来的新气象、树立的新作风、传递的新梦想为世人瞩目,特别是关于反腐倡廉工作的重要表态密集程度罕见,且用词严厉。我简单列举几例(有些刚才朝晖同志已经传达过了):(1)2012 年 11 月 15 日在七常委首次记者会上,习近平总书记就讲:"打铁还需自身硬。一些党员干部中发生的贪污腐败、脱离群众、形式主义、官僚主义等问题,必须下大气力解决。"(2)2012年 11 月 17 日在七常委首次集体学习时,习近平总书记又指出:"近年来我们党内发生的严重违纪违法案件,性质非常恶劣,政治影响极坏,令人触目惊心。"(3)2013 年 1 月 22 日,在十八届中央纪委二次全会上,习近平总书记在讲话中指出:"要坚持'老虎'、'苍蝇'一起打,既坚决查处领导干部违纪违法案件,又切实解决发生在群众身边的不正之风和腐败问题。"(4)2013 年 1 月 23 日,在中纪委研讨班上,王岐山书记提出一个新论断:"要坚持标本兼治,当前要以治标为主,为治本赢得时间。"(5) 2013 年 2 月 28 日中国共产党第十八届中央委员会第二次全体会议公报:"对党内存在的突出矛盾和问题,不能视而不见,不能回避,不能文过饰非,必须下大气力加以解决。"(6) 2013 年 3 月 17 日,新任国务院总理李克强回答记者提问时讲道:"腐败和我们政府的信誉应该说水火不容,中国政府反对腐败的决心和意志是坚定不移的……自古有所谓'为官发财,应当两道',既然担任了公职,为公众服务,就要断掉发财的念想……把权力涂上防腐剂,只能为公,不能私用。"这些表态和新论断,立意之高远、内涵之深刻、判断之准确、措辞之严厉、用心之良苦,大家需要认真去学习,去体会。

四要深刻领会中央"八项规定"、省部有关规定及学校 22 条办法之精神实质。党的十八大提出,"坚持艰苦奋斗、勤俭节约,下决心改进文风会风,着力整治庸懒散奢等不良风气,坚决克服形式主义、官僚主义,以优良党风凝聚党心民心、带动政风民风。"党的十八大后先是中央政治局"八项规定"及实施细则引风气之先,之后各地各部门纷纷出台关于改进作风的规定。我校也根据中央、教育部和浙江省委、省政府的要求,结合学校实际,在深入学习、积极调研的基础上经过认真研究,在今年寒假前出台了学校的九项规定计 22 条办法,全校各单位、部门首先要认真组织学习,深刻领会规定的精神实质。

二 改进工作作风、密切联系群众要发自真心,要真行动

刚刚讲了针对这些有关规定的学习和领会精神实质,接下来就是怎么落到实处的问题。大家已经注意到,党的十八大后几个月来,中华大地掀起了一股清新的作风转变风潮,先是中央政治局引风气之先,中央主要领导率先垂范,之后各地各部门深入贯彻落实党的十八大精神和中央"八项规定",轻车简从、精简会议、狠刹公款吃喝浪费……随着一系列硬招实招的纷纷出台,大力转变作风已蔚成风气,以优良党风政风带动整个社会风气的好转,正激发出一种蓬勃向上的正能量。从高层到坊间,从干部到民众,无不深刻感受到其力道之猛、之足,也期待其能真正持久。我理解,落实这些规定的关键就在于是不是发自真心,是不是真行动。这些党员群众都叫好的规定能不能真正落实、长久坚持,以下三方面非常关键。

一是要发自真心,而不是"阳奉阴违"。相信绝大多数干部群众对整治"文山会海"、迎来送往、公款吃喝等风气都拍手叫好,但也可能中央的这些规定影响到一些人的既得利益,动了某些人的"奶酪",且这些往往是身居高

位、享用惯了的一批人,这个群体能不能真心拥护呢?我的观点:论官位,有谁比总书记还高?总书记明确讲"中央政治局同志从我本人做起",总书记说到做到,总书记能做到的,你有什么理由不能做到。再说了,我真心觉得,中央这些规定更多地也是在为我们的干部着想,在为大家"松绑",在"解脱"大家,比如,少了这些迎来送往,少吃几餐"公家饭",多吃家常饭,对自己身体都好,多些时间回家陪家人孩子,家庭都会更和谐。讲到发自真心,对我们学校的各级干部而言,核心还在于你是不是发自内心地为师生员工服务,愿不愿意把主要精力用于管理和服务工作。刚刚谷平同志讲了,今年学校将出台关于干部兼职管理的规定,我们中层以上的管理干部一定要发自真心的自觉落实执行。

二是要真解决问题,力戒以形式主义的方法来贯彻八项规定。规定落实得好不好,检验的标准应该是看有没有解决实际问题。各级各地的这些方面规定,基本可归纳为叫"正文风、改会风、转作风、树新风"。我着重强调一下改进会风和调查研究。

会风好不好,关键不在于会场布置从"排场"到"寒碜"的改变,不是说没了鲜花和红地毯,取消合影、取消茶歇、会期短了就是会风的根本转变,关键还在于会议内容要充实,少些"场面话",多解决几个问题,特别是要解决难题、解决迫切的问题。还比如会议用餐的问题,也不能陷于形式主义。有些报道把某地会议用餐改为自助餐作为新闻点,我看也不能绝对化,大家也都知道,有些自助餐的餐标也不低,有时也浪费严重;还有的地方宣传一律取消会务用餐,我看也极端化了,有形式主义的嫌疑。我一直认为还是要一切从实际出发,有时为了开会的效率,解决一顿饭还是必要的,无非是不要奢华,不要浪费,像我们在学校开会,统一发食堂餐券我认为就是很好的方式。

关于调查研究,中央的规定很多方面是切中要害的。调查研究是我党的优良传统,但一段时间以来确有不少问题,这次的规定比如不搞层层陪同就很好。但重点我觉得还是在于是不是达到了"下基层、接地气、办实事"的目的,有没有深入基层一线与群众"面对面"交谈、"心贴心"沟通、"实打实"办事。不能搞些纯形式的东西。我看到某个地方要求干部下基层去要背干粮,我不赞成,弄不好基层群众还以为你们嫌人家饭菜不卫生、不安全,你们的干粮也许是"特供"呢?还有,有些"来也匆匆,去也匆匆"的调研,下面接待简是简了,但往往是"回头望望一场空",来去一趟没解决一点问题,也不是我们要提倡的风气。我们校内大力推行的"新生之友"寝室联系制度我感觉就很实在,干部、教师到寝室去跟同学联系交流,就是一种很好的调查研究方式,毕竟网络的"键对键"不能代替师生之间谈心交流的"面对面"。

　　三是要持之以恒地抓，不走过场，不搞一阵风式的运动。 抓作风建设，群众最担忧的就是抓一抓有好转，松一松就反弹。作风建设不是一个小问题，也不是可以一蹴而就、一劳永逸的问题，必须常抓常新，抓出实效。"八项规定"以及具体到我们学校的 22 条办法既不是最高标准，更不是最终目的，只是我们改进作风的第一步，是我们作为共产党人应该做到的基本要求。作风是否确实好转，要以人民满意为标准，要广泛听取群众意见和建议，自觉接受群众评议和社会监督。群众不满意的地方就要及时整改。一定要善始善终、善做善成，防止虎头蛇尾，要让人民群众切实感受到作风方面的新气象，让人民群众相信我们抓作风转变不是权宜之计。大家看到了，我们花大气力抓的行政服务办事大厅这个学期正式开张了，下一步就是要把好事办好，办好事长期坚持下去，还要不断调整完善，让广大师生员工看到我们是真办事，能办事，要让"一流管理、服务师生"的理念深入每一位干部职工的心里。今年开学之初，学校班子成员轻车简从分头到有关单位进行调研，帮助分析和解决有关问题，我觉得只是开了头，要形成制度、形成风气、形成习惯。各单位、各部门的领导干部也要深入教育教学、行政管理、服务保障等工作一线，要改变群众办事找不到人，领导在办公室坐等群众上门的问题，要真正畅通服务联系群众的有效途径。

三　监督检查、纠正查处要动真格，要敢顶真

　　习近平总书记在十八届中央纪委第二次全会上的讲话，把严明纪律作为党的凝聚力和执政能力的基础来强调，把改进作风视为夯实执政根基的重要工种来加强，以"把权力关进制度的笼子里"的思路来谋划反腐倡廉建设，为党风廉政建设和反腐败斗争指出了新方向，也对各级党组织和纪检监察部门提出了更高更严的要求。我们一定要按照总书记讲话精神的要求，按照教育部和浙江省委省政府的要求，抓好监督检查，保障中央、部省和学校重大决策部署的实施，切切实实以落实好今年党风廉政建设各项工作来为学校教育事业的科学发展提供强有力的政治保证和组织保障。刚才谷平同志讲到了今年要重点落实好学校《关于进一步加强党风廉政建设的实施意见》，我完全同意并再次强调，这是今年若干年学校党风廉政建设的总制度，要以此为蓝本做好学校惩防体系 2013—2017 年五年工作规划，完善制度体系，强化对制度执行情况的监督检查。特别是重点做好以下各三方面工作的监督检查：

　　一是严明纪律特别是党的政治纪律，保障中央和学校重大决策不折不

扣地执行。遵守党的政治纪律,最核心的就是坚持党的领导,坚持党的基本理论、基本路线、基本纲领、基本经验、基本要求,坚定中国特色社会主义的道路自信、理论自信、制度自信,在思想上政治上行动上自觉同以习近平同志为总书记的党中央保持高度一致。要坚决维护中央权威,牢固树立大局观念和全局意识,做任何工作都要以贯彻中央精神为前提,切实做到中央的大政方针坚决贯彻,中央的决策部署坚决落实,中央的安排要求坚决执行。要时刻绷紧维护政治稳定这根弦,对大是大非问题有坚定立场,对背离党性言行有鲜明态度,在任何情况下都做到政治信仰不变、政治立场不移、政治方向不偏。要坚定不移地走中国特色社会主义教育发展道路,全面贯彻党的教育方针,坚持社会主义办学方向,始终把立德树人作为教育的根本任务。要坚持学术研究无禁区、课堂讲授有纪律,切实加强对课堂教学、讲座论坛、学术交流、校园网络、学生社团的监管,坚决抵制境外敌对势力、背景复杂的非政府组织借学术研究之名,或利用宗教对我校进行渗透,决不允许散布违背党的理论和路线方针政策的意见,决不允许公开发表违背中央决定的言论,决不允许泄露党和国家秘密,决不允许参与各种非法组织和非法活动,决不允许制造、传播政治谣言及丑化党和国家的言论。

学校党的各级组织要自觉担负起执行和维护政治纪律的责任,加强对党员遵守政治纪律的教育。学校纪检监察部门要把维护党的政治纪律放在首位,加强对政治纪律执行情况的监督检查,完善纪律规范,抓好纪律教育培训,对背离纪律的言行要旗帜鲜明抵制,不能听之任之、置身事外。

二是要切实抓好中央"八项规定"和学校有关规定贯彻落实情况的监督检查。中央明确要求各级纪检监察机关把监督执行"八项规定"及实施细则作为改进党风政风的一项经常性工作来抓,各级纪检监察机关要把这项工作作为一项政治任务,要加大检查监督力度,执好纪、问好责、把好关,要以踏石留印、抓铁有痕的劲头抓下去,让全党全体人民来监督,让人民群众不断看到实实在在的成效和变化。教育部强调要建立健全作风建设长效机制,建立健全党委统一领导、党政齐抓共管、纪委监督检查、部门各负其责、群众监督评价的作风建设长效机制,形成工作合力;要制定领导干部作风评价标准,抓好日常管理,抓好养成,形成习惯;要强化监督,把作风纳入领导班子、领导干部述职述廉和考察考核,并严格执行有关纪律处分规定。我校也明确规定学校两办、纪委办、监察处和机关党委负责每年年底对各部门、各单位落实中央规定和学校办法的情况进行专项检查,检查结果向学校党委汇报并在一定范围内通报。组织人事部门要把执行情况纳入干部管理和考核,纪检监察部门要加强日常监督。这些要求必须不折不扣执行,本学期一开学学校已经由主管领导牵头就落实这些规定进行了任务和责任分解，各责任单位一定要勇于担当，抓紧行动，对违反规定的必须严肃处理。

三是继续强化"七个关口"等重点领域的监管，严肃查处违规违法腐败行为。从严治党，监管惩治这一手决不能放松。坚定不移惩治腐败是反腐倡廉最直接最有力的手段，是我们党有力量的表现，也是全党同志和广大群众的共同愿望。近年来，以"七个关口"（招生录取、基建项目、物资采购、财务管理、科研经费、校办企业、学术诚信）等重点领域和关键环节监管为主要内容的高校党风廉政建设近年来越来越受到中央、中央纪委的重视，这"七个关口"为代表的重点部位和关键环节，对教育功能的发挥具有关键性作用，是推动学校发展的动力源泉，同时也存在着较大的廉政风险和利益冲突。去年中央巡视组也对我校提出了进一步加强"七个关口"监管的意见建议。刚刚召开的中央纪委二次全会再次强调，要纠正教育等领域损害群众利益的不正之风，抓好高校党风廉政建设，着力解决学术诚信、基建工程、科研经费等方面存在的突出问题。我校近些年查处或者配合办理的一些违纪违法案件，也大多出自这些重点部位和关键环节。我们在为这些出问题的干部深感痛心的同时，还是要保持高压态势，绝不护短和姑息。大家已经都知道了，我校去年发生了科研经费领域的案件，涉及知名教授，也曾是重要干部，今年教育部还将组织开展直属高校科研经费专项检查，我校更要以此案为鉴，认真开展自查，加强科研经费监管，规范科研行为，维护科研秩序，也要保护好科研人员的创造性。对其他关口的监管也是如此，对违纪违法行为的查处必须动真格，必须保持国家法律法规和校纪校规的严肃性。另一方面，加强监管也要努力创新机制和方法，刚刚谷平同志讲的以廉政信息化手段来提升廉政风险防范水平的思路我非常赞同，这方面我校已经有一定基础，希望有关部门能进一步加强规划、加大投入，争取在科研经费、国有资产、基建工程、物资采购等若干领域有较大的突破。

（四）党风廉政建设责任制要真落实，要真追责

习近平总书记最近再次强调，抓好党风廉政建设和反腐败斗争，必须全党动手。各级党委对职责范围内的党风廉政建设负有全面领导责任。要坚持和完善反腐败领导体制和工作机制，发挥好纪检、监察、司法、审计等机关和部门的职能作用，共同推进党风廉政建设和反腐败斗争。打铁还需自身硬，能不能抓好学校党风廉政建设，关键在学校各级领导班子和领导干部是否有强烈的责任心，是否对违规行为有坚定追责的决心。

首先，学校各级领导班子要自觉承担起反腐倡廉建设的政治责任。有关部门要抓紧修订完善《浙江大学党风廉政建设责任制考核办法》，严格执行责任追究制度。各级领导班子要自觉担负起加强纪律建设、作风建设、反腐倡廉建设的责任，完善领导体制和工作机制；要坚持守土有责、守土尽责，坚持一级抓一级、层层抓落实，把责任分解落实到基层，落实到个人，真正做到分解责任要明确，检查考核要严格，责任追究要到位。

其次，学校各级领导干部要做到廉洁自律，守牢底线。领导干部要严格执行廉洁自律有关规定，廉洁自律的关键在于守住底线，只要能守住做人、处事、用权、交友的底线，就能守住党和人民将给自己的政治责任，守住自己的政治生命线，守住正确的人生价值。同时，我们的各级党组织也要弄明白、想清楚一个问题，加强对党员、干部的监督，是对他们的爱护，放弃了这方面责任，就是对党和人民、对我们的干部极大不负责任。要立足于爱护干部，治病救人，坚持抓早抓小抓苗头，对干部要多教育、多提醒，早拉袖子、早拍肩膀。

第三，学校的各级干部不仅要独善其身，还要切实履行"一岗双责"。关于这个"一岗双责"，我在去年的暑期党风廉政建设工作研讨会上的讲话中曾经分三个层面详细阐述过，一是党政一把手的责任，二是党政领导班子副职的责任，三是纪检工作负责人的责任。在这里有必要再简单归纳并重复下，就是班子主要负责人要当好"班长"，切实担负起党风廉政建设第一责任人的使命，带好头，带好队伍；班子副职要承担起分管范围内的党风廉政建设责任，在其位、谋其政；纪检监察干部要坚守原则、敢于碰硬，充分发挥组织协调和监督检查作用。

按照学校《实施意见》的精神，今年学校还要继续加强纪检监察组织机构和队伍建设，学校各级组织一定要支持学校纪检监察部门开展工作，关心爱护纪检监察干部。特别要保护那些党性强、敢于坚持原则的同志，为他们开展工作创造条件，我自己带头做到。当然，监督者更要接受监督，我们的纪检监察干部也要以更高的标准、更严的纪律要求自己，自觉接受组织和群众的监督，不断提高履行职责能力和水平，以可亲、可信、可敬的良好形象和卓有成效的工作赢得广大师生员工的拥护。

教师要把培养人才作为第一责任，要坚守职业操守

(节选自在浙江大学 2014 年度工作会议上的讲话等)

浙江大学校长　林建华

我们应当看到，中国高等教育面临很大挑战。我们必须要为国家和民族培养能够适应和驾驭未来的人，这是我们的核心使命，这也要求我们必须营造良好的教学文化，建设和完善教育体系。为民众提供良好教育，为地方社会经济发展提供人才和学术支撑，是我们的责任，也是几代浙大人的追求，我们应当不断追求卓越，探求未知，要坚持学术独立，兼容并包，营造创新环境。在这些方面，我们还要不断努力。

在社会快速发展变化的今天，大学必须坚守，只有"守正"，才能真正实现"创新"。我们应当坚守社会主义价值观，坚守社会良知，为人师表，引领社会风尚。作为知识创造与传播的机构，大学管理的核心是激发组织和成员的创造潜力，我们必须坚决反对任何形式的官僚主义和形式主义。文化和制度层面建设是大学长远发展的基础，我希望各个学院深入思考这些问题，真正把学校建设好。

同时，我们也面临很大的发展机遇。中国正处在一个转型时期，大学也处在一个转型和快速发展时期，每个学校都有机会走到前列。我们要有雄心和信心，做中国高等教育的引领者，做社会发展的引领者。面对未来的严峻挑战，既需要脚踏实地的实干家，也需要勇于创新的思想家，我们的国家不应是技术的巨人、思想的矮子。这要求大学做更多的努力，真正建设一批世界一流大学，我们要重塑"东方剑桥"，使浙江大学成为人们向往的学术殿堂。

当前，学校将重点完成以下几项任务。一是要稳步实施"六高强校"战略，多做打基础利长远的事情；二是要使学术队伍整体水准显著提升，学科格局更加合理，学术竞争力进一步增强；三是要形成具有浙大特色的教育体系，使我们的学生更有成就；四是机制体制改革取得进展，管理架构更加合

理,基层组织的权责更加明确,形成良好的制度文化和校园文化,使师生员工的创造力进一步迸发出来。

一 要抓好教育体系建设这个基础性工作

要确立人才培养是学校的核心使命的观念,最根本的是要以学生为本。我希望这些育人理念能够获得学校全体教职员工的认同,并逐渐内化为大家的自觉行动。学校的长远影响力和声誉是我们培养的人才,国家和社会最期待的,也是培养能够驾驭未来的人才。因此,人才培养是学校声誉的基础,是社会关注的焦点。由于种种原因,我们曾经引以为豪的教学文化正在蜕变,人们对大学的批评和指责,也集中在人才培养质量上。我们必须做出反应。首先,要树立人才培养是学校核心使命的观念,要明确教学是教师的首要责任,院系是人才培养的第一责任单位。其次,要改变"以教师为中心",或"以学科为中心"的传统观念,大学教育必须树立起"以学生为中心"的观念,要根据学生未来发展的需要,重新思考应该给学生哪些知识、提高哪些能力、用什么样的方式来培养学生。

人才培养是一个体系,不能割裂,必须要从人才培养体系建设的角度,推进教育改革。我们应当确立人才培养目标,明确浙江大学培养的人在中国人才体系中的地位和作用,明确他们将来应当成为什么样的人,对社会发挥什么作用。院系都应当明确各自的人才培养目标。在此基础上,我们应当深入分析他们所需要的知识、能力、价值观、基本素质等,建立面向未来的人才培养方案和教学计划,完善评价体系,调动教师的教学积极性和学生学习主动性。人才培养培养体系建设是一个系统工程,各部门、各个院系都应当积极参与,相互配合,才能真正完成。

二 要抓好学术队伍建设这个最核心的工作

要做好学术队伍建设,必须了解教师的职业特点。一般地说,教师更忠于自己的学科,由此产生出教师的流动性。教师希望学校具有良好的学术发展条件,清晰的学术发展路径。人才还有聚集效应,周围的人越优秀,就越稳定。当然,教师还希望获得应有的尊重,希望有公正的竞争环境等。学校和学院对教师也有要求,教师必须重视教学,把培养人才作为第一责任。教师必须追求卓越,学校把学术水准作为教师晋升的基本要求。学校还要求教师严守职业操守,代表社会良知,为人师表,成为社会风尚的典范。教师作为一种神圣而崇高的社会职业,有着严格的职业规范和行为准则。学校加强师资队伍的内涵建设,就要抓紧制定教师行为准则,明确对教师的倡导性要求和禁行性规定,秉持权益保障与责任义务相结合的原则,科学引导和规范教师的言行举止。尤其要处理好学校建设和教师发展的关系,当两者发生冲突时,教师的个人利益绝不能凌驾于学校利益之上,这是我们每一个教师应当坚守的职业底线。学校也会以师生为本,尊重教师的主导地位和学生的中心地位,保证学术独立,维护师生权益,大力营造尊师重教的良好氛围。

除了基本的行为规范,教师还应当遵循更高的职业道德和职业标准。因为大学是培养人的场所,承担着塑造国家未来的使命和责任。学校的每一个决定、教师的一言一行,都有可能对学生的一生产生深刻的影响。这就要对我们的教师提出更高的道德要求,要热爱教育,关爱学生,具备高尚的师德、优良的教风和高度的责任心,时时处处为人师表,恪尽职守。

坚持党的群众路线　树立优良工作作风

（节选自 2013 年 11 月在新提任中层干部培训班上的讲话）

浙江大学党委常务副书记　邹晓东

中层领导干部是贯彻学校决策部署、推动学校科学发展的中坚力量，是贴近群众、服务师生的重要群体，一定要本着对事业负责、对群众负责的态度，牢固树立优良作风。

全心全意为人民服务是党的根本宗旨，群众路线是党的生命线和根本工作路线。践行好党的群众观点和群众路线，要从思想上解决好"我是谁、为了谁、依靠谁"这个根本问题。

一是要解决好"为了谁"的问题。为谁立命、为谁谋利是一个根本性、方向性问题。学校事业的发展要造福社会、服务师生。作为中层领导干部，就是要牢固树立一切为了群众、真心服务群众的思想，自觉自愿地服务师生群众。希望中层领导干部结合党的群众路线教育实践活动，在了解基层"接地气"、贴近师生"零距离"上下工夫，建立经常性调研走访师生群众的制度，掌握师生真实思想动态，认真听取师生意见建议，认真梳理并改进不科学、不合理的工作措施，优化管理决策和服务，针对本单位（部门）亟待解决的突出问题集中力量研究解决几件大事要事，确保通过党的群众路线教育实践活动形成一批实实在在的成果。

二是要解决好"依靠谁"的问题。必须以群众为"靠山"，坚持从群众中来、到群众中去的根本方法。对中层领导干部来说，要开展好工作就必须充分相信师生、紧紧依靠师生、紧密团结师生。希望中层领导干部结合党的群众路线教育实践活动，积极探索依靠师生、调动各方面力量团结协作推动工作的好做法，发挥好双代会、学术委员会等在民主管理、教授治学、科学决策中的作用。

三是要解决好"我是谁"的问题。要摆正好自己与群众的关系，更好地认清自己、定位自己。对中层领导干部来说，就是要摆正角色定位，正确处理好与师生之间的关系。希望中层领导干部结合党的群众路线教育实践活动,对照"四风"问题认真查摆,进一步明确将服务作为自己的基本角色定位,摆正同师生的关系,校验自己的责任态度,衡量自己的职业精神。时刻警醒自己勤政廉政,自觉贯彻落实党风廉政建设责任制,严格执行中央八项规定,清白做人,干净做事,秉公用权。

强化廉洁从教意识　加强科研经费管理

(根据 2012 年 11 月在"育人强师"培训班上的辅导报告整理)

浙江大学常务副校长　吴朝晖

一　当前强调加强科研经费使用和管理工作的背景

一是国家越来越重视高校科研经费的监管,外部监管形成高压态势。呈现出以下特点:

1. 多管齐下的监管。外部监管部门国家层面有教育部、科技部、财政部、国家审计署等部委,省里有省教育厅、省科技厅、省财政厅等部门。

2. 多元化的监管制度。近年来有关部委出台了一系列政策:《科技部关于严肃财经纪律规范国家科技计划课题经费使用和加强监管的通知》(2005),《财政部科技部关于改进和加强中央财政科技经费管理若干意见》(国办转发,2006),《教育部财政部关于进一步加强高校科研经费管理的若干意见》(2011),《教育部关于进一步贯彻执行国家科研经费管理政策加强高校科研经费管理的通知》(2011),等等。实施了项目(课题)经费预算管理制、结余经费原渠道收回政策、国库集中支付制度、政府采购制、课题中期财务检查制、财务验收制等制度。

3. 监管的频率越来越高。各种定期或不定期、常规的或非常规的、现场的或非现场的检查越来越多,包括抽查、巡视督查、监督评估、专项财务检查等各级各类检查。

4. 全方位的监管。既有对项目(课题)第一承担单位的检查,又有对合作单位经费执行情况的延伸检查。既有对学校层面的检查,又有对项目(课题)层面的检查。

5. 高要求的监管。监管执行的标准越来越高,要求整改的措施越来越严厉。实施以查验账表、记账凭证原件及所附原始凭证等各类证明要件,并需单位法人代表、财务负责人及项目（课题）负责人对所提供材料真实客观性作出共同承诺为前提的精细化检查。

二是高校科研经费受到社会高度关注。特别是去年7月爆出的"准院士段振豪事件"将科研经费使用和管理推到风口浪尖。2011年下半年以来，诸多媒体对科研经费给予极大关注并集中刊发了一系列报道，引起社会高度关注，违规使用科研经费成为口诛笔伐的对象，一时间形成舆论热点且至今未见降温。如：学习时报《科研管理中的十大矛盾》（2012年4月16日），人民网《教育观察：谁动了科研经费的奶酪》（2011年9月），新华网《科研经费岂能成唐僧肉——2011年热点解析》，中青报《科研经费催生多少富翁》（2011年8月），还有诸如：科研经费乱象丛生、腐败生态链、个人提款机，等等。

三是学校以质量为核心的内涵式发展的需要。"内涵发展、质量优先"是我校现阶段科研事业发展的重点，浙江大学科研事业经过多年的积累，已进入内涵式发展和全面提升质量的新起点，与之对应的科研经费使用和管理，同样面临"量"与"质"提升的问题。学校科研经费快速增长，已经成为第一大办学经费来源，科研经费怎么使用和管理至关重要。要明确树立起这样的观念，就是使用好科研经费和完成好课题指标同样重要。

二 我校加强科研经费使用和管理工作的具体举措

1. 2012年5月，学校研究决定成立科技项目协同管理中心（暂名），建立健全多层次、跨部门的科技管理联动机制和科研经费协同监管机制，强化对项目执行过程中的精细化、深层次管理，切实做好科技项目全过程管理。

2. 2012年6月，学校研究出台了《关于加强科技项目管理的若干意见》、《横向科技项目经费预算制试行办法》，修订颁发了《科技项目过程管理办法》、《科研项目经费管理办法补充规定》等文件，明确要加强科研诚信制度建设，落实项目承担单位的法人责任，明晰项目研究和管理各方的责权关系。

3. 强化学校内部科研经费使用和管理的自查制度。2012年我校已开始第二轮专项审计调查工作，并在未来若干年持续开展这项工作，形成常态化工作机制，旨在全校范围内营造合理、合法、合规使用科研经费的良好氛围，不断巩固内部监管成果。

4. 为推动我校科研工作持续发展，针对新时期科研项目的新特点和新要求，建立第三方监管的专职监理人队伍，重点强化科研项目的过程管理。

以千万级项目为重点,进一步推广项目专职监理人队伍,加强大项目的监管力度。扩大推广委派科研财务助理制度,指导和保障科研经费的合理有效使用。

5. 加强科研诚信建设,建立科研人员诚信档案,建立健全科技信用管理体系,坚决贯彻项目经费审计一票否决制,对学术不端行为零容忍。

（三）把强化科研经费监管纳入学校新一轮惩防体系五年规划

从 2011 年下半年以来,高校党风廉政建设工作中也越来越重视科研经费管理。这里有几个具体表现:

1. 2011 年 11 月,十七届中央政治局常委、纪委书记贺国强同志到北京 5 所高校考察调研并召开部分高校反腐倡廉建设座谈会,充分肯定高校反腐倡廉成效,同时指出面临的新情况新问题,强调要严把招生录取、基建项目、物资采购、财务管理、科研经费、校办企业、学术诚信等"七个关口",科研经费位列其中。

2. 2012 年全国教育工作会议和教育系统党风廉政建设会议以及教育纪检工作要点里又着重强调了四方面监管工作:科研经费使用、校办企业、物资采购、学风建设,科研经费首当其冲。

3. 2012 年以来,教育部已经陆续派专项调研组赴有关高校开展调研。

顺应这种形势的需要,学校监察部门必然要切实履行行政监察职能,将加强科研项目过程管理,特别是强化科研经费使用情况的监管,纳入学校新一轮惩治和预防腐败体系五年规划,采取切实措施,切实防范廉政风险。惩防体系讲"教育、制度、监督并重",在科研经费管理上,我看也无非要做好这三方面工作:

一是教育在先,加强对经费使用相关人员的法规、政策教育宣传,消除认识上的疑点;

二是制度为本,进一步完善经费使用与管理的各项规章,不留制度上的空隙;

三是监督跟进,强化实时监督、事中监督、有效监督,避免监督的盲点。

（四）结束语:达成如下共识

1. 科研质量是体现大学综合实力的重要指标,而项目管理是科研内涵发展的必然要求,相应地,加强包括科研经费管理在内的项目过程管理已成为科技工作可持续发展的关键手段与制度保障。因此,我们应该把加强科研项目管理摆在更加突出的位置,在当前尤其是要强化对科研经费使用的监管,严格落实规章制度,健全监督机制,确保经费使用不出问题。

2. 全校各院系(所)、机关各部门要高度重视科研项目管理,构建协同联动、层层负责的监管模式,进一步明确职责要求,细化任务分工,从政策完善、制度执行、宣传教育等各方面,积极探索有效管用的管理方式,既要充分发挥科研经费的使用绩效,又要继续提升学校科研项目管理水平,更要充分调动和保护广大科研人员的积极性和主动性,为学校事业的健康持续发展提供坚强的保障。

3. 项目(课题)负责人更应高度重视,要树立国有资产意识、预算管理意识和法律意识,主动应对,加强事前控制和过程管理,接受财务监督,防患于未然,既规范经费使用,又加快预算执行进度,合理、合规、合法使用科研经费,既提高经费使用效益,又坚守国家各项财经法律法规的政策底线。

努力守好学校宣传思想文化工作阵地

(节选自 2013 年宣传思想工作会议上的讲话)

浙江大学党委副书记　任少波

一　要加强师生思想政治工作,大力促进师生成长成才

要加强思想政治理论课建设,大力推进中国特色社会主义理论体系进教材、进课堂、进学生头脑;要利用现代信息技术,推进教学方法和手段的创新,采取学生喜闻乐见、易于接受的方式进行教育引导,让学生不仅听得到,更能听得懂、听得进。要进一步发挥教育部高校辅导员培训和研修基地(浙江大学)、浙江大学德育与学生发展研究中心等平台的作用,提高教育的针对性、有效性。

要引导教师自觉将立德树人作为自己从事教育职业的根本任务,真正把对学生的思想教育和道德要求摆在首位,引导教师将思想品德教育融入专业教育,避免德育工作演"独角戏",切实破解学生培养工作中存在的教书、育人"两张皮"现象;要引导青年教师发挥自身优势,主动参与学生思想政治教育实践。青年教师晋升高一级专业技术职务(职称),应具有从事学生思想政治工作的经历。推进"三育人"标兵评选活动,树立师德典型,努力增强教师教书育人的荣誉感和责任感。

要鼓励师生深入基层参加社会实践,开展调查研究、学习考察、志愿服务、支教活动等。引导青年教师发挥自身专业优势,主动参与并指导学生的社会实践。进一步巩固大学生社会实践基地和志愿服务基地,拓展与校外单位的合作渠道,选派优秀青年教师和学生到基层挂职锻炼,完善学校社会实践工作长效机制,引导大学生骨干向基层学习、向群众学习,增加基层阅历,提高综合素质。

二 要做大做强正面宣传,营造良好的舆论氛围

要紧紧按照"围绕中心、服务大局"的基本职责,加强系统谋划,讲究时机时效,组织开展关于学校重大决策、重要成就、重大典型等主题宣传报道,充分发挥学校主流媒体凝聚人心、增强信心、坚定决心的作用,使正面舆论成为服务学校科学发展、促进各项改革、维护和谐稳定的强大力量。要大力宣传全校上下学习贯彻第十三次党代会精神、贯彻落实学校"六高"强校战略的进展和成效,大力宣传学校以提高质量为核心、深化教育教学改革、增强协同创新能力、优化社会服务布局、促进文化传承创新和开创党建工作新局面的先进经验和先进典型,讲好浙大故事,传播好浙大声音。

要进一步加强与社会主流媒体的协同合作,充分发挥学校新闻发言人作用,围绕建设世界一流大学的中心工作,提炼总结报道主题,为学校学科发展、人才培养等重点工作营造良好的舆论氛围,提升社会美誉度。要主动与媒体为友,不要害怕媒体,更不要以媒体为敌。

三 要加强网上舆论工作,占领互联网主阵地

当前,信息技术迅猛发展,网络日益成为社会生活不可或缺的重要部分。据统计,我国网民有近6亿人,手机网民有4.6亿多人,其中微博用户达到3亿多人。高校的这个比例还要高,现在的学生基本上不看传统媒体,大部分信息都从网上获取。所以,我们必须正视这个事实,要切实把网上舆论工作作为宣传思想工作的重中之重来抓。要大力推进校报、广播电视等传统媒体转变传播形态、延伸传播渠道,积极搭建网络教育服务平台,推进整合平面媒体、广播、电视、网络媒体、电子显示屏等资源,实现传统媒体与新兴媒体的有效联动与聚合传播。

要办好浙江大学官方微博、公共微信、手机报等新媒体平台,建立舆情监控沟通研判机制,加强对校园BBS的管理,及时发现倾向性、苗头性问题,有效应对涉及学校和师生的舆论事件。各院系、各部门应逐步建立本单位的官方微博,有条件的可建立官方公共微信等新媒体平台,适时转发、共享信息,完善机制、加强联动,构架起多级别、多层次的浙江大学新媒体矩阵。要鼓励党政领导干部、党的理论工作者、思想政治理论课教师和学生党员开设博客、微博、微信主动占领新媒体阵地。

（四）加强意识形态管理，牢牢掌握学校意识形态领域的主导权、管理权和话语权

要严格课堂讲授纪律，不允许散布违背党的理论和路线方针政策的意见，不允许公开发表违背中央决定的言论，不允许制造传播政治谣言及丑化党和国家形象的言论。对违反课堂教学纪律的教师要严肃批评、及时处理，情节严重的调离教师岗位。严格继续教育外聘教师的课堂教学管理，对于违反课堂讲授纪律的一律停止聘用。

要加强思想舆论动态分析研判工作，区分学术问题、思想认识问题、政治问题等不同性质，采取不同的措施妥善处理。对学术问题，要发扬民主，平等讨论，以理服人，做到研究无禁区、讲授有纪律；对思想认识问题，要加强正面宣传教育，有针对性地加以引导；对重大政治原则和大是大非问题，支持什么，反对什么，必须旗帜鲜明、态度坚定，决不能含糊其辞，更不能退避三舍。

准确把握党风廉政建设形势，
全面履行"一岗双责"

（根据 2013 年 9 月在中层干部上岗培训班上的讲话整理）

浙江大学党委副书记、纪委书记　周谷平

我们的新一届中层领导班子必须正确认识和准确把握学校改革发展面临的形势任务，切实增强使命感责任感；要切实加强干部作风建设，提高党性修养和理论政策水平，发扬求真务实的优良作风，坚持贯彻民主集中制原则，坚持贯彻党风廉政建设责任制，增强廉洁自律意识。就中层领导班子和中层干部党风廉政建设，我谈以下几点意见。

一　全面认识、正确把握当前党风廉政建设的总体形势和任务

1. 正确认识和把握党风廉政建设和反腐败斗争所取得的历史性成就以及存在的问题

如何看待当前反腐败斗争的形势是全民关注的热点问题，大家对这个问题的认识角度也有不同。对在座的学校的中层领导干部，我认为一定要辩证全面地看待这个问题。到底如何看？一个基本原则就是要把对当前党风廉政建设和反腐败斗争形势的认识统一到党的十八大精神上来。胡锦涛同志所做的党的十八大报告大家都在学，我再布置大家加点码，再把中央纪委向党的十八大的书面报告好好学习一下，报告的内容很丰富，我不想在这里照本宣科，仅用一串数字做个基本勾勒，大家会后再去认真研读或重温。报告指出，党的十六大以来，胡锦涛同志先后 10 次出席中央纪委全会（10 年里每年都出席），深刻阐述了一系列反腐倡廉新要求新观点新论断；报告总结了过去十年党风廉政建设 9 个方面成效；提出了对新一届中央纪委的 8 条建议；深刻总结了抓党风廉政建设的 7 条基本经验（七个"必须坚持"）；明确肯定惩防体系的 6 项工作（教育、监督、制度、改革、纠风、惩处）都取得了显著成效；同时也总结了仍然存在的 5 个方面问题；深刻分析了我们党面临的 4

种考验和4种危险；对当前党风廉政建设和反腐败斗争的总体态势概括为"3个并存"（成效明显和问题突出并存、防治力度加大和腐败现象易发多发并存、群众对反腐败期望值不断上升和腐败现象短期内难以根治并存）和"两个依然"：即反腐败斗争形势依然严峻，任务依然艰巨。（2013年5月18日，王岐山同志在中央巡视工作动员培训会议上强调："当前，党风廉政建设和反腐败斗争形势极为严峻复杂"，用了"极为"二字评价反腐倡廉形势，用词之重，前所未有）。（2013年8月27日政治局会议最新用了"三个依然"来概括：腐败现象依然多发，滋生腐败的土壤依然存在，反腐败斗争形势依然严峻复杂。）

从上述材料中我们应该看到，一方面，我们党反对腐败的态度一直是旗帜鲜明的，措施是有力的，成效也是明显的，这点我们应该给予充分的肯定。我们党员干部队伍的主流始终是好的，特别是党的十六大以来，党中央不断加大反腐败斗争的力度，我们反腐败的教育、监督、制度、改革、纠风、惩治等各方面工作都取得了明显成效。应该说，经过这些年的反腐败斗争，首先是"标本兼治、综合治理、惩防并举、注重预防"这样一个战略方针逐步成型，再就是惩治和预防腐败体系的基本框架初步形成，反腐倡廉建设的科学化水平在不断提高，一些领域腐败现象蔓延的势头得到遏制，这些都是非常了不起的成绩。另外一方面我们也要看到，当前我国还处在经济体制深刻变革、社会结构深刻变动、利益格局深刻调整、思想观念深刻变化这样一个历史时期，各方面的体制机制制度还不够完善，滋生腐败的土壤和条件在短期内还难以消除，反腐败斗争形势依然严峻，任务依然艰巨，我们必须保持这份政治上的清醒。

2. 深入领会党的十八大以来党风廉政建设的新思路、新部署

党的十八大以来，新一届中央领导集体引领新风，在总结继承我党反腐倡廉有效经验的基础上，继续加大工作力度，抓党风廉政建设方面的新思路、新部署呈现出以下四个明显的特点。

一是更加强烈的忧患意识。大家知道，习近平总书记在新一届中央政治局常委与中外记者见面时，说了这样一段话，一些党员干部中发生的贪污腐败、脱离群众、形式主义、官僚主义等问题，必须下大气力解决，全党必须警醒起来。两天之后，在新一届中央政治局的第一次集体学习的时候，习近平总书记再次强调，物必先腐而后虫生，大量事实告诉我们，腐败问题愈演愈烈，最终必然会亡党亡国，我们要警醒。总书记这两次谈话、两个"警醒"可以说是语重心长、发人深省，是对全党的一种谆谆的告诫，也深刻阐明了新形势下反腐败斗争的极端重要性。在中央纪委十八届二次全会上，习近

平总书记作了一个非常重要的讲话,这也是党的十八大之后新一届党中央总书记第一次在中央纪委全会上发表重要讲话。总书记这个讲话很有分量,非常给力,非常务实,我个人理解,总书记的讲话一个最大的特点就是体现了深刻的忧患意识。习近平总书记阐述分析了封建王朝的兴衰更替,总结了苏共亡党的历史教训,历数了消极腐败现象和不正之风的危害,摆事实、讲道理,深入浅出地阐述了反腐倡廉的一些重大问题,可以说是振聋发聩、令人警醒。

二是更加坚定的反腐倡廉决心。检察日报(2013 年 2 月 26 日)以"100天 10 句话彰显反腐倡廉决心"为题的报道转载率颇高。这 10 句话我也不一一重复了。仅举几句,大家可能都有印象。比如:总书记讲"把权力关进制度的笼子里",要坚持"老虎"、"苍蝇"一起打,"踏石留印、抓铁有痕"等等;王岐山书记讲"当前以治标为主,为治本赢得时间"。这些话可以说充分体现了我们新一届中央领导集体反对腐败的坚定决心和鲜明态度,也让我们广大人民群众增强了反腐败斗争的信心。

三是更加果断的重拳反腐行动。党的十八大不仅仅吹响了重拳反腐号角,反腐倡廉重拳也已经频频出手。如:抽查个人报告事项;加强对配偶子女均已移居国(境)外的国家工作人员(通常所讲的"裸官")的管理和监督;向部队特权和不正之风开刀(如"禁酒令"、军官蹲连住班等);中组部出台《关于在干部教育培训中进一步加强学员管理的规定》;刘铁男、倪发科、衣俊卿等副部级官员落马;公开审理薄熙来、刘志军等大案要案等等。这些反腐重拳招招实在,招招有力,反响强烈。

四是一切行动从我做起的高姿态。中央政治局转作风的"八项规定",中央军委转作风的"十项规定",开展群众路线教育实践活动、集中解决"四风"方面存在的问题这些行动,都有一个关键词叫"自上而下",要求下面做到的,自己首先做到;纪检监察系统不断强化"打铁还需自身硬"的意识,在努力加强自身建设上也有一些新举措,如中央纪委监察部领导约谈了各派驻机构负责人,在全国纪检监察系统开展会员卡专项清退活动等。群众乐见这样的姿态,也乐见其预期成效。

(二) 深刻认识、准确把握当前高等学校党风廉政建设的新特点、新趋势

高校是汇聚人才、培养人才的高地,是知识创新、科技创新的摇篮,是科技第一生产力和人才第一资源的重要结合点,在党和国家事业发展中具有

特殊重要的地位和作用。以 2011 年 11 月十七届中央纪委书记贺国强同志到北京五所高校调研并召开部分高校反腐倡廉建设座谈会为重要标志（这次调研是新中国成立以来第一个常委用 5 个半天的时间到教育系统进行反腐倡廉调研），高校反腐倡廉工作越来越受到来自党和国家高层的关注。在这次座谈会的讲话中，贺国强同志指出高校党风廉政建设重点要严把"招生录取、基建项目、物资采购、财务管理、科研经费、校办企业、学术诚信"等七个关口。大家一致认为这"七个关口"对高校党风廉政建设的重点概括得非常准确，将在很长一段时间内对高校党风廉政建设具有很强的指导意义。2012 年 6 月，习近平同志又先后到北大、人大、清华调研，并召开了高校党的建设工作座谈会，发表了非常重要的讲话，强调抓好高校党风廉政建设，是高校党组织的一项重要任务。还有一点大家都清楚，去年我们浙大和川大是首批试点单位，就是对高校的巡视工作的规格提高了，由原来教育部派巡视组升格为中央直接派巡视组来巡视（今年起，对中管高校的巡视已正式纳入中央巡视组巡视的范围，第一所学校是中国人民大学）。这进一步凸显出高校党风廉政建设受到中央重视、社会关注。

高校本是教书育人的神圣殿堂，理应成为传播精神文明的一方净土。但近年来，高校发生的消极腐败现象和违纪违法问题，已经损害到教育的社会道德教化功能及引领作用，影响到青年学生的健康成长和社会风气，社会上对教育战线存在的问题越来越关注，且越来越不能容忍。当前，高校消极腐败问题呈现出以下主要特点和趋势：一是人、财、物等重点领域和关键环节案件仍然易发多发。资料显示，违法违纪案件正在发生结构性变化，向中层干部和教师蔓延，5 年来全国高校受党政纪处分的人员中，中层干部和教师占了 52%。二是科研经费使用方面出现的问题受到社会广泛关注。十八届中央纪委二次全会专门谈到了要抓好高校党风廉政建设，着力解决学术诚信、基建工程、科研经费等方面存在的突出问题。如果说学术诚信、基建工程是多年的话题，科研经费出现在中央纪委的会议中应该说很"刺眼"，这也充分反映出近年来科研经费出现的问题已经引起中央领导的高度重视和社会广泛关注。三是商业贿赂等行业不正之风向高校蔓延。仅以近期曝光的赛诺菲、葛兰素史克等医药公司商业贿赂来看，涉事医院不少就是知名高校的附属医院，也包括我校的几家附属医院。大家都知道，知名高校的附属医院，依托大学强大的学科及科研支撑，临床医疗和医学研究往往都代表着当地的最高水平，是患者非常信赖的好医院，当然也容易成为医药公司和医药代表重点"攻关"的对象。这一系列事件的曝光不仅对医疗行业冲击巨大，对高校本身的声誉也可谓"雪上加霜"，必须引起足够重视。四是有的高校领导干部和院系党风廉政建设责任制落实不到位。这一点因时间关系不再展开。

三 深刻把握、全面履行党政领导班子和党员领导干部的"一岗双责"

今天的会既是培训会,也是一次集体廉政谈话。前面跟大家一起分析了全党、高校、我校党风廉政建设的一些情况,目的是想和大家一起提高认识,提高认识是前提,而认识最后还是要落实到行动上。接下去就算是集体廉政谈话的归纳吧,跟大家谈一谈怎么样具体履行作为领导班子和中层干部的党风廉政建设责任的问题。

每隔4年,学校党委都会召开同样的会议:中层领导班子成员集体廉政谈话会。组织上把同志们选拔任用到领导岗位,对大家而言,是一种信任,也是一种考验。"信任不能代替监督",这是王岐山同志常说的一句话。"信任也不能忽视提醒",这是我加的一句。王岐山书记讲"信任不能代替监督",本是对纪检监察干部讲的,但我想同样也适用于我们所有的干部。希望同志们珍惜组织和师生员工赋予的权力与责任,做廉洁自律的模范,不辜负党委和师生员工对你们的重托。现在中央提要做到"三清"(即干部清正、政府清廉、政治清明),那么干部怎样才算"清正",我觉得要做到政治清醒、为政清廉、做人清白(也可以称作个体层面的"三清");我们在座的干部,还要有正确的"三观"(权力观、政绩观、价值观),要履行职责,又要淡泊名利,要知法畏法,更要守法用法,要扛得住工作压力,又要抵得住各种诱惑。

按照党的十八大部署和要求,现在讲党风廉政建设和反腐败工作主要包括三方面:一是严明党的纪律特别是政治纪律,二是作风建设,三是反腐倡廉建设,下面我就从这三个方面以及落实责任制共四个方面谈一些具体要求。

一是严明党的政治纪律。习近平总书记在十八届中央纪委第二次全会上的重要讲话中强调,要"严明政治纪律,自觉维护党的团结统一"。王岐山同志在十八届中央纪委第二次全会上的工作报告中指出,"政治纪律是我们党最重要的纪律,严明党的纪律首先要严明政治纪律"。这充分体现了我们党对加强党的纪律建设特别是政治纪律建设的高度重视,充分体现了以习近平同志为总书记的党中央严明党的政治纪律、维护党的团结统一的坚强意志和坚定决心。党的政治纪律的底线是六个"决不允许",我们每一位领导干部都要有这样的政治清醒。党的各级组织要自觉担负起执行和维护政治纪律的责任,对大是大非问题要有坚定立场,对背离党性原则的言行要有鲜明态度,不能听之任之、置若罔闻。发现触犯政治纪律的苗头性倾向性问题要及时提醒和纠正,对违反政治纪律的行为要坚决制止。校院两级纪委要把维护党的政治纪律放在首位,加强对政治纪律执行情况的监督检查;对违反政治纪律的行为,要抓住典型,严肃处理。

二是加强作风建设。刚才金书记讲到了作风建设的内容,等下晓东书记也还会讲,我仅强调一点:近日中纪委、中组部发出通知,要求在党的群众路线教育实践活动中开好一次高质量的专题民主生活会;我觉得可以作为各单位抓作风建设的一个很好的载体,各中层班子务必重视并认真组织好这次专题民主生活会。

三是反腐倡廉建设。希望新一届全体中层干部一定要始终保持清醒的头脑,针对高校不断出现新的情况和新的特点,要牢记宗旨、努力工作,加强党性休养,树立和发扬党的优良作风,不断强化反腐倡廉自身防线,警钟长鸣,长抓不懈。领导干部要做到慎独、慎初、慎微,守住做人、处事、用权、交友的底线,从而守住党和人民交给的政治责任,守住自己的政治生命线,守住正确的人生价值。

四是关于责任制。中央纪委、教育部、监察部《关于加强高等学校反腐倡廉建设的意见》明确指出:各级党委要严格执行党风廉政建设责任制,担负起反腐倡廉的政治责任;党政主要负责人要认真履行第一责任人的职责,领导班子其他成员要抓好职责范围内的反腐倡廉工作,对不负责任、不抓不管导致发生重大违纪违法问题的,要严肃追究责任,把责任制与问责制结合起来,让责任制落到实处。我重点强调以下几方面:

1. 所有中层领导班子都要制订完善党风廉政建设和反腐败工作的组织领导与责任分工制度。已完成班子成员调整的院系和机关部门,要抓紧结合制订任期目标任务书,对本单位、本部门的党风廉政建设和反腐败工作的组织领导与责任分工制度作相应调整。

2. 所有中层领导班子都要切实履行职责,认真完成所承担的学校惩防体系建设任务。中央惩治与预防腐败体系五年规划正式下发后,学校将立即正式启动制定"惩治和预防腐败体系2013—2017年工作规划"和相应的责任分工细则,各院系、部门要根据学校的规划和细则,明确任务,分解责任,责任到人,认真落实。

3. 各中层班子要进一步建立健全领导班子决策、监督等管理制度并严格执行。在学校进一步推动权力下放和资源下沉的背景下,各单位要进一步完善党政联席会议制度和议事规则,严格执行"三重一大"决策制度要求,努力避免决策失误以及由此造成重大损失,保证领导班子决策的民主化、科学化、规范化。要实行院务（部务、处务）公开，重要决定和办事程序都要向师生员工公开。

4. 增强责任意识，做到"一岗双责"。坚决落实"一岗双责"和"谁主管，谁负责"的要求，在代表学校行使管理职能的范围内，切实履行反腐倡廉职责。业务延伸到哪里，反腐倡廉工作就进行到哪里。党政主要负责人是本单位、部门党风廉政建设的"第一责任人"，分管领导要对所负责的工作中的党风廉政建设承担责任；党政主要负责人要大力支持新成立的本单位纪委的工作，充分发挥纪委的作用，各二级单位纪委班子要积极加强自身建设，勇于担责，努力做好本单位党风廉政建设的有关组织协调和监督检查工作。中层干部个人要坚持党性，坚持原则，敢于管理，严格管理，绝不能当"老好人"。在反腐倡廉工作中搞"宽松环境"，会害同事、害下属，是对学校事业的极端不负责任。学校正着手修订党风廉政建设责任制考核办法和问责制度，对于中层干部因不履行或不正确履行规定职责，致使其领导的单位或分管的工作损害了学校或师生员工的合法权益，造成不良影响的，学校将按规定严肃追究其领导责任。

团组织和团干部要牢牢把握
思想引领这一首要任务

（节选自 2014 年 1 月在共青团浙江大学十九届三次全委会议上的讲话）

浙江大学党委副书记　严建华

展望 2014 年，学校将深入贯彻党的十八届三中全会精神，紧紧围绕建设世界一流大学的宏伟目标，深化改革，全面实施"六高强校"战略，扎实推进内涵建设，不断完善现代大学制度，努力开创科学发展新局面。共青团工作要主动顺应学校提出的阶段性新任务，积极响应"六高强校"战略要求，以做好党的群众路线教育实践活动整改落实工作为切入点，自觉将以质量为核心的内涵发展方针贯穿于工作的理念思路、体制机制、方式方法和自身建设，着力强化思想引领、组织建设、实践育人和校园文化四大工作格局，推动各项工作迈上新台阶。在此，我提出以下三点希望和要求：

一是希望各级团组织和团干部牢牢把握思想引领这一首要任务，带领广大青年沿着正确道路蓬勃发展。习近平总书记在全国宣传思想工作会议上深刻指出，"必须一刻不能放松和削弱意识形态工作"。各级团组织和团干部要充分认识到，加强对青年学生的思想引领是共青团工作在高校整体工作中最重要的切入点，要用中国梦打牢青年的共同思想基础，用中国梦激发青年的历史责任感，在实现中国梦的伟大进程中展现浙大学子的风采。各级团组织和团干部要看到共青团工作中思想引领吸引力、感染力不够这一薄弱问题，一要在多元思潮中突出核心价值，旗帜鲜明地站在理想信念的制高点上，通过理论分析、事实对比等方式增强青年学生对核心价值的理性认识、感情认同。二要在多样方式中突出实践活动，青年学生最反感简单、粗暴、灌输性的说教，要让青年学生真正认同思想工作，需要加强主题教育实践活动，结合学生群体的实际情况把主题活动引向深入，做到潜移默化的效果。三要在多种手段中突出新媒体作用，微博、微信、网络已经成为舆论斗争的主战场，成为影响青年学生思想意识的主渠道，要对青年学生进行有效的思想引导，需要将手臂伸长到新媒体领域，加强新媒体领域的内容建设，真正做到让团组织的新媒体声音有受众、有呼应、有影响力。

　　二是希望各级团组织和团干部以全面深化改革的精神创新工作，切实服务青年学生的成长成才。（略）

　　三是希望校院团组织和团干部进一步加强作风建设，努力提高共青团的吸引力和凝聚力。共青团是中国共产党领导的先进青年的群众组织，如果脱离青年群众，就会成为无源之水、无本之木。各级团组织和团干部要以开展党的群众路线教育实践活动为契机，深入查摆存在的"四风"问题，剔除弊病，扎实推进整改落实。一要不断改进工作作风，广大团干部要刻苦学习，勤奋工作，勇于创造，自觉奉献，不断提高思想政治素质和业务工作水平，经受住各种环境的考验，始终保持蓬勃朝气、昂扬锐气，做好团的工作，努力做党放心、青年满意的团干部。二要深入学生内部，广大团干部要做"青年友"，不做"青年官"，要与青年学生建立互信友爱的情谊，及时掌握学生的思想动态，解决学生的实际问题，在同学中既树立威信，又体现亲和力，从而在关键时刻能够站得出，稳得住。三要发挥引领示范作用，共青团组织要从思想上、组织上和作风上带动学生组织，树立服务理念，弱化权力意识，坚持民主集中原则，引导学生组织和学生骨干健康、全面和良性发展，从而不断提升服务大局、服务同学的能力与水平。

研究思考

浅谈高校"四风"状况的现状、成因及对策建议*

郑爱平　张子法　张栋梁

【摘　要】　党的群众路线教育实践活动将主要任务聚焦到作风建设上，"四风"问题是群众反映强烈的突出问题，对高等院校来说是影响其科学发展、内涵发展的最大阻碍，是"办好人民满意的高等教育"的巨大绊脚石。高等院校中出现形式主义、官僚主义、享乐主义、奢靡之风，既有深刻的社会历史根源，亦有现实的多种原因。概括起来，其原因主要在于长期以来形成了片面的"发展观"、错位的"群众观"、扭曲的"价值观"和颠倒的"权力观"四个方面。通过开展党的群众路线教育实践活动，把为民务实清廉的价值追求深深植根于高校全体党员领导干部的思想和行动中，进一步牢固树立高校正确的发展观、群众观、价值观和权力观，并结合高校的特点，从严治理、科学治校，培养求真务实优良作风，建设凝心聚力优良校风。

【关键词】　高校；形式主义；官僚主义；享乐主义；奢靡之风

党的群众路线教育实践活动工作会议 2013 年 6 月 18 日在北京召开，习近平同志发表重要讲话指出，党内脱离群众的现象大量存在，集中表现在形式主义、官僚主义、享乐主义和奢靡之风这"四风"上。在高等院校，"四风"的种种表现也不同程度地存在，有些甚至还比较严重，这些现象严重违背"办好人民满意教育"的根本任务，是当前群众深恶痛绝、反映最强烈的问题，也是损害党群干群关系的重要根源。为深入调研分析高校"四风"状况，笔者组织多场党的群众路线教育实践活动意见征求座谈会，向多个高校校院两级党政组织、机关部门、直属单位负责人以及教师、学生、民主党派、教

---

* 本文系 2013 年度教育部人文社会科学研究专项任务项目"高校院系单位内部结构治理和风险防控研究"（项目编号：13JDJYLZ03）的阶段性研究成果。

作者简介：郑爱平，浙江大学纪委副书记、监察处处长、廉政研究中心常务副主任，副教授；张子法，浙江大学纪委副书记、廉政研究中心副主任，副研究员；张栋梁，浙江大学纪委办（监察处）纪检员。

代会代表数百人征询意见，专门听取专家学者对高校"四风"状况的认识和看法，重点对高校"四风"状况展开调研。

一 "四风"在高校的具体表现及主要特点

党的群众路线教育实践活动将主要任务聚焦到作风建设上，"四风"问题是群众反映强烈的突出问题，对高等院校来说是影响其科学发展、内涵发展的最大阻碍，是"办好人民满意的高等教育"的巨大绊脚石。具体来说，高校"四风"问题的具体表现及主要特点包括以下几个方面：

（一）形式主义方面

一是发展理念方面。受高校整体考核体系抽样化、社会对高校的评价指标单一化的影响，有些高校在发展理念上重数量指标、重排位名次，具体表现为在发展规模上盲目求大、在发展速度上盲目求快、在发展要素上盲目求全、在发展指标上盲目求先，对高校发展的思想意识、政策引导、文化营造上不注重内涵、质量和品质的做强、做精、做深。

二是管理工作方面。有些高校和单位部门文风会风虚浮，面子工程（活动）大有市场，热衷于开大会、请领导、搞活动、设评比、立项目、铺摊子、炒概念、求亮点、做宣传，以会议传达会议、以文件落实文件、以制度贯彻制度，不注重学生教育教学、后勤保障、青年教师发展等基础性工作，往往忽视真正在服务师生、解决问题、创新发展上下工夫。

三是制度执行方面。有些高校和单位部门工作落实、制度执行追求形式多于实效，关注手段胜于结果，哗众取宠、虎头蛇尾。在制度制定时忽视与已有制度的衔接，制度落实时忽视执行过程的监督检查，制度执行后忽视实施成效的评估、调适和反馈，尤其在制度执行的问责追究方面不够重视，使制度停留在纸面和墙面。

四是领导干部方面。有些高校的领导干部（本文中的领导干部主要指中层及中层以上领导干部）社会头衔多、出差出国多、各类会议多，好虚名、务虚功、争虚职、追求形式、不重实效，其主要精力、心思和智慧没用在学校管理上，更没用到人才培养上。

五是师德师风方面。有些高校教师忙关系、忙走穴、忙开会，急功近利、弄虚作假、好大喜功，相当一部分教师不同程度地存在着"重科研、轻教学"、"重兼职、轻本职"、"只教书、不育人"的倾向。

（二）官僚主义方面

一是高校管理方面。有些高校民主管理和科学决策机制不健全,听取基层组织和广大师生的意见建议不够,一些重大决策的科学论证不足,不够尊重和注重发挥教职工代表大会、基层学术组织等载体的作用,有些高校和管理部门决策官僚化倾向明显,具体表现为管理经验化、政策简单化、责任虚无化、程序错位化、执行机械化。

二是高校干部方面。有些高校的领导干部"以师生为本"的意识淡薄,办事推诿扯皮多、效率低下,不作为、不担责,对基层的重视和尊重不够、对青年教师和学生成长的关心不够、对民主集中制的执行落实不够;有的干部只对上负责、不为下考虑,只想博领导"赏识",不在乎群众"拍砖";还有一些领导干部胡乱决策、盲目蛮干,"先拍脑袋决策、再拍胸脯保证、后拍屁股走人"。

三是各类评审方面。有些高校出现变味的"评审文化",有些评审专家也患上了"官僚病",常以"权威"自居,刚愎自用,武断专行,不负责任,在项目评审、职称评审、奖励评审、教学评审、学位论文评审等,甚至连院士等高层次评审项目中,出现拉关系、互打招呼、相互"提携"等不良风气,严重影响了评审的公正性和公平性。

四是学生干部方面。有些高校的学生会等社团组织成为追名逐利之地,一些高校学生组织的学生干部产生不透明、"小官僚"作风盛行,存在个人利益化倾向,非常不利于学生干部的健康成长,对培养中国特色社会主义事业的合格建设者和可靠接班人造成很大危害。

（三）享乐主义方面

一是高校干部方面。有些高校的领导干部理想信念不坚定、精神状态不振作、事业投入不到位,安于现状、不肯担责,贪图安逸、追逐名利,得过且过、不愿奉献,有的干部管理精力投入不够、利益代言角色明显,缺乏老一辈教育工作者奋发有为、昂扬向上、勇于担当的精神。

二是高校教师方面。有些高校研究生导师乐于当"学术老板",时常将研究任务交由研究生完成,自己忙于跑会议、拉项目、做讲座,追名逐利、贪图享受,学术上"吃老本",没有忧患意识和创新精神,学术风气浮躁,缺乏老一辈专家学者淡泊名利、艰苦奋斗、敢为人先的精神。

（四）奢靡之风方面

一是公共资源利用和"三公"经费使用方面。有些高校公共资源存在分配不合理、浪费严重的问题;有些高校在出国（境）管理、公务接待、公车使用、庆典研讨会论坛活动等方面,在经费的严格管理、使用公开和使用效用方面仍存在问题,未能把有限的资源更多地用到服务教学、科研一线上。

二是高校干部方面。有些高校的领导干部存在铺张浪费现象,好大喜功、大手大脚,经费使用上随意性强,效益偏低,浪费严重,缺乏艰苦朴素、勤俭节约的意识。

二 高校"四风"状况的成因分析

高等院校中出现形式主义、官僚主义、享乐主义、奢靡之风,既有深刻的社会历史根源,亦有现实的多种原因。概括起来,其原因主要在于长期以来形成了片面的"发展观"、错位的"群众观"、扭曲的"价值观"和颠倒的"权力观"四个方面。

(一) 片面的"发展观"

全心全意为人民服务是我们党的根本宗旨,也是每一个党员干部必须遵循的基本原则。然而,有些党员干部党性原则淡化,宗旨观念淡薄,利己之心太重,被名缰利锁弄昏了头脑,迷失了方向,干工作、办事情、想问题,不是以国家为重、大局为重,而是以一己私利为重,急功近利、短期行为,热衷于搞"假、大、空",搞所谓的"形象工程"、"政绩工程";为了迎合上级机关或某些领导的口味而盲目决策立项,劳民伤财;为了博取荣誉、职位,不惜弄虚作假,虚报浮夸。这些都是个人主义恶性膨胀、形式主义肆意妄为的结果。

在高等教育领域,同样受到社会上不科学的"政绩观"的影响,在高等院校,集中表现在片面的"发展观"上。改革开放以来,有些高校一度热衷于"跨越式"发展、"追赶式"发展,片面求大、求快、求全,而缺乏对内涵和质量的追求,高校及教师的考核与评价体系向着有利于出数字、比指标、争政绩的方向倾斜。一段时间以来,社会上比较关注"为什么我们的教育总是培养不出杰出人才"这个问题,创新人才培养的不足,已成为我国高等教育的突出问题,这与高等教育片面的"发展观"、变形的"政绩观"不无关系。

(二) 错位的"群众观"

从社会历史根源来看,官僚主义是伴随着管理权与社会基层生产活动相对分离而出现的。"官本位"意识是其产生和发展的条件。在我国漫长的历史发展进程中,既孕育了博大精深的文化,也形成了不少腐朽没落的封建糟粕,特权思想、等级观念、"官本位"意识就是其重要表现。

"官本位"文化对高校的"侵蚀"主要表现为"群众观"的错位。原本高校办学应以教师为本、人才培养应以学生为本,师生即"群众",群众是主体。然而,长期以来,一些高校的领导干部和行政部门把师生视为管理的对象,视群众为改革的对立面。高校群体思想观念发生了很大的变化,官僚主义有抬头之势,在一些党员领导干部中萌生了错位的"群众观"。

(三)扭曲的"价值观"

享乐主义是指脱离现实可能和需要,大肆挥霍金钱,肆意浪费物质与时间,以追求物质和精神上的享受为目的和乐趣。从现实来看,中国正处于社会转型时期,社会利益主体多元,社会价值观多元化,传统的义利观受到很大冲击,权力和金钱崇拜成为某些人的内在价值取向,对政治理念的口头认同与个体的行为表现有时出现割裂。

高校是教书育人的神圣殿堂,本应是传播精神文明的一方净土,这也是高校及高校教师的价值所在。但近年来,受社会不良风气的影响,拜金主义、享乐主义等消极腐朽思想侵蚀高校,动摇了高校一些党员领导干部拒腐防变的思想道德防线,扭曲了"价值观",学术腐败之风屡禁不止,在某些重点领域和关键环节也出现了一些违规行为,有的甚至演化成为大案、窝案,高校领域扭曲的价值观又反过来对社会大众产生巨大的冲击和影响。

(四)颠倒的"权力观"

"忧劳可以兴国,逸豫可以亡身。"然而,随着经济的不断发展、生活的日益富裕,社会上弥漫着一种奢靡浪费、炫耀攀比的气息。从社会风尚看,人们饮食不求节俭,浪费严重;穿戴崇尚名牌,相互攀比;住要豪华,行要排场,事事处处讲体面。反对奢侈浪费之风、坚持艰苦奋斗是马克思主义群众观点和群众路线的根本要求,是党的优良传统和政治本色。扫除奢靡之风是密切党群干群关系、保证党的执政地位的必然选择。

在高等教育领域,服务师生原本是高校师生授予领导干部的"职权",官位与职责同在,权力和责任并存。然而"权力"、"位子"却成了一小部分党员领导干部的个人追求。近年来,随着国家教育投入提高,高校经济实力日益提升,奢靡浮华之风,同样不可避免地刮进并不与世隔绝的象牙塔内。一些高校的党员领导干部放松了对自身的严格要求,出现了颠倒的"权力观",呈现出追求享乐、崇尚奢华的奢靡之风;一些大学也开始追求"面子",校门气势凌人、校园宏伟壮观,然而却离真正意义上的大学精神渐行渐远。

三 整治高校"四风"状况的对策建议

通过开展党的群众路线教育实践活动,把为民务实清廉的价值追求深深植根于高校全体党员领导干部的思想和行动中,着眼于自我净化、自我完善、自我革新、自我提高,通过"照镜子、正衣冠、洗洗澡、治治病",对这些作风之弊、行为之垢来一次大排查、大检修、大扫除,将进一步落实中央八项规定精神同整治形式主义、官僚主义、享乐主义和奢靡之风这"四风"紧密结合起来,这样才能守住政治和道德的底线,才能把群众的利益放在心中最高位置,才能"办好人民满意的高等教育",进一步牢固树立高校正确的发展观、群众观、价值观和权力观。基于此,现结合高校特点,提出以下整治高校"四风"状况的对策建议:

(一)从严治理,培养求真务实优良作风

开展党的群众路线教育实践活动,加强和改进党的作风建设,是提高高校党的建设科学化水平、加强思想作风建设的迫切要求,是保持高校党的先进性和纯洁性、巩固党的执政基础和执政地位的必然要求。因而,必须以求真务实的精神,认真解决高校党的作风建设中存在的各类问题,把加强党性修养、锤炼思想作风的各项要求落到实处。

一是树立科学的"发展观",克服形式主义。在高校发展理念方面,要注重内涵、重视质量、关注品质,摈弃过度追求论文发表、科研经费等"学术GDP"指标;在管理工作方面,要自上而下地改革和精简各类考核、检查、评比活动,要集中更多的人财物资源投入到学生教育教学、后勤保障、青年教师发展等基础性工作,解决实际问题;在制度执行方面,要对工作落实、制度执行进行监管与评估,建立健全问责与责任追究制度;在领导干部方面,对"双肩挑"干部和专职管理干部要分类管理,制订相应的考核体系,提高解决实际问题的权重;在师德师风方面,要加强考核与激励,引导广大教师更加重视日常教学、注重本职岗位、关心育人工作。

二是树立务实的"群众观",反对官僚主义。在高校管理方面,要以现代大学制度治理高校,建立健全大学章程,完善高校科学决策和民主管理机制,推动管理重心下移,健全学术治理结构,注重发挥教职工代表大会、基层学术组织等的作用;在高校干部方面,要真正确立"师生为本"的理念,畅通听取师生意见的渠道,建立长效机制,健全对群众反映强烈问题的呼应机制,完善反馈机制和信息公开机制,强化领导干部承诺制和问责制;在各类

评审方面,不仅要注重程序合规,更要注重评审本身的科学性、公平性和有效性,健全和完善评审过程的禁止性规定,加强违规行为的惩处力度;在学生干部方面,要加强和完善各类学生组织干部产生的依据、流程和规章制度,建立健全指导单位和广大师生的监督机制,加强学生干部的诚信教育和廉洁教育。

三是树立进取的"价值观",力戒享乐主义。在高校干部方面,对管理精力投入不够的领导干部要加强教育和引导,健全和完善提拔任用领导干部征求纪委意见的办法,对主要精力集中在岗位以外的要慎用或不用,切实防止"带病提拔";高校教师方面,要惩戒享乐之风,采取切实有效措施防止师生关系"雇用化",要通过身边典型的塑造,引导广大教师淡泊名利、艰苦奋斗、敢为人先。

四是树立健康的"权力观",严防奢靡之风。在高校公共资源利用和"三公"经费使用方面,要通过现代管理技术手段加强高校公共资源分配与利用,切实提高资源的有效利用率,要从严加强出国(境)管理、公务接待、公车使用、庆典研讨会论坛活动的规范管理,健全和完善"三公"经费公开的渠道与内容;在高校干部方面,结合贯彻落实中央八项规定,对铺张浪费行为采取"零容忍",加强领导干部廉洁教育,倡导清廉务实、艰苦朴素、勤俭节约的风气。

因此,高等院校整治"四风"必须从严治理,切实履行"党委领导、校长负责、教授治学、民主管理"方针,以转变干部作风、强化服务意识、增强创新能力为重点,强化高校各级党员领导干部立足岗位的责任意识、大局意识和开拓精神,推进高等院校社会主义核心价值体系建设,努力培养严于律己、谋事敬业、求真务实的优良作风。

(二) 科学治校,建设凝心聚力优良校风

高校校风建设是高等院校的一项重要任务,优良的校风是高校办学指导思想和培养目标的集中体现,是培育优良教风、学风的根本保证,它全面地反映出高校的精神面貌和办学水平。因此,高等院校整治"四风"还要凸显高等教育的特点,与高校科学治校、建设优良校风紧密结合起来,要以传承大学精神、发扬优良传统、践行校训校风为重点,教育引导全体师生树立和弘扬优良教风、学风为切入点,努力营造和谐稳定、团结向上、凝心聚力的优良校风。

一是从严治教,建设厚德敬业优良教风。教风是学校教育工作者群体教育理想、教育价值观的外在表现,是学校风气的重要组成部分。师德师风建设是教风建设的核心,也是高校整治"四风"的重要载体。高校要通过从严治教来纠正"四风"问题,要在教风建设过程中努力加强教师队伍建设,不断提高广大教师的道德修养和业务素质。当前,高等院校从严治教,要以塑造师德师风、规范教学行为、提高课堂质量为重点,强化教师教书育人的责任意识、规范意识和质量意识,围绕贯彻落实《高等学校教师职业道德规范》,抓紧制定或修订具有本校特点的师德规范实施细则,进一步完善教育教学规范、学术研究规范、校外兼职兼薪规范等配套政策措施,努力培育爱岗敬业、精心施教的优良教风,将师德规范要求落实到教师日常管理之中。

二是从严治学,建设崇学笃行优良学风。学风既包含学校的治学精神、治学态度、治学原则,又包含学生的行为规范和思想道德的集体表现,是学生和教师在学习过程中所表现出来的精神风貌。高校整治"四风"还要从严治学,要深入研究并切实解决师生对知识、能力的渴求和在学习中是否勤奋刻苦、学习纪律是否严明等问题,大力提升广大师生在对待学习这个问题上的思想态度和行为表现。当前,高校从严治学,要以改进课堂教学、加强课外教学、严肃考风考纪为重点,教育、引导师生树立刻苦钻研的思想、端正学习态度、提高学习兴趣、保证学习精力,努力形成热爱学习、追求进步、崇学笃行的优良学风。

【参考文献】

[1] 中共中央文献研究室. 论群众路线——重要论述摘编[M],北京:中央文献出版社,党建读物出版社,2013

[2] 张瑞清. 站稳群众立场 贯彻群众路线[J].求是,2013(6)

[3] 戴焰军. 在群众路线教育实践中改进作风[J].求是,2013(13)

[4] 虞云耀. 照镜子、正衣冠、洗洗澡、治治病——正确把握党的群众路线教育实践活动的总要求[J].求是,2013(13)

[5] 贾高建. 坚持唯物史观贯彻群众路线[J].求是,2013(14)

[6] 毕京京. 群众路线:聚力中国梦的根本工作路线[J].求是,2013(15)

[7] 孙政才. 新时期贯彻党的群众路线的生动实践[J].求是,2013(18)

[8] 罗保铭. 大兴调查研究之风践行党的群众路线[J].求是,2013(20)

[9] 卫建林. 党的历史是形成和完善群众路线的历史[J].中国社会科学,2011(4)

[10] 吕坚. 消除腐败危险的最大资源——黄克诚等老一辈革命家的"软实力"[J].人民论坛,2013(2)

［11］许志功.坚持党的群众路线就要加强世界观改造［J］.前线,2013
(8)

［12］吕伟娟.论析党的群众路线教育实践活动的着力点［J］.法制与社
会,2013(28)

加强高校二级单位纪检监察组织建设的实践与思考[*]

——以浙江大学为例

郑爱平　　张子法

【摘　要】　近年来,以"七个关口"监管为主要内容的高等学校反腐倡廉建设越来越受到党和国家的重视以及社会的广泛关注。伴随着高校内部管理体制改革的不断深化,学校二级单位在人、财、物等各方面的办学自主权越来越大,加强二级单位内部自身的廉政风险防控越来越重要和紧迫。学校惩防体系建设的重点相应地要落脚在二级单位,加强二级单位纪检监察组织机构建设愈加成为高校反腐倡廉的重要举措。本文以浙江大学不断推进二级单位纪检监察组织建设的实践为蓝本,就加强高校二级单位纪检监察组织建设提出思考与探讨。

【关键词】　高等学校;二级单位;纪检监察机构

随着高等学校办学规模的扩大和国内外高等教育市场竞争的日趋激烈,通过学校分权和管理重心下移,转变学校机关部门的职能,实行学校宏观上决策、学院实体化运行的校院两级管理模式,倡导扁平化管理,已成为高校改革发展的大势所趋。高校二级单位在人、财、物管理等各方面扮演越来越重要的角色,加强和完善二级单位纪检监察机构和队伍建设、强化二级单位自身的廉政风险防控,已经越来越显得必要且紧迫。近日,浙江大学先后印发《关于完善二级单位纪检监察组织建设的通知》和《关于设立中共浙江大学人文学院纪律检查委员会等机构的通知》两个文件,这是浙大不断加

---

*　本文系 2013 年浙江大学党建研究课题重点立项项目"建立健全高校二级单位反腐倡廉政策和机制研究"的阶段性成果。

作者简介:郑爱平,浙江大学纪委副书记、监察处处长、廉政研究中心常务副主任,副教授;张子法,浙江大学纪委副书记、廉政研究中心副主任,副研究员。

强和完善二级单位纪检监察机构和队伍建设的标志性文件。近年来,浙江大学结合加强高校党风廉政建设的实践,深入思考和探索加强高校二级单位党风廉政建设的重要举措。

一 新时期纪检监察机构和队伍建设的要求

从国家层面看,在我国推进各级机构改革的大背景下,中央不断强调纪检监察机关"只能加强,不能削弱"的精神,不断推进健全完善纪检监察机构的工作,努力使机构设置和干部配备能更好适应新形势新任务的要求,有利于更好发挥纪检监察职能作用。中央纪委向党的十八大的报告在总结纪检监察机关加强自身建设的部分提到:制定和落实关于加强地方县级纪检监察机关、乡镇纪检组织以及中央企业和中央金融机构、中央和国家机关纪检监察组织建设的意见,进一步夯实了纪检监察组织建设基础。在"进一步加强党风廉政建设和反腐败工作的建议"中最后提到:要抓住组织建设这个基础,进一步健全纪检监察体制,加强各级纪检监察组织机构、领导班子和干部队伍建设,完善纪检监察机关内部机构设置,强化派驻机构统一管理,加强上级纪检监察机关对下级纪检监察机关的领导和工作指导。

从浙江大学所处的浙江省的情况看,浙江在加强各级纪检监察组织机构和干部队伍建设方面走在全国前列,在抓好县及以上纪检监察组织机构建设的基础上,近年来特别是在加强乡镇(街道)基层纪检监察机构和队伍建设方面起步早,实效好。其基本思路是:越到基层的纪检组织建设,越是事关基层党风廉政建设,事关党在基层的执政基础,一定要把基层纪检组织建设好,把职能作用发挥好。目前,浙江各地的乡镇(街道)纪检组织建设正呈现出"组织设置标准化、干部配备专业化、教育培训全员化、工作运行制度化、硬件设施统一化"的态势。

从高校的情况看,近年来,以"七个关口"监管为主要特点的高等学校反腐倡廉建设越来越受到党和国家的重视以及社会的广泛关注,高校党风廉政建设的工作范畴越来越广,高校纪检监察干部队伍的任务随之越来越重,工作压力越来越大。但一方面,不少高校纪委(监察处)的专职纪检干部人员较少,另一方面,伴随着高校内部管理体制改革的不断深化,以及学校规模大、综合性、多样性突出的特点,学校二级单位在人、财、物等各方面的资源配置权越来越大,加强二级单位内部自身的廉政风险防控越来越重要和紧迫。学校惩防体系新一轮建设的重点无疑要落脚在二级单位,比如,在2012年年底教育部关于科研经费管理的"三个文件"中,明确要求落实三级责任(学校主体责任、院系监管责任、项目负责人直接责任),院系监管责任如何落实?谁来落实?怎样的内部治理结构有助于落实院系监管责任,加强和提升院系管理的规范化和科学化水平?在目前高校二级单位普遍实行行政领导负责制的体制下,在强调落实"三重一大"制度和实行党政联席会议制度的同时,加强二级单位纪检监察组织机构的建设,协助本单位党委加强党风廉政建设和组织协调反腐倡廉工作,建立有效监督机制应提上日程,因此,在高校二级单位普遍设立纪委并加强纪检监察干部队伍建设是一项长效之策。

二 党章、政策法规的支撑

前述所讲的是高校二级单位要不要设纪委的问题,通过上面的分析,设立二级单位纪检监察机构符合党情国情和高校发展规律。那么高校二级单位(特别是内部办学单位院系)是否合适设纪委?是否符合《党章》和有关政策、法律?其实关于这一点早就有诸多依据。

首先,《党章》第八章"党的纪律检察机关"第四十三条第三款规定:"党的基层委员会是设立纪律检查委员会,还是设立纪律检查委员,由它的上一级党组织根据具体情况决定。党的总支部委员会和支部委员会设纪律检查委员。"据此,学校党委有权决定在院系等基层党委设立纪律检查委员会。

从高等教育的法理来看,1999年起实施的《中华人民共和国高等教育法》规定:"高等学校根据实际需要和精简、效能的原则,自主确定教学、科学研究、行政职能部门等内部组织机构的设置和人员配备。"根据这一纲领,高校二级单位组织机构的设立可由学校决定。

其次,2004年12月28日,中共教育部党组印发了《教育部直属高等学校党的纪律检查工作暂行规定》(教党〔2004〕49号),其中第七条是这样规定的:第一款:"学校在所属具有独立法人资格的单位设立党委或分党委时,应设立相应的纪委或分纪委,配备工作人员。上述单位的纪委或分纪委由党员大会或党员代表大会选举产生,对党员大会或党员代表大会负责并报告工作,受党委或分党委和学校纪委双重领导,每届任期与党委或分党委相同。"第二款:"学校直属的基层党委经上级党组织批准不设纪委的应设纪检委员;党总支、党支部应设纪检委员。"这里的第一款虽只提了具有独立法人资格的单位设纪委,但从第二款的意思看,学校直属的基层党委,经上级党组织批准不设纪委的应设纪检委员,那么题中之意在学校直属的基层党委设纪委应是通常之举,不设纪委则需学校党委批准。

2010 年新修订的《中国共产党普通高等学校基层组织工作条例》对"高等学校院(系)级单位党组织的主要职责"作了明确,提出了"宣传、执行党的路线方针政策及学校各项决定,并为其贯彻落实发挥保证监督作用"和"加强党组织的反腐倡廉建设"的要求。据此,加强二级单位纪检监察组织机构的建设符合《中国共产党普通高等学校基层组织工作条例》的修订精神。

第三,2009 年 4 月 30 日,中央纪委、中央组织部、中央编办、监察部、财政部印发了《关于加强地方县级纪检监察机关建设的若干意见》(中纪发〔2009〕9 号)。该《意见》强调要大力加强县级纪检监察机关领导班子思想政治建设、组织建设,并就此作出了一系列规定。比如,规定县级纪委是经同级党的代表大会选举产生的领导机关,其书记由同级党委副职一级的干部担任等。该意见还对县级纪检监察机关干部队伍建设、经费和装备设施保障做出了规定。因此,一般认为,高校二级单位设纪委的基本精神可以参照该文件。

此外,2010 年 3 月,中央纪委、中央组织部、监察部和国资委党委印发了《关于加强和改进中央企业和中央金融机构纪检监察组织建设的若干意见》(中纪发〔2010〕12 号),要求大力加强和改进中央企业和中央金融机构纪检监察组织建设,并指出"其下属单位要按照党章规定设置纪检机构。所在单位设立党委的,要设立纪委;设立党组的,要设立纪检组;建立党总支、党支部的,委员中要有纪检委员。"这在一定程度上,可以为中央直属高校二级单位纪检监察组织机构建设提供参考。

江西、湖南、重庆等地近年来也先后出台"关于加强高校纪检监察机构和队伍建设的意见"等指导性文件,无疑推动了当地的高校纪检监察组织建设。

三 基于广泛深入调研的分析

2012 年浙江大学印发了《关于进一步加强党风廉政建设的实施意见》的指导性文件,学校纪委前期就有关"完善学校纪检监察组织机构"的条款与组织、人事等相关部门进行了充分沟通,明确了"探索在条件成熟的学院(系)设立纪委,配备专兼职纪检干部"的相关内容。学校纪委会多次就这方面工作进行了充分讨论,形成了在二级单位完善纪检监察组织机构的共识。

同时,浙大纪委梳理了全校独立法人单位纪检监察组织机构的情况,与尚未建立纪委的独立法人单位党组织主要负责人、与作为重点关口的若干直属单位的主要负责人进行了沟通调研,大家对加强纪检监察组织建设提出了相应的意见与建议。关于在学院（系）建立纪委的工作，学校纪委分头召开了部分学院（系）党委书记、副书记参加的座谈会，也走访了部分院长（系主任），就有关方案征求意见建议。学院院长、书记、副书记大都认为该项工作很有必要，一方面能进一步提高二级单位加强党风廉政建设的意识和责任，同时有了机构和队伍也能及时掌握情况，上下沟通，近距离协调，保障院系更好地履行党风廉政建设责任制，更好地履行监督检查的职责。

此外，浙大还调研了近年来在加强校院两级纪检监察机构和队伍建设方面有成功实践的部分兄弟高校。譬如，四川大学在建立党委的学院都设立纪委，大大增强了学校纪检监察专兼职队伍的力量，学校纪委与二级单位纪委力量整合，工作联动，沟通顺畅，效果良好。又如，中南大学在附属医院均设立纪委，并配备 6～7 个专职人员，专职工作力量的配备到位有效地保证了医院纪检监察工作的成效。

（四）浙江大学完善二级单位纪检监察组织建设的总体思路

在广泛调研、深入分析的基础上，浙江大学党委、行政高度重视，有关部门充分沟通，紧密结合学校实际，形成了完善二级单位纪检监察组织建设的总体思路和具体方案。其主要思路包括：

1. 关于具有独立法人资格的二级单位。在所属具有独立法人资格的单位设立党委时同时设立纪委，下设纪检监察办公室（纪委办和监察室合署办公），并配备专职纪检监察干部。这些具有独立法人资格的单位主要包括附属医院和后勤、产业集团等，学校明确其纪委书记一般由党委副书记或党委委员中的同级行政副职担任，纪委下设纪检监察办公室，配备专职纪检干部（不含纪委书记）1～2 人。其中附属医院考虑医疗行业的特点和规模较大等实际工作需要，进一步加强纪检监察干部队伍建设，明确要配备不少于 2 名专职纪检监察干部。

2. 关于学院（系）、直属单位和其他单位。学校明确规定在设立党委的各学院（系）、直属单位，原则上应成立纪委，纪委书记一般由党委副书记或党委委员中的同级行政副职担任，并明确负责纪检监察具体工作的干部（纪检员）；确有需要的，应设纪委办公室或监察室。在机关党委设立纪委，协调指导机关各部门纪检监察相关工作，由党委副书记担任纪委书记；同时要求机关各部门进一步明确分管纪检工作的领导，一般为部门主要负责人。经学校党委批准暂不设纪委的基层党委，以及学校直属党总支和直属党支部等其他院级党组织，应明确分管纪检工作的领导班子成员，一般应为同级党组织书记或副书记,也可以是党委委员中的同级行政副职;并明确负责纪检监察具体工作的干部。

3. 有关组织领导及其他事宜。浙江大学明确,二级单位纪委受同级党组织和学校纪委双重领导,承担本单位党风廉政建设的组织协调职责。二级单位纪委的人员组成,根据各单位党员数及总体规模等条件,还要考虑实际工作需要及代表性,纪律检查委员会一般由5~7名委员组成。

浙江大学将在原有的工作基础上,进一步细化二级单位纪委工作的相关规定,认真组织培训,加强二级单位纪检监察干部的能力培养;全面总结评估,推动和完善二级单位纪检监察组织建设。

五 完善高校二级单位纪检监察组织建设的整体思考

在高等教育改革发展整体取得显著成效的大背景下,高校办学规模的不断扩大,越来越多的高校倡导重心下移、扁平式管理,高校二级单位权责任务明显提高。从当前高校的普遍特点来看,高校二级单位廉政风险防控的困境突出表现在监管主体监督路径偏长、幅度过大;从监管过程来看,高校对二级单位的制约和监督存在"事后多、事前少,局部多、整体少,微观多、宏观少,基层多、高层少"的问题;从监管效果来看,一定程度上存在着监督虚设、监督笼统、监督盲区等问题。因此,加强和完善二级单位纪检监察机构和队伍建设、强化二级单位自身的廉政风险防控、构建校院两级协同耦合的纪检监察体系,既是高等学校组织发展的需要,也是当前高校反腐倡廉的实际需要。

同时,加强和完善二级单位纪检监察机构和队伍建设,既要勇于创新、敢于破题,同时也要把握节奏、权衡优化。具体说来,应把握以下原则:

1. 依法依规原则。这条原则是由高校二级单位的性质决定的,高校二级单位是依法依规管理本单位及对外公共事务的组织,因此它的设计及行为都必须配合法制,符合国家的法律法规。对于高校二级单位纪检监察机构,其权责设定应严格遵循相应的法律法规;同时引导全体领导干部和师生员工在当前日益复杂的社会环境下,严格遵循法律法规的基本规定开展各项工作和活动。

2. 效率原则。效率是管理的最重要的目的,也是进行组织设计必须考虑的原则之一。对于高校二级单位而言,其效率应在三个方面体现出来:一是二级单位机构运行高速;二是机构工作高质量;三是整个系统运转灵活高效。加强和完善二级单位纪检监察机构和队伍建设,不是阻碍效率,而是在保障二级单位机构公正运行的同时,最大限度地完善运行机制,提高工作效率。

3. 环境相适应原则。现代管理不仅要谋求效率,还要符合人与环境要求。每一个组织都有它存在的具体环境,环境相适应原则,要求组织设定和运行保持一定的弹性与机动性。在实现高校教学、科研、社会服务和文化传承的四大任务中,各二级单位承担的任务是不同的,高校的二级单位因不同的职能有多种类型。因此,高校二级单位纪检监察机构和队伍建设,要结合高校不同主体的实际,分类进行,只有这样才能得到广大干部师生的认可和支持,才能有效发挥作用。

4. 统一与平衡原则。高校二级单位是一个完整的系统,不仅每个单位各自形成一个有机的整体,而且整个系统也既有纵向控制又有横向联系,既有分工,又有协作,既有相互制约,又有互相补充的、完整协调的有机管理体系。为此,高校二级单位的纪检监察机构组织设计必须服从统一的原则,任何一个单位都不得各自为政。此外,还应注意分工与协调、合作与平衡,权力与责任匹配,构建起有效的内部控制和监督体系,保证学校管理系统协调运行。

5. 精简原则。精简原则包括两个方面:一是二级单位纪检监察人员精干,二是二级单位纪检监察机构精化。为了实现精简原则,要根据高校二级单位权责任务的大小和职能需要来设置机构。

【参考文献】

[1] 中国共产党章程(中国共产党第十八次全国代表大会修订通过)[M].北京:人民出版社,2012

[2] 中共中央纪律检查委员会向党的第十八次全国代表大会的工作报告(2012年11月14日)[M].北京:中国方正出版社,2012

[3] 中华人民共和国高等教育法[M].北京:法律出版社,1998

[4] 颜新文,袁媛,吴有亮."激活"乡镇纪委[J].今日浙江,2013(5)

[5] 中国共产党普通高校基层组织工作条例(中发〔2010〕15号)

[6] 教育部直属高等学校党的纪律检查工作暂行规定(教党〔2004〕49号)

[7] 关于加强地方县级纪检监察机关建设的若干意见(中纪发〔2009〕9号)

[8] 关于加强和改进中央企业和中央金融机构纪检监察组织建设的若干意见(中纪发〔2010〕12号)

加强廉政信息化建设　提高防治腐败工作水平[*]

郑爱平　郭文刚　刘　波

【摘　要】　加强高校廉政信息化建设对完善惩治和预防腐败体系、提高防治腐败工作水平具有重要意义，是高校健康快速发展的重要保障。浙江大学历来重视信息化工作，积极探索"制度＋科技"反腐倡廉新模式，本文介绍了浙江大学在廉政信息化建设的实践探索和初步成效，总结提炼了高校廉政信息化工作的原则和机制。

【关键词】　廉政信息化；防治腐败；高等学校

廉政信息化是指利用现代信息技术和科学管理理念，将信息技术、通信技术和网络技术等科技手段运用到反腐倡廉建设中，以管理服务科学规范为基本目标，以管理流程再造为基本内容，实现反腐倡廉教育经常化、廉政信息公开化、权力运行阳光化、过程监督实时化的过程。2011年以来，浙江大学整合优化学校信息化建设成果，把科技促廉纳入学校惩防体系建设的总体安排，积极探索"制度＋科技"反腐倡廉新模式，有了一些初步的实践和思考。[1]

一　加强高校廉政信息化建设的重要意义

1. 加强廉政信息化建设是高校适应反腐倡廉建设新形势的客观需要。党的十八大指出，要坚持中国特色反腐倡廉道路，坚持标本兼治、综合治理、惩防并举、注重预防方针，全面推进惩治和预防腐败体系建设，严格规范权

* 本文系2013年浙江大学信息化建设试点示范项目"浙江大学纪检监察信访信息管理系统"的拓展性研究成果。

作者简介：郑爱平，浙江大学纪委副书记、监察处处长、廉政研究中心常务副主任，副教授；郭文刚，浙江大学监察处副处长，副研究员；刘波，浙江大学纪委办（监察处）纪检员，讲师。

力行使,加强对领导干部特别是主要领导干部行使权力的监督。深化重点领域和关键环节改革,健全反腐败法律制度,防控廉政风险,防止利益冲突,更加科学有效地防治腐败。在中央纪委向党的十八大所作的工作报告中,更加明确提出运用现代科技手段推进反腐倡廉工作、电子监察等工作深入进行,指出必须注重反腐倡廉工作实践创新、理论创新、制度创新,加强现代科技手段尤其是信息技术的运用,努力提高有效防治腐败的能力。[2][3]

2. 加强廉政信息化建设是深化惩防体系建设的内在要求。中央纪委在十七届六次全会上明确提出了"制度+科技"预防腐败新思路,中央领导同志对此也有过重要论述及具体工作要求。虽然,当前惩防体系建设取得了阶段性成效,但随着改革不断深入,反腐倡廉呈现新的特点,形势日趋严峻;科学技术日新月异,科技在反腐倡廉建设中发挥的作用也越来越突出,特别是信息技术的飞速发展,为惩治和预防腐败工作插上了科技的翅膀。运用科技手段已经成为新时期预防腐败的重要抓手。

3. 加强廉政信息化建设是建设世界一流大学的重要保障。反腐倡廉建设是学校党的建设的重要内容,要摆在更加突出的位置,纳入党委重要议事日程、学校发展总体规划。对高校而言,加强廉政信息化建设的目标就是要将原来已经形成的岗位廉政责任体系从"单机版"升级为"网络版",将原来梳理好的防范廉政风险的各项制度规定从"纸面"或"墙面"上到"电脑屏幕",借助信息化手段对学校各个重点领域和重要关口进行有效的规范和约束。廉政信息化建设必须围绕中心、服务大局,突出重点、统筹推进,不断以反腐倡廉建设新成效为学校改革发展提供有力保证,为建设世界一流大学保驾护航。

二 浙江大学廉政信息化建设的实践探索

浙江大学在 2012 年纪检监察工作会议上明确提出以廉政信息化平台建设为抓手、探索制度加科技的反腐倡廉新模式的工作要求。在此前后,学校纪委办组织力量进行了专题调研,结合学校工作实际和信息化工作基础,开展廉政信息化建设论证设计工作,以进一步明确廉政信息化建设的基本思路、目标任务和责任分工。2012 年,浙江大学廉政研究中心也把廉政信息化建设作为重要的研究课题之一。经过充分调研论证,浙江大学提出了廉政信息化建设的总体思路,以学校办公网为主体,机关部处业务系统为重点,分类推进,整合贯通,加强党务政务平台、党风廉政宣传教育平台、廉政风险预警平台、电子监察平台、纪检监察内部管理平台等电子平台的集成系统,构建一个信息贯通、监管交错、纵横有序、层次分明的廉政信息化系统,推进全校廉政信息化建设。

1. 加强政务公开平台建设,进一步健全信息公开渠道。利用校园行政办公网,完善信息公开平台建设,丰富公开内容,拓展公开渠道,强化监督检查,加大信息公开力度,特别是对师生切身利益或社会普遍关注的信息公开力度,重点推进干部任用、人事任免、招生录取、财务、基建、采购等重点领域的信息公开,主动接受师生监督,提高决策的透明度;完善电子行政办公平台(网上办事大厅)建设。建立和完善网上办事大厅,推行"一站式"服务。建立面向师生的业务协同处理系统,形成"前台统一受理,后台协同处理"的行政办事和服务模式。完善和拓展协同办公系统(OA系统)功能,逐步推行通过网上申报审批、个人公共事务办理等各项业务网上受理和办理,大力推进跨部门、多环节的网上并联审批系统建设。加强部门业务管理系统建设,机关各部门根据职责分工,在岗位廉政责任体系建设基础上,进一步优化业务流程,开展流程再造,把预防腐败的要求贯穿于各职能部门的业务流程之中,将梳理的工作流程运用信息化手段加以固化,进一步规范行政行为,建设完善专门业务管理系统,与学校网上办事大厅一起形成"1+N"电子政务工作体系。

2. 加强党风廉政宣教平台建设,进一步推进廉政文化传播。建立党风廉政学习教育专题网站,对纪委办(监察处)工作网站进行全面升级改版,通过发布反腐倡廉动态信息,有针对性地进行网络宣传教育,形成正确的网上舆论导向。在网上推出廉政公益广告、廉政书画、廉政故事、廉政箴言等专栏,开设"警示教育之窗"等,展示各类廉政文化实物、图片及警示教育片,营造浓厚的网络教育氛围。建设网上学习考试系统,内容包括党的基本理论知识、法律知识、廉洁教育等专题,为领导干部提供一个自我学习、自我教育的园地。学校探索建立新提任的党员领导干部履任前必须参加党风廉政知识网上学习考试的制度,并把网上学习和考试成绩纳入领导干部个人党风廉政信用档案。

3. 加强廉政风险预警平台建设,进一步拓展风险防控路径。建立网络舆情监控系统,通过研发舆情监控软件,自动实现与主流网站搜索系统的对接,加强对论坛、博客、微博等网络平台反腐舆情的跟踪监控,注意从中发现和排查案件线索;完善网上举报投诉系统。依托纪委办(监察处)部门工作网站,开辟"网上举报"系统、"效能举报"系统等栏目,及时受理群众的信访举报、效能投诉等信息;建立领导干部廉政档案信息系统。建立包括个人财产申报、重大事项申报、述职述廉、民主生活会、兼职等信息管理系统,建立党员领导干部个人廉政档案;探索重点领域和关键环节的预警报警机制。注重运用现代科技手段防治腐败,进一步深化阳光治校,以信息化手段加强对权力运行的制约和监督,为严把"七个关口"提供技术支持。

4. 加强电子监察平台建设,进一步健全权力监督机制。结合学校网上办事大厅建设,建立行政审批电子监察系统,凡是能够纳入学校行政服务大厅或网上办事大厅办理的审批和服务事项,全部纳入网上办事大厅集中网上办理。纪委办(监察处)对网上审批流程可以实现跟踪介入,对廉政风险点进行实时预警。建立电子实时监督系统,对工程建设项目招投标、大宗物资和实验设备采购等容易出现腐败的领域,实行现场监管与远程监控相结合。会同采购中心等构建招投标电子监察系统,努力实现监、管、办"三分离";发展规划处牵头构建"985"项目经费监管系统。研发应用专项资金管理软件系统,设置资金追踪、统计汇总、监管联运等功能,把专项资金纳入网上运行,实现对资金分配、拨付、使用、验收、审计等环节的动态性监控。

三 加强廉政信息化建设的体会与思考

经过一年来的调研、思考和初步实践探索,浙江大学廉政信息化建设的目标进一步明确,思路也越来越清晰。学校纪委办已牵头制订了加强党风廉政信息化建设的实施意见和廉政信息系统建设工作方案,统一部署全校廉政信息系统建设,校部机关部门协同配合构建相关业务监管平台采购业务管理系统、财务资金管理系统、科研管理系统等在加强重点领域和关口的监管方面发挥重要作用。学校网上办事大厅、党风廉政宣教平台、廉政预警信息平台、领导干部廉政档案管理系统等正在积极有序推进。总结前一阶段工作,我们有以下几点体会和思考。

1. 加强廉政信息化建设,必须坚持"整体规划、试点先行、分步推进、注重实效"的工作原则。廉政信息化建设是一项复杂、长期的系统工程,必须坚持"整体规划、试点先行、分步推进、注重实效"原则加以实施。要结合学校惩防体系建设规划和信息化建设的整体规划,对全校党风廉政信息化工作的总体框架、目标任务、建设内容、责任分工、实施方案等进行科学论证,各二级单位在学校党风廉政信息化建设整体框架下,结合本单位廉政责任体系建设和业务工作范围,提出本单位廉政信息化建设的具体方案。要突出建设重点,选择若干工作基础较好的二级单位(学院或部门)开展试点,分期、分批、分阶段组织实施。通过先行先试,典型引导,逐步形成学校党风廉政信息化工作新局面。

2. 加强廉政信息化建设,必须建立"党委统一领导、纪委组织协调、二级单位各负其责"的工作机制,必须争取业务部门的最大支持。廉政信息化建设作为学校党风廉政建设的重要内容,必须坚持"党委统一领导、纪委组织协调、二级单位各负其责"工作机制。廉政信息化建设涉及面广、情况复杂、变革剧烈,带有一定的不确定性,因此必须争取获得各级领导和相关业务部门的最大支持,可成立由学校分管校领导任组长,纪委办(监察处)、党办、校办、宣传部、计划财务处、图书与信息中心等部门负责人为成员的领导小组,负责廉政信息化建设项目的整体规划和审批。同时完善责任体系建设,争取机关部门主要负责人作为廉政信息化建设第一负责人,院级单位分管纪检监察工作的班子成员作为学院廉政信息化建设第一责任人,纪委办(监察处)要承担起组织、协调、评估、考核等职责,努力构建党委统一领导、纪检监察部门督促协调、相关职能部门及院系各负其责的工作机制。

3. 加强廉政信息化建设,必须坚持改革创新。廉政信息化建设已经成为新时期惩防体系建设的重要任务,加强廉政信息化建设,必须紧密联系下一阶段惩防体系建设总体要求,坚持理念创新、制度创新和手段创新。在廉政信息化建设过程中,可能存在部分单位和部门的领导思想认识不到位、工作措施不到位、条件保障不到位等问题,使得廉政信息化建设推进不够扎实,个别单位甚至可能还存在敷衍了事或畏难情绪。因此,必须进一步加强宣传教育,统一思想认识,加强制度创新,通过制度梳理和流程再造、切实提高工作效率,促进机关部门、院系和领导干部转变职能、转变作风。同时还应加大保障力度,为廉政信息化建设积极创造条件,确保廉政信息化建设任务落到实处。

【参考文献】

[1] 章铸,章澄,盛武,方芳. 党风廉政建设信息化问题探讨[J]. 理论建设,2013(2)

[2] 崔少鹏. 扎实推进纪检监察机关信息化建设[J]. 中国监察,2012(15)

[3] 融燕,于志超. 加快信息化在党风廉政建设中的应用[J]. 求实,2005(11)

浅谈领导干部的文风、学风与作风*

——读习近平《之江新语》有感

张子法　汤海旸

【摘　要】　党的十八大以来，习近平同志为总书记的新一届中央领导集体改文风、促学风、抓作风，让国人感觉一股新风扑面而来。笔者近读浙江人民出版社2013年11月第二次印刷的习近平所著《之江新语》，细细品味之余，不禁感慨：现在中央所倡导的文风、学风和作风，在这本书里都能找到其发端，习总书记早在主政浙江期间就已经在倡导和引领优良的文风、学风和作风。

【关键词】　文风；学风；作风

党的十八大以来，以习近平同志为总书记的新一届中央领导集体改文风、促学风、抓作风，让国人感觉一股新风扑面而来。在新一届中央领导履新15天之时，中央台主持人白岩松曾在节目中用了四个"平"来概括：第一，平常的声调；第二，平实的语言；第三，平实的工作作风；第四，前面三个"平"恰恰带来的就是不同平常的感觉。中共浙江省委书记夏宝龙也曾在一次讲话中说，以习近平同志为总书记的党中央履职以来，所释放的新信号、带来的新气象、树立的新作风、传递的新梦想，令全国各族人民倍感振奋，也让全体中华儿女倍受鼓舞。

《检察日报》在2013年2月26日曾用"100天10句话彰显反腐倡廉决心"为题梳理了新一届中央领导集体在抓党风廉政建设方面的言论：（1）理想信念就是共产党人精神上的"钙"；（2）干部清正、政府清廉、政治清明；

＊　本文系2013年12月笔者在党的群众路线教育实践活动期间撰写的读书笔记。

作者简介：张子法，浙江大学纪委副书记、廉政研究中心副主任，副研究员；汤海旸，浙江大学生命科学学院党委副书记，副研究员。

（3）愤怒的是扶贫款项被截流和挪作他用；（4）不允许在执行中央部署上打折扣、做选择、搞变通；（5）让人民群众在每一个司法案件中都能感受到公平正义；（6）反腐倡廉必须常抓不懈，拒腐防变必须警钟长鸣；（7）把权力关进制度的笼子里；（8）要坚持"老虎"、"苍蝇"一起打；（9）踏石留印、抓铁有痕；（10）当前以治标为主，为治本赢得时间。这 10 句言简意赅、掷地有声的话语（除第 10 句为王岐山同志所说，其余都出自习近平总书记之口），也很好地体现了新一届中央领导集体，特别是习近平总书记的文风和作风。

近读浙江人民出版社 2013 年 11 月第二次印刷的习近平所著《之江新语》，细细品味之余，不禁感慨：现在中央所倡导的文风、学风和作风，在这本书里都能找到其发端，这也正好印证了，习总书记早在他主政浙江期间就已经在倡导和引领优良的文风、学风和作风。

《之江新语》收录了习近平同志自 2003 年 2 月至 2007 年 3 月间，作为浙江省委书记为《浙江日报》"之江新语"专栏撰写的短论 232 篇。这些短论集中反映了习总书记自身所具有和倡导的良好的文风、学风和作风。笔者不才，在初步学习的基础上归纳了以下几方面，以为心得，当努力学习实践之：

一　文风上的三个"要不得"

1. 长篇大论要不得。《之江新语》收录的这些文章，集中体现了"短"的精髓。据笔者粗略统计，最长的也不超过千字，最短的仅两百多字。虽然短，却更显观点之清晰，语言之明快，无任何拖泥带水之语。其本人也在"文风体现作风"这一短论中狠批了喜欢写长文章、讲长话的不好的文风。

2. 高谈阔论要不得。习总书记的文字用语力求文风朴实，不堆砌华丽的辞藻，却更显形式之生动活泼，道理之浅显易懂。如讲经济发展与生态文明的多篇，如此宏大的主题，用的却是极其平实明白的话语，从最初的"要看 GDP，但不能唯 GDP"，到后来的"既要 GDP，又要绿色 GDP"，直到再后来的"绿水青山也是金山银山"，"从两座山看生态环境"，内涵深刻但朴实无华。

3. 奇谈怪论要不得。短论反映的都是当时省委的工作部署和思想观点，要把道理讲到位，讲得有针对性，就不能脱离国情，省情。习总书记的不少短论，有赞美表彰的，着力弘扬正气，也有批评鞭挞的，不留情面，一正一反，一弘一抑，激浊扬清，立场鲜明，不以任何奇谈怪论吸引眼球。如"莫把制度当'稻草'人"，"激浊扬清正字当头"等篇。

二 学风上的两个"做不得"和两个"提倡"

1. 不读书的"蛮干家"做不得。习总书记早就提出,在建设学习型社会、创新型社会中,领导干部要做学习的表率,对学习的追求是无止境的,读书学习对于为政大有裨益,不读书的蛮干家要不得。

2. 死读书的"书呆子"做不得。读书既需苦学,还应"善读",用"巧力"懂得取舍,注重思考,不做奉行本本和教条的书呆子。书呆子现象在领导干部中的存在,不但害人害己、影响工作,而且危害长远。

3. 提倡多读"经史子集"。习总书记一直对我国的传统文化推崇有加,很多短论中都引经据典,但所引之文都非晦涩难懂之语,足见其对我国传统文化之熟悉。在"多读书,修政德"一篇中,他讲:"为政之道,务于多闻"。我们的传统文化中包含了丰富的廉政文化理念和文化实践。我们要学习他的这种情怀,多读读我们传统的"经史子集",从中汲取营养。

4. 提倡多读"社会之书"。习总书记强调"既要求知善读,又要贵耳重目"。所谓"贵耳重目",就是讲"纸上得来终觉浅,绝知此事要躬行",要联系实际读书,通过调查研究,向实践求知,善读社会这部书。

三 作风上的四对关系

1. "虚"与"实"的关系。习总书记历来强调"不兴伪事兴务实",要求领导干部要做"愿听真话、敢讲真话、勇于负责、善抓落实之人"。他讲,为政之道,贵在实干,而且强调"抓落实如敲钉子",要有"咬定青山不放松"的韧劲、不达目的不罢休的狠劲。他也认为,有些工作相比较而言要"虚"一点,比如精神文明建设相较于物质文明建设,虚的相对还难以把握,但这些工作同样重要,这就要求"虚功一定要实做",要靠实实在在的工作载体来推进精神文明建设等工作。关于"虚"与"实"的关系,习总书记还有一个恰当的比喻:如果说务实是"决胜千里之外"的实践,那么务虚则是"运筹帷幄之中"的谋划,两者可谓并蒂之花、相辅相成,辩证统一于全部领导活动之中。

2. "器"与"事"的关系。"工欲善其事,必先利其器"。习总书记一直强调做事情要讲究方法,正确的方法是做好工作的重要保证。他强调要避免两种倾向:一是"瞎子摸象",一是纸上谈兵;他提倡要大处着眼,学习"曹冲称象",又要小处着手,学习"庖丁解牛"。简简单单四个成语,就把工作方法的重要性说得如此明白透彻。

3. **"和"与"合"的关系。** 祈盼和顺、崇尚和美、追求和谐,是中华民族的传统和高尚品德,习总书记也十分认同"人和"理念,认为团结就是力量,人和才能政通。同时,习总书记强调,一个好的领导班子,要善于团结协作。大事讲原则,小事讲风格,遇事多交心,多谅解,真正做到讲团结,会团结。班子的主要负责同志要起好把舵抓总的作用,班子里的其他成员要各司其职,相互配合,这样"和"然后"合",大家团结和谐,就能形成合力。

4. **"为"与"畏"的关系。** 习总书记一直教育我们的领导干部要做到"守土有责",要有强烈的责任感,明白责任,敢于负责,保一方平安,强一方经济,富一方百姓。领导干部不仅要想干事、肯干事、敢干事,还要会干事、能干事、干成事,此所谓要"有为"、要"干事"。除了"干事",还要"干净",要努力把"不能为、不敢为、不想为"的工作抓实做细,就是要强化"不能为"的制度建设、"不敢为"的惩戒警示和"不想为"的素质教育,努力把反腐倡廉的工作抓实做细。近期习总书记讲到"我们对人民赋予的权力,一定要保持敬畏之心",这个"畏"字用得极好。

【参考文献】

[1] 习近平. 之江新语(第1版)[M]. 浙江人民出版社,2007

[2] 新常委们的十五天[N]. 中央电视台《新闻1+1》,2012.11.29

[3] 夏宝龙. 浙江永远是你们的根(在浙江省政协港澳华侨委员座谈会上的讲话)[N]. 浙江日报,2013.1.27

[4] 中共新领导集体履新百日100天10句话彰显反腐倡廉决心[N]. 检察日报,2013.2.26

加强商业贿赂治理　促进医德医风建设

叶晓萍　刘　波

【摘　要】　本文介绍了医药购销领域商业贿赂的表现形式及呈现出的许多新趋势,结合医药行业的特殊性,揭示了医药购销领域商业贿赂的社会危害性。针对商业贿赂案件易发多发的现状,介绍了各级各类医院开展商业贿赂治理的主要做法,强调商业贿赂治理和医德医风建设要同步开展,才能促进医药行业健康发展。

【关键词】　商业贿赂;医德医风;医药购销

随着医疗事业的飞速发展和商品经济的不断深入,医药购销领域的商业贿赂现象日益增多,影响日益恶劣。这一方面是医药购销领域中不正当竞争的产物,另一方面是医院管理方面存在漏洞、个别医务人员价值观扭曲给了商业贿赂可乘之机。医药购销领域商业贿赂使医疗行业处于舆论的焦点,在一定程度上影响了医药行业的健康发展。在现有政策环境下,为构建和谐医患关系,促进医院服务水平提升,促进医疗行业健康发展,必须加强医药购销领域商业贿赂治理,积极开展医院的医德医风建设。

一　医药购销领域的商业贿赂的表现形式

按照 2006 年 4 月卫生部、国家中医药管理局发布的《关于开展治理医药购销领域商业贿赂专项工作的实施意见》,医药购销领域商业贿赂的主要形式为五种:(1)医疗机构的领导及有关工作人员,在药品、医用设备、医用耗材等采购活动中,收受生产、经营企业及其经销人员以各种名义给予的财物

作者简介:叶晓萍,浙江大学纪委办副主任,助理研究员;刘波,浙江大学纪委办(监察处)纪检员,讲师。

或回扣的行为;(2) 医疗机构的医务人员,在临床诊疗活动中,收受药品、医用设备、医用耗材等生产、经营企业或经销人员以各种名义给予的财物或提成的行为;(3) 医疗机构接受药品、医用设备、医用耗材等生产、经营企业或经销人员以各种名义给予的财物,不按照行政事业财务会计制度规定明确如实记载、私设小金库、用于少数人私分的行为;(4) 医疗卫生机构有关人员在基建工程、物资采购、医院转制、招标等活动中,收受有关人员以各种名义给予的财物的行为;(5) 卫生、中医药行政机关工作人员利用权力,在医药购销和工程招标等活动中,收受有关企业和经销人员以各种名义给予的财物的行为。其中受贿主体包括医疗机构、医疗机构的领导和具有管理职权的人员、医务人员和相关人员4类。

党中央、国务院对治理商业贿赂专项工作高度重视,先后出台了一系列政策和规定,各相关部门也结合医药行业的实际情况开展了积极治理。随着惩防体系的不断完善和专项查处的推进,医院治理商业贿赂已经到了瓶颈阶段。虽然各种治理措施多管齐下,商业贿赂案件仍旧层出不穷,而且名目繁多,花样不断翻新,手段也越来越隐蔽,呈现出许多新的趋势。

1. 涉及面不断扩大,受贿对象结构日益复杂

随着相关领域防范机制的不断完善,医药购销的流程和规则不断完善,参与医药购销的环节不断增多,涉及人员面不断扩大。从一方面来看,医药购销领域的非生产成本不断加大,行贿受贿的难度不断增加,在客观上对商业贿赂产生了制约的作用;但另一方面,医药经营企业不断研究政策,设计对策,对每个环节逐个击破,多头行贿,使得原来看来不可能涉案的部门和环节开始涉及商业贿赂。

2. 涉案查实人员从医院领导向普通医务人员转移,从国家工作人员向非国家工作人员转移,职务犯罪向非职务犯罪转移

随着查处力度的不断加大,商业贿赂手段越来越高明,职务犯罪特别是医院管理层的受贿"技术含量"也越来越高,"自我保护"不断增强,受贿手段越来越隐蔽,因此对这一类人员的查处难度不断增加。相反,普通医务人员受贿手段相对比较单纯,环节简单直接,"自我保护"能力弱,使得商业贿赂查处相对比较简单。因此对于普通医务人员,商业贿赂最常见最主要的形式是通过回扣直接交付给涉案人员,出现医药代表直接拿着装了钱的信封直接当面行贿的现象,这种现象一方面反映了医疗界对回扣现象的司空见惯,另一方面也反映了普通医务人员受贿手段的单纯。

3. 受贿财物的金额不断增加,个别受贿行为情节恶劣

随着药品耗材价格虚高日益严重,医药耗材的回扣越来越大,从前几年

的几百元已经增加到几千元,单一药品的回扣从数元增加到数十元。个别单位和个人受贿情节特别恶劣,从被动受贿到个别人员主动索贿转变,体现出极个别单位和医务人员的道德败坏和对法律肆无忌惮的践踏。

4. 社会影响日益扩大,人民群众关注度日益提高

随着网络和信息产业的飞速发展,论坛、微博、短信、微信等新传媒方式已成为人民群众日常生活中不可缺少的一部分。这些新兴便捷高效的沟通交流方式使信息的传播发生了巨大的变化,信息传播的速度更快、范围更广、力度更大、影响更持久。特别是在医患关系复杂,医药购销领域竞争白热化的大环境下,一条看似平常的信息可以在网络上引起轩然大波,甚至对社会稳定造成一定影响。

在现有政策环境下,医药购销领域商业贿赂将长期存在。医药购销领域的商业贿赂有其存在的客观条件,就外部条件而言,社会医疗资源相对不足,医疗体制改革在短期内很难取得根本性的成效,国家投入偏少,以药养医将长期存在,医药生产领域自主知识产权产品匮乏导致医药企业准入门槛低,竞争白热化等等,这些因素都决定了医药购销领域内商业贿赂现象将长期存在。

二 医药购销领域商业贿赂的主要危害

商业贿赂的存在,严重的背离了社会主义市场经济的基本原则,破坏了公平竞争的市场秩序,妨害了资源的合理配置,影响投资环境和国民经济的健康运行,而且严重败坏了社会风气,成为滋生腐败行为和经济犯罪的温床。医药购销领域的商业贿赂除了上述的一般危害外,由于医药行业的特殊性,其危害也表现出不同于其他商业贿赂所致的社会危害性。

1. 干扰正常医疗秩序

医药购销呈链条式结构,医药用品到哪里,商业贿赂就跟到哪里,和病菌一样散播和传染,对医疗卫生事业队伍产生严重腐蚀作用,严重干扰了医院的正常秩序和医疗行为。医药购销领域的高回扣和商业贿赂,从一定程度上助长了药价虚高现象,导致患者负担加重。

2. 破坏医务人员形象

受拜金主义思潮冲击,部分医务人员为一己私利,不考虑病人利益,违反疾病施治原则,滥用选用回扣药物,直接损害了患者的健康,甚至造成医疗事故,严重影响了医疗卫生队伍形象。

3. 影响医院健康发展

医疗秩序被干扰会影响医院的医疗服务质量,医务人员形象被破坏会影响医患关系,这两方面对医院发展都具有重要意义。因此,商业贿赂行为的存在最终会影响医院的健康发展。

三 医院开展商业贿赂治理的主要做法

从 1999 年起,国务院纠风办等部门每年发布关于纠正医药购销中不正之风工作的有关问题,国家工商行政管理局、卫生部等部门按照纠风办的要求出台有关的实施意见,逐步深入分层有序地推进医药购销领域的治理工作。近年来,党和国家十分重视医药购销领域的纠正行业不正之风和治理商业贿赂工作,全国卫生系统深入开展医药购销领域的商业贿赂治理工作,各级各类医院按照惩防体系建设总体要求,逐步有序地推进商业贿赂专项治理工作,取得了一定成效。

1. 不断完善集中采购制度

按照卫生主管部门的要求,制定了相应的医药物品集中招标和采购制度,成立了相应的专家小组和工作流程,虽然在集中招标过程中,特别是药品集中招标采购过程中,外部环节和流程不可控因素不断增多,但在招标中涉及医院内部流程和规章的,基本上做好按章按纪有序进行,有效遏制了医药采购环节的腐败和商业贿赂现象。

2. 逐步健全反商业贿赂机制

按照商业贿赂专项治理工作部署,结合医院惩防体系建设,对商业贿赂的薄弱环节进行梳理,逐个查找风险点,初步建立了反腐倡廉和治理商业贿赂的长效机制,制定了包括《治理医药购销领域商业贿赂专项工作实施计划》、《领导干部廉洁自律制度》、《医院党政领导班子落实"三重一大"制度的实施细则》、《关于严禁索要和收受"红包""回扣"等规定》、《关于加强职业道德和行风建设实施计划》、《关于进一步加强行风教育实施计划》、《行风建设督查制度及督查方案》、《廉洁行药制度》、《药品监督管理制度》、《设备管理规章制度》、《药品采购制度》、《政府采购招标管理办法》等在内的数十项制度和办法。通过签订责任书、诫勉谈话等方式,以重点科室和重点人员为主对医院工作人员进行自查自纠和教育工作。

3. 将科学监管和专项查处有机结合

医院内治理商业贿赂主要由分管纪检的书记负责,参与者主要为医疗副院长、监察室、医务科和质量管理中心、药剂科以及相关临床科室的专家。

医院通过制定药品监督管理的实施办法,对药品用量异常波动、异常使用和违规使用进行动态监测,对出现的问题及时进行处理。通过设立举报通道,自查自纠等途径,及时发现和掌握问题线索,对一经查实的,根据违纪、违法和犯罪的不同性质,采取相应的处理方法。对于已经查实的案件,医院将其作为反面教材来进行警示教育,以案促纠,增强医务人员抵制商业贿赂的自觉性和主动性。

(四) 商业贿赂治理和医德医风建设并重,促进医药行业健康发展

医德医风体现的是医务人员对病人承担的道德责任,体现了医药界的社会责任,加强医德医风建设和行业作风建设,使医疗卫生工作更好地维护人民群众的健康权益,为促进构建和谐社会创造良好环境,是促进卫生事业健康发展的重要保障。通过持之以恒、切实有效的医德医风建设,培养医务人员对患者极端负责、全心全意为患者服务的精神,具备高尚的社会主义医疗道德观念,在医疗护理过程中自觉遵守医疗制度,约束自己的行为,自觉抵制商业贿赂的诱惑。如果缺乏一切从患者的利益出发的社会主义医疗道德,即使制度再严格,管理再严密,也可能频发医药回扣事件,对医疗队伍稳定造成影响。

1. 重视医院管理者的医德素质和作风建设能力

一是医院管理者要以身作则。从思想品质、言行举止到医德医风做到高标准、严要求,努力使自己成为医务人员效仿的楷模,进而把个体医护行为转化为群体的医护行为。二是医院管理者要把医德意识融入管理活动中。在确立工作目标、制定发展规划、决策解决问题等过程中,要以良好的医德观念做指导,始终将"以病人为中心"作为医疗服务的宗旨。三是医院管理者要正确地对待医院内部出现的商业贿赂现象。既不要盲目乐观,存在侥幸心理,也不要悲观泄气,消极应对,要处理好医院良性发展和经营的关系,树立反商业贿赂的信心和决定,要下大决心,下大力气来治理商业贿赂行为。

2. 党政齐抓共管抓医德医风建设

医院党政是医院的龙头,是医院的核心。核心作用的发挥对于全局工作的开展至关重要。在医德医风建设工作中,党委和行政要深度融合,形成工作合力。一方面要不断加强党的领导,突出党在引领全局、指导方向、发挥作用中的地位,体现党的先进性,将思想政治工作贯穿到医德医风建设和治理商业贿赂中去;另一方面要进一步明确医院院长负责制,管行业的同时

还要管行风,借助多种手段全方位加强医德医风建设。同时,要进一步完善民主集中制的工作制度,在制定相关政策时,通过民主集中制的议事规则、"三重一大"决策程序,最终确定可操作、易执行的制度,使这些决策机制规范科学、切实可行。

3. 加强医务人员的道德修养

一是加强传统美德教育。我国有很多优秀的道德文化,医学道德就是其中的绚丽瑰宝。救死扶伤、一视同仁、尊师重道、文明礼貌,这些优良的美德是值得继承和发扬的,也是在开展医德医风教育时必不可少的组成部分。二是加强理想信念教育。引导医务人员正确处理"责任"和"利益"的关系,牢固树立"人本"精神和"以病人为中心"的服务理念,努力做到爱岗敬业,无私奉献。三是加强廉洁教育。引导医务人员树立正确的世界观、人生观、价值观和荣辱观,廉洁自律,诚实守信,不断提高抵御社会不良风气侵蚀的能力。四是加强人文教育。关注医务人员的社会属性,加强人文素养的熏陶和伦理道德的培养,使其成为具备良好伦理道德品质和专业医疗技术水平的全面人才。

【参考文献】

[1] 毕荣. 医药购销领域商业贿赂成因分析与对策建议[J]. 中国卫生质量管理,2014(1)

[2] 曹毅. 新医改形势下对医院治理商业贿赂的思考[J]. 基层医学论坛,2011(1)

[3] 连伟才. 加强医院基层党组织的领导作用 构建健康和谐的医患关系[J]. 汕头大学医学院学报,2007(20)

[4] 黄党发. 浅论医患关系中嫌隙的有效弥合[J]. 中国医学伦理学,2006(5)

[5] 杨平. 医德医风建设是反医疗商业贿赂的根本[J]. 基层医学论坛,2007(4)

[6] 饶章林. 试论市场经济条件下的医德教育取向[J]. 中国卫生,2002(3)

土建类卓越工程师廉洁教育的探索与实践

郭文刚　徐　洁　陈晓伟

【摘　要】　开展大学生廉洁教育既是《联合国反腐败公约》通行做法，也是我国青少年思想道德教育的重要内容。浙江大学建工学院在土建类卓越工程师教育培养计划中推行"廉洁工程师计划"，明确把廉洁教育作为卓越计划的必修环节，逐步探索建立"树廉、倡廉、育廉"的廉洁教育体系，通过组织领导、制度保障和考核评价等机制建设确保廉洁教育取得实效。

【关键词】　廉洁教育；卓越工程师；廉洁工程师计划

2005 年正式生效的《联合国反腐败公约》明确要求各成员国开展有助于不容忍腐败的公众宣传活动，以及包括中小学和大学课程在内的公共教育方案。同年，中共中央关于《建立健全教育、制度、监督并重的惩治和预防腐败体系实施纲要》明确提出："教育行政部门、学校和共青团组织要把廉洁教育作为青少年思想道德教育的重要内容，培养青少年正确的价值观念和高尚的道德情操，要积极推动廉政文化进社区、家庭、学校、企业和农村。"2007 年，教育部又下发了《关于在大中小学全面开展廉洁教育的意见》，正式明确了大学阶段廉洁教育的目标和主要内容即教育者用廉洁文化的思想理论，对大学生施加有目的、有计划、有组织的影响，使大学生不断提高道德自律意识，具备拒腐防变的良好心理品质，逐步形成廉洁自律、爱岗敬业观念的活动。2008 年 8 月，教育部党组指出，开展大学生廉洁教育，是全面贯彻党的教育方针，切实推进素质教育的需要；是在社会转型时期，增强大学生抵制不良风气的能力，引领与传承优秀文化的必然要求。由于土建类大学生是未来土建行业十分重要的领导、管理和技术人才资源，向未来土建行业的

作者简介：郭文刚，浙江大学监察处副处长，副研究员；徐洁，浙江大学建筑工程学院团委书记，讲师；陈晓伟，浙江大学建筑工程学院团委副书记，助教。

领导者和管理者注入廉洁价值观并提高其廉洁素质和廉政素质,对于打破土建行业腐败循环圈、建设廉洁项目和廉洁行业都具有重要的价值。浙江大学建筑工程学院结合卓越工程师教育培养计划,从 2010 年开始实施"廉洁工程师计划",助推卓越工程师培养,在土建类大学生廉洁教育方面进行了持续有效的探索和实践。

一 明确原则:廉洁教育列入土建类卓越工程师必修环节

教育部"卓越工程师教育培养计划"(简称"卓越计划"),旨在培养造就一大批创新能力强、适应经济社会发展需要的高质量各类型工程技术人才,为国家走新型工业化发展道路、建设创新型国家和人才强国战略服务,是贯彻落实《国家中长期教育改革和发展规划纲要(2010—2020 年)》和《国家中长期人才发展规划纲要(2010—2020 年)》的重大改革项目,也是促进我国由工程教育大国迈向工程教育强国的重大举措。

建筑行业是国民经济发展的重要支柱产业之一,在促进经济增长,带动城乡建设等方面发挥重要作用。工程建设的迅速发展,对土建类工程技术人才的需求愈发迫切,也对高校工程人才培养提出了更高的要求。教育部实施"卓越工程师计划"以来,高校通过完善课程开发设计、建设实习实践平台、加强创新能力培养等各种手段,在工程师的培养和教育工作中取得了显著的成果。一批批优秀毕业生走向工作岗位,为工程建设行业的发展注入了强大动力。然而,令人痛心和困惑的是,随着工程建设领域频繁披露的违法违纪案例,我们惊讶地发现,许多案件中走向腐化堕落的"主角"都曾是大学教育引以为傲的佼佼者和优秀工程师的典范。这些曾经的优秀人才走向不法道路的案例让我们深刻反思,究竟是社会风气使然还是学校廉洁教育缺失? 如何认识和解决这一问题对高等教育工作者提出了严峻的挑战。

教育部全面实施"卓越计划",培养综合素质全面的工程人才,为我们在土建类人才培养中实施廉洁修身教育指明了方向。在卓越计划开展过程中实施廉洁修身教育既是培养高素质人才的普遍要求,同时也是我国在土建类卓越工程师教育培养过程中,强化大学生廉洁素养,开展职前教育的必修环节。

二 建立体系:促进土建类卓越工程师廉洁教育有章可循

以浙江大学土木工程专业培养方案为例,土木专业人才培养的最终目标是培养"工程科学技术和人文社会科学综合素质良好、富有创新精神的高层次科学技术和管理人才"。"综合素质良好"的人才培养要求,其内涵必然包括廉洁自好的德行修养和拒绝诱惑的职业操守。因此,将廉洁教育融入卓越工程师的教育教学工作中,既是与工程师培养目标内在契合的理论要求,也是着眼于卓越工程师发展道路的现实选择。自2010年起,浙江大学建筑工程学院开始实施"廉洁工程师计划",在本科生党员群体中持续开展廉洁修身主题教育活动。学院本科生党总支围绕立德树人的根本任务,围绕毕业生党员职前教育,大学生遵纪守法教育以及廉洁文化培育等内容开展了形式多样、内容丰富的教育活动,引导青年学生为实现国家富强、民族复兴、人民幸福的伟大"中国梦"而发奋图强、不懈奋斗,在求是园内刮起了一阵树廉、倡廉和育廉的清风。

　　土建类卓越工程师的廉洁教育工作体系,主要涵盖三方面内容,一是开展毕业生党员职前教育"树廉"活动。各党支部按照党总支的统一要求和部署,积极开展对本支部的毕业生党员,特别是即将参加工作的毕业生党员的廉洁教育,牢固树立毕业生党员廉洁工作意识。学院本科生党总支每年在毕业生毕业前夕,邀请学校有关专家和领导为全体毕业生党员做辅导报告,并积极组织全体毕业生党员实地考察参观浙江省法纪教育基地,活生生的"腐败案例故事"、一份份的改造人员的"现身说法"和"忏悔语录",深刻教育了广大学生党员,通过理论和实践相结合的活动方式把反腐斗争的形势和廉洁工作的内容向毕业生党员讲清、讲明。二是开展大学生遵纪守法教育"倡廉"活动。各党支部在活动中充分发挥组织优势和带头作用,积极组织入党积极分子和辖区班级同学开展大学生遵纪守法教育。围绕廉洁教育的主题,运用主题讨论、社会实践、志愿服务、演讲比赛、情景剧、知识竞赛、访谈座谈会、专题报告会等多样的形式,结合丰富的案例和生动的故事,在党员群众中全面倡导廉洁文化。三是开展廉政主题文化展览"育廉"活动。各党支部在活动期间收集和整理廉洁教育工作好的素材,把党和政府开展反腐倡廉工作面临的形势和取得的成效,以及各支部开展廉洁教育活动的经验和做法,以微纪录片、摄影作品等形式展示出来,党总支统一组织各支部制作展板等文化宣传作品面向学院集中展览,进一步培育学院廉洁教育工作的文化氛围。

三　完善机制:保障土建类卓越工程师廉洁教育取得实效

　　1. 组织领导机制是推进卓越工程师廉洁教育工作的保证。尽管廉洁教育是卓越工程师培养的必修环节,但建立在强有力的组织领导基础上的育人工作,必然会产生持久的自觉性和永恒的原动力。卓越工程师廉洁教育工作要落到实处,就必须明确其主管部门和职责,在基层院系党委和行政共同推进的基础上,建筑工程学院党委把廉洁教育纳入院级党校教育必修内容,明确了分党校班子对廉洁教育工作负总责,各党总支、党支部承担具体工作,从而在组织领导机制上保证了廉洁教育长期有效地开展下去。

2. 制度保障机制是推进卓越工程师廉洁教育工作的基础。制度保障机制,就是要通过建立健全和落实廉洁教育的各项规章制度,用规章制度来规范廉洁教育工作,用政策导向来激励干部、教师从事廉洁教育,激发学生乐于接受廉洁教育的积极性。廉洁教育作为分党校教育的子模块,成为广大党员学生的必修环节,同时,发挥廉洁教育的影响力,通过各党支部把廉洁教育辐射到普通同学中去,建立了廉洁教育的宣传发动制度、学员考勤制度、集中展示制度、优秀评比制度,为持续有效推进廉洁教育打下了良好的基础。

3. 考核评价机制是推进卓越工程师廉洁教育工作的关键。建立一套科学的廉洁教育工作评估和考核体系,是廉洁教育工作持续有效开展的内在要求。建立考核评价制度的关键是制定必要的政策和措施,切实把廉洁教育的成效作为各党支部创先争优和争创"五好"党支部的重要依据,对在廉洁教育过程中涌现的优秀团队给予应有的奖励和表彰,在大学生党员中形成风清气正的良好氛围,提高廉洁教育的针对性和有效性。

【参考文献】

[1] United Nations Convention against Corruption[EB/OL]. http://www. unodc. org/unodc/en/treaties/CAC/

[2] 中共中央关于印发《建立健全教育、制度、监督并重的惩治和预防腐败体系实施纲要》的通知[EB/OL]. 新华网,2005.01.17

[3] 徐惠红,石佑. 试析高校开展大学生廉洁教育的有效途径[J]. 黑龙江高教研究,2013(10)

高校后勤系统廉政文化建设的思考与实践

——以浙江大学后勤集团为例

魏仲权　姜群瑛

【摘　要】　随着高校后勤社会化改革的推进,廉政文化建设不仅成为高校后勤企业党建工作的重要内容,而且也成为企业文化建设的重要方面。高校后勤企业既要把廉政文化建设贯穿于后勤服务与企业改革发展的全过程,也要把廉政文化建设纳入企业发展战略和文化品牌建设之中。

【关键词】　廉政文化;企业文化;高校后勤

浙江大学后勤集团是浙江大学的全资企业,核心公司注册资本 8000 万元。经过多年的创业,后勤集团已经发展成为一家多行业、跨地区的现代高校后勤服务产业集团,经营范围涵盖餐饮、酒店、商贸、物管、水电、建筑、园林、幼教、通信、会务、图书、礼品、客运、驾培和汽修等行业,目前集团拥有 12 家专业化公司和近 6000 名干部职工,2013 年实现经营服务收入 9.2 亿元。由于后勤集团点多、面广、线长、事杂,同时后勤服务工作各个环节中经济活动频繁,如何确保企业依法经营、规范管理和科学发展,始终是摆在后勤集团干部职工面前的重大任务。近些年来,后勤集团按照"保障学校、服务社会"的企业宗旨,围绕"搞好服务、办好产业、建好文化"三大任务,在努力提高后勤服务质量、积极发展后勤服务产业的同时,认真学习贯彻中共中央《建立健全教育、制度、监督并重的惩治和预防腐败体系实施纲要》和中央纪委《关于加强廉政文化建设的意见》的精神,高度重视企业反腐倡廉工作,认真开展干部职工廉洁教育,切实推进企业廉政文化建设,为党风廉政建设和企业健康发展提供了良好的思想保障和文化支撑。

作者简介:魏仲权,浙江大学后勤集团党委书记兼副总经理,副教授;姜群瑛,浙江大学后勤集团党委副书记兼纪委书记,副研究员。

一 充分认识廉政文化建设的重要意义,把廉政文化建设作为党建工作和企业文化建设的重要内容

1. 加强廉政文化建设是后勤集团企业性质的本质要求

后勤集团是我国高校后勤社会化改革的产物,是一种新型的经济组织,既不同于其他的高校经济实体,也不同于一般的社会服务企业,有着其固有的特殊性。从经济性质上来说,后勤集团属于国有企业,这就客观上要求后勤集团在整个经济活动过程中必须严格遵守国有资产管理的相关规定,确保国有资产增值保值,要求干部职工依法经营、廉洁从业、反贪拒腐、自觉抵制商业贿赂;从社会职能来说,后勤集团是学校的重要组成部分,承担着服务育人的职能,这就客观上要求后勤集团在服务学校教学、科研和师生生活过程中,必须以人为本、以廉为荣、以贪为耻、提倡勤俭、反对浪费、自觉践行社会主义荣辱观。廉政文化作为先进的文化形态,不仅是当代中国先进文化的有机组成部分,而且也是中国特色社会主义核心价值观的文化表现形式,加强廉政文化建设既是后勤集团企业性质的本质要求,也是后勤集团企业性质在经济活动和社会职能中的具体体现。

2. 加强廉政文化建设是后勤集团科学发展的内在要求

随着社会主义市场经济体制的进一步完善和高等教育事业的快速发展,高校后勤服务产业呈现出了广阔的发展前景,为后勤集团的发展提供了难得的历史机遇。同时由于国有企业管理体制和运行机制的特殊性,在日益激烈的市场竞争中,后勤集团也面临着体制不顺、机制不活的巨大挑战,要实现后勤服务产业的科学发展,必须贯彻落实科学发展观的基本要求,切实担负起国有企业的社会责任,增强干部职工实践科学发展观的自觉性和坚定性,自觉抵制官僚主义、形式主义、享乐主义和奢靡之风等腐朽思想和腐败文化的侵蚀。加强廉政文化建设既是后勤集团科学发展的内在要求,也是后勤集团科学发展的客观需要。

3. 加强廉政文化建设是后勤集团文化建设的必然要求

后勤集团虽然是在高校后勤改革是应运而生,但是后勤工作有着一百一十多年的历史,一代又一代后勤人与祖国同命运、与学校共兴衰,不仅培育了"特别能吃苦、特别能奉献"的后勤精神,而且培育了既有高校特点又有企业特色的后勤集团企业文化。企业文化是企业的灵魂,是全体员工普遍认可和共同遵循的价值观念和行为规范,也是企业赖以生存和发展的重要智力资源和精神动力。无论是从后勤集团的企业宗旨、企业制度、企业精神

来看,还是经营理念、价值观念、社会责任来讲,后勤集团的企业文化都是与廉政文化的思想内涵和价值取向相一致的,与腐败文化不相融的。文化建设是后勤集团适应学校创建世界一流大学的三大战略任务之一,加强廉政文化建设是后勤集团文化建设的必然要求,也是后勤集团文化建设的重要内容。

有道是,三年企业靠能人、十年企业靠制度、百年企业靠文化。后勤集团成立以来高度重视企业文化建设,提出了建设专业化、品牌化、人文化、现代化高校后勤服务产业集团奋斗目标,提出了以经济建设为中心、党建工作为统领、文化建设为支撑的总体工作格局,特别是把廉政文化建设作为党建工作和企业文化建设的重要内容,把廉政文化建设融入后勤产业改革发展各个领域、后勤管理服务各个环节和党建、文化建设各个方面,形成了有利于反腐倡廉建设的广泛群众基础和良好的思想氛围。

二 积极探索廉政文化建设的有效途径,把廉政文化建设贯穿后勤服务工作和企业改革发展的全过程

文化是人的发展的一种内在需求,一种文化一旦人们所接受就会形成这种文化所支配的价值理念,对人们的行为准则和价值取向产生根本的、广泛的、长期的影响,廉政文化如此,腐败文化亦然。后勤服务量大面广,与师生利益密切相关,后勤干部和广大管理人员手中或多或少都有一定资源支配权,如何用好手中的支配权,最根本的取决于对权力的认识。如果不重视廉政文化建设,腐败文化就会乘虚而入,侵蚀人们的灵魂,误导人们的行为。因此,廉政文化建设不仅承担着培育、树立、弘扬廉洁从业价值理念的重要任务,而且发挥着激浊扬清、惩恶扬善的独特作用。近年来,后勤集团坚持从实际出发,以科学的理论为先导,以健全的制度为基础,以丰富的活动为载体,不断提高干部职工的职业素养、廉洁从业意识,不断推进廉政文化建设。

1. 培育弘扬廉洁从业的价值理念

近年来,后勤集团始终坚持"以人为本、注重教育"的廉政文化建设基本原则,把廉洁教育作为廉政文化建设的基础性工作来抓,而且作为惩治和预防腐败体系建设的重要内容来抓,着力培育廉洁从业的价值理念。

后勤集团建立了比较完善的干部廉洁教育体系和学习教育制度,努力树立干部的廉洁从业价值理念。一是中心组理论学习反腐倡廉专题学习教育制度,每半年举行一次扩大会议,邀请学校纪委领导或者专家作专题辅导

报告,主要目的是用科学的理论和先进的廉政文化武装干部的思想,让广大后勤集团干部了解掌握反腐倡廉的新形势、新任务和新要求,结合实际工作进一步落实检查党风廉政建设责任制的各项工作任务;二是党风廉政建设会议制度,每年根据学校要求研究部署落实党风廉政建设和反腐倡廉工作;三是逢会必讲制度,凡是后勤集团各单位主要领导参加的工作会议,后勤集团主要领导都会强调安全和党风廉政建设有关工作与要求,把廉洁教育融入日常工作;四是分党校反腐倡廉专题教育制度,分党校在每一期干部轮训中都会安排专门时间专门内容开展廉洁教育;五是党支部廉洁教育专题会制度,每年各党支部都要安排以廉洁教育为主题的支部学习会,教育党员干部崇尚廉洁,反对贪腐;六是重大项目廉洁专题教育制度,凡是重大的招标、采购项目实施之前,都要对干部、工作人员和其他参加对象进行廉洁专题教育,确保招标、采购等重大经济活动公开、公平、公正,有力抵制商业贿赂;七是干部任用廉洁专题教育制度,凡是新聘干部和续聘干部期间都要进行廉洁教育;八是警示教育制度,适时安排干部到监狱等参观。通过这些廉洁教育制度的实施,后勤集团干部廉洁从业的意识有了进一步的提高,廉洁从业的理念得到了广泛确立,广大干部都能够正确对待手中的权力,在工作中讲党性、重品行、作表率,做到为民、务实、清廉,成为学校后勤工作的中坚力量。

后勤集团也建立比较完整的职工廉洁教育体系和学习教育制度。根据不同层次,不同要求,后勤集团建立了三级相互衔接的职工教育培训体系,集团主要负责干部和新聘用管理人员的培训教育,所属各二级单位主要负责所在单位干部、管理人员和骨干的培训,各三级单位主要负责本单位干部和广大职工的教育培训。依托三级培训体系,后勤集团一方面始终把廉洁从业教育纳入职工培训教育内容,通过开展职业道德教育、廉洁从业教育,提高了广大职工的职业素养,也增强了职工的廉洁从业意识;另一方面以开展社会主义核心价值体系教育为重点,联系实际深入贯彻落实《公民道德建设纲要》,把培育廉洁从业价值理念与社会公德、职业道德、家庭美德、个人品德结合起来,培养了广大职工爱岗敬业、诚实守信、遵章守纪、廉洁从业的行为习惯。近年来,由于劳动力资源趋紧,虽然"招人难、用人贵、走人快"成为劳动密集型企业的普遍现象,但是后勤集团依靠浓厚的文化气息和良好的文化氛围保持了职工队伍的总体稳定,保证了后勤服务产业持续健康发展。

后勤集团还把廉洁教育贯穿后勤服务工作与企业改革发展的全过程。这些年来,后勤集团内部机构、产业结构、股权结构几度调整、注册资本数次扩充、重大改革不断推出、企业产值屡创新高,各项事业实现了持续发展。在改革发展过程中,后勤集团不仅先后承担了中央保持共产党先进性教育活动试点工作和学习实践科学发展观活动试点工作先行单位的任务,还先后承担了学校"五好"党支部、"五好"院级党委创建活动的试点工作任务,后勤集团紧紧抓住开展这些重大工作和活动的有利契机,结合活动要求,不失时机地将廉洁教育工作融入实际工作中去,不仅有力地推动了后勤集团的改革发展,也促进了后勤集团的廉政文化建设。

2. 建立健全廉政文化建设工作机制

近年来,后勤集团在推进以深化改革、科学发展为主要内容的二次创业过程中,认真总结这些年来后勤集团党风廉政建设的经验,不断健全完善廉政文化建设的领导体制和工作机制,不断建立健全廉洁从业制度和规范,积极探索廉政文化建设的新路子、新举措,促进了后勤集团的健康发展。

后勤集团一方面把廉政文化建设纳入了《后勤集团中长期改革发展规划纲要》,并作为后勤集团党的建设和文化建设的重要内容,不仅明确了廉政文化建设总体思路和总体要求,而且贯穿于《纲要》实施的全过程,切实做到把廉政文化建设与后勤集团产业发展同步规划、同步部署、同步实施。同时结合党风廉政建设责任制的贯彻落实情况,在进一步完善了《后勤集团反腐倡廉建设和作风建设组织领导与责任分工》和《后勤集团内设机构骨干岗位廉政责任体系建设方案》,对廉政文化建设工作提出了明确要求和具体责任,在层层解析岗位职责风险的基础上,层层落实岗位廉政责任和廉政文化建设工作任务。另一方面在每年与下属公司(中心)负责人签订的经营业绩考核责任书中,也明确包括廉政文化建设要求在内的党风廉政建设职责,把党风廉政建设作为"一把手"工程,将廉政文化建设的相关内容纳入了后勤集团年度管理综合目标考核中,通过签订年度管理综合目标、年度业绩考核、年度总结表彰等具体措施,努力将廉政文化建设贯穿于后勤集团改革、发展和管理、服务的各个方面。经过近年来的扎实工作,后勤集团基本建立了"党委统一领导、党政齐抓共管、部门各司其职、群众积极参与"的廉政文化建设领导体制和工作机制。

后勤集团还将建立健全廉洁从业制度和规范作为推进廉政文化建设的重要基础,不断增强干部职工廉政从业的约束性和有效性。针对企业管理和廉政建设中的重点领域、薄弱环节以及社会不良风气、"潜规则"等对干部职工队伍的消极影响,后勤集团近年来始终把廉洁从业作为企业制度化、规范化建设的基本要求,重点对企业物资采购、投资管理、工程招投标、人事管理等管理制度作了进一步修订、完善与配套,形成了比较完整的制度体系。

同时,后勤集团进一步加强了针对企业负责人廉洁自律和廉洁从业的制度建设和检查落实,近年来进一步修订和完善了"三重一大"制度、财务预决算制度、会计内部控制制度、企业负责人任期内和离任审计制度、招投标及物资采购、公用车管理等制度,坚持和完善了党员领导干部民主生活会、党员民主评议领导干部制度、职工代表大会制度等,结合权力运行监控机制建设,建立和完善了覆盖生产经营各个层面、各个环节的风险防控制度体系。开展党的群众路线教育实践活动期间,后勤集团还进一步完善了与"反四风"有关的各项制度,出台了集团党委《关于加强作风建设的若干意见》和后勤集团《关于加强作风建设的若干规定》。这些与廉洁从业要求密切相关的制度建设,为消除腐败文化的影响、推进廉政文化建设发挥了重要的作用。

3. 广泛开展后勤特色的廉政文化创建活动

近年来,后勤集团积极贯彻《关于加强廉政文化建设的意见》的要求,结合后勤集团的特点和生产经营管理实际,广泛开展具有后勤集团特色的廉政文化创建活动,积极倡导依法经营、廉洁从业,努力建设反贪拒腐、诚信守法的企业文化。

后勤集团根据企业面临的形势和反腐倡廉工作的总体要求,提出了"依法经营、鼓励发展、成果共享、有效调控"的后勤集团工作方针,把依法经营作为后勤集团一切工作的基本原则和前提条件,大力倡导依法经营和廉洁从业的理念,并作为企业精神和企业理念,教育、引导干部职工讲荣辱、讲诚信、讲正气、讲责任、讲奉献,要求干部职工主动服从大局、服务中心,发扬艰苦奋斗作风、艰苦创业精神,不断增强抵制不正之风、商业贿赂的自觉性和拒腐变的能力,争做国有企业资产的守卫者、学校后勤事业的建设者。近年来,受物价上涨、劳动力成本剧增等多种市场因素影响,后勤集团虽然遇到了前所未有的经济困难,但是通过全体干部职工的共同努力,不仅战胜了各方面的困难,而且实现了经济的平稳增长。在战胜困难的过程中,后勤集团良好的企业文化氛围发挥了重要作用,为统一思想、凝心聚力提供了坚实的思想基础和文化氛围。

后勤集团根据后勤工作的特点和廉政文化建设的要求,广泛开展具有后勤服务特色的文明行业和文明窗口创建活动。在后勤集团党委的统一领导下,后勤集团工会、团委、女工委在深入开展"工人先锋号"、"青年文明号"、"美丽建设者"等群众性创建文明行业、文明窗口活动过程中,注入了廉政文化的新元素、新气息,通过创办宣传栏、文化园地,制作张贴标语、提示牌,悬挂横幅和展牌,创设服务环境等形式,大力宣传社会主义核心价值观,努力营造爱岗敬业、廉洁从业、建功立业和服务育人的文化氛围,既把这些创建活动不断引向深入,又把廉政文化建设融入了实际工作。后勤集团各单位从实际工作出发,认真组织开展丰富多彩的廉政文化创建活动,积极探索廉政文化建设的有效途径,推动廉政文化建设。饮食中心配送中心在组织大宗物资采购前,都会编印包含廉政文化建设为内容的工作手册,既对工作人员进行廉洁采购教育,又对商户进行廉政文化宣传;文化用品公司通过设计、制作、销售以廉政文化为主要内容的各种文化用品,增强廉政文化的吸引力和感染力;商贸公司通过开展廉政文化宣传专题活动,教育管理人员自觉抵制商业贿赂等等。后勤集团党委还把廉政文化建设融入后勤集团"创三优争一流"服务竞赛、"创先争优"、"五好"党支部和"五好"院级党委创建、群众路线教育实践等活动之中,组织干部积极参加学校的廉政文化建设工作,积极推进有后勤特色的健康向上的廉政文化创建活动。

三 认真把握廉政文化建设的规律特点,把廉政文化建设纳入企业发展战略和企业文化品牌建设之中

经过多年的努力,后勤集团廉政文化建设取得了良好的成效,对推进反腐倡廉工作和企业文化建设发挥了积极作用,为推进后勤集团"高素质、高品质、大市场、大格局"的科学发展战略提供了良好的工作基础和文化氛围。但是,后勤集团领导班子清醒地认识到,随着社会经济的发展和反腐败工作的推进,后勤服务工作的任务还很艰巨,后勤领域反腐倡廉的形势还很严峻,高校后勤服务产业领域仍然是腐败问题和案件的多发地,倍受社会各界关注。尽管这些年来后勤集团服务产业的发展非常快,已经成为我国高校后勤服务领域产业规模最大、综合实力最强的后勤服务企业,而且发展比较平稳,至今没有发生过比较大的违纪违法问题,但是这并不意味着反腐倡廉工作可以放松了,反腐倡廉工作和服务产业发展工作一样,只能加强不能削弱,只要后勤集团存在,反腐倡廉工作和廉政文化建设就一刻也不能放松,更不能停止不前,只有不断总结和认真把握廉政文化建设的规律和特点,把廉政文化建设纳入企业发展战略和企业文化品牌之中,反腐倡廉工作才能取得更大的成效,企业才能进一步实现又快又好的发展。因此,在今后的工作中,后勤集团将继续着力推进廉政文化建设。

1. 认真把握规律,坚持继承创新

廉政文化建设是廉政建设与文化建设相结合的产物,既是廉政建设的重要内容,也是文化建设的重要方面。后勤集团将进一步加强对廉政文

建设的总体规划,深刻认识和把握新的历史条件下高校和企业廉政文化建设的特点和规律,注重继承和发扬我们党清正廉洁的优良传统,学习和利用中国传统优秀文化和最新的廉政文化建设理论成果,认真总结这些年来推进文化建设的经验和后勤创业精神,继续把廉政文化建设和企业文化建设相结合,积极利用和创新企业文化的载体和传播途径,将廉政文化所蕴涵的价值理念和内容渗透到企业文化中,将廉洁从业理念与企业精神、企业宗旨、企业核心价值理念相融合,培育干部职工的后勤精神和道德操守。同时继续把廉政文化建设与企业党建相结合,用文化的方式拓宽企业党建工作的途径,用文化的形式传播廉洁的要求和规范,用廉洁理念和廉洁氛围,推动企业党建工作,促进后勤系统反腐倡廉建设不断取得新成绩。

2. 牢牢把握重点,强化教育实践

对后勤集团来说,廉政文化建设最根本目的在于使党员干部增强反腐倡廉意识,提高拒腐防变能力,使企业形成廉荣贪耻的思想道德基础和文化氛围。无论是党员干部的个人意识、能力,还是企业的整体文化氛围,都是通过作风体现在实际工作之中,而良好的作风离不开教育和实践这两个最基本的手段。因此后勤集团将以党员干部作风教育和企业文化氛围为重点,以干部作风建设和行风建设为抓手,进一步加强廉洁从业的价值理念教育和廉荣贪耻的文化氛围营造。通过抓作风建设进一步巩固党的群众路线教育实践活动成果,培育党员干部"阳光心态",做到带头学廉、带头倡廉、带头践廉、带头述廉;通过抓好行风建设推动廉政文化创建活动的深入持续开展,进一步强化廉洁从业的企业文化氛围,注重发挥好廉政文化的导向性、大众性、时代性和持续性。

3. 紧紧把握特色,打造文化品牌

后勤集团既是一个教育保障单位,又是一个产业单位,既有教育的属性,又具有产业的属性。这种双重的单位属性决定了后勤集团的文化既具有校园文化的特质,又具有企业文化特点。后勤集团将根据单位性质的双重属性,进一步积极探索既具有校园文化特质又具有企业文化特点的后勤集团特色文化建设,从而推动有后勤集团特色的廉政文化建设。同时,进一步解放思想,拓宽思路,通过进一步完善廉政文化建设工作协调机制和建立健全廉政文化建设长效机制,充分利用学校深厚的文化氛围优势,积极整合后勤集团内部资源,不断凝练廉政文化创建活动成果,形成廉政文化建设的合力,着力打造具有后勤集团特色的廉政文化品牌,推动廉政文化建设再上一个新台阶。

【参考文献】

[1] 胡驰、罗华滨. 纪检监察工作培训教程[M]. 中国方正出版社,2010

[2] 中央纪委等. 关于加强廉政文化建设的意见[EB/OL]. 中国共产党新闻网,2010.3.15

创新推广反腐倡廉法规制度
建设成果的机制探索*

陈婉珍

【摘 要】 本文应用了组织理论、创新扩散理论、绩效管理 PDCA 循环体系等创新理论,对推广反腐倡廉法规制度理论成果的机制进行了探讨,提出了有关机制改良方面的设计建议,建立健全组织、制定规划纲要、应用创新扩散理论、创建组织廉政文化、创新推广模式,以提高反腐倡廉法规制度实施的有效性,使制度反腐具有动力机制、防范机制、保障机制和监督机制,实现权力的正常运用,对于建立健全用制度规范从政行为、按制度办事、靠制度管人的有效机制,让权力关进制度的笼子里,推进党风廉政建设和反腐败斗争深入开展,提高党的执政能力和拒腐防变能力,具有重要的理论价值和现实意义。

【关键词】 反腐倡廉;法规制度;创新扩散;以人为本;绩效管理

我国的反腐倡廉法规制度建设经过多年来坚持不断的探索和实践,基本形成了符合我国国情的内容科学、程序严密、配套完备、有效管用的具有中国特色的反腐倡廉制度体系,即反腐倡廉法规制度建设成果(以下简称"成果")。在新的历史起点上如何深入推广成果,对于提高党的执政能力和拒腐防变能力,建立健全用制度规范从政行为、按制度办事、靠制度管人的有效机制,具有重要的理论价值和现实意义。

---

* 本文入选中央纪委、监察部组织的 2012 年全国纪检监察系统反腐倡廉法规制度建设理论研讨会书面交流材料汇编集。

作者简介:陈婉珍,浙江大学医学院附属儿童医院监察室负责人,副主任护师。

一 建立健全组织，保障反腐倡廉法规制度建设成果的推广

组织，是为有效地配置内部有限资源的活动和机构，为了实现一定的共同目标而按照一定的规则、程序所构成的一种责权结构安排和人事安排。组织对于发挥集体力量、合理配置资源进行反腐倡廉法规制度建设成果推广具有关键作用。

（一）建立领导组织网络，强化工作协调机制

1. 强化领导组织，建立领导机构。如成立单位党政一把手为组长、其他领导任副组长，有关职能科室负责人为成员的组织机构，设立办公室，配齐工作人员，负责指导和组织协调反腐倡廉法规制度建设工作，制订推广方案，处理与推广工作有关的重要问题。

2. 强化协调机制，建立相配套的组织网络。例如，成立行风建设领导小组、"小金库"专项治理工作领导小组、工程建设领域突出问题专项治理工作领导小组等相应组织，形成对推广成果工作齐抓共管的良好局面。

（二）明确领导组织职责，构建工作责任体系

1. 坚持"一岗双责"、谁主管谁负责和分级负责的原则，制定推广成果工作的目标任务与责任分工，分解到领导班子成员，细化到职能部门。

2. 党政主要领导作为第一责任人，要对推广成果重要工作亲自部署，重大问题亲自过问，重点环节亲自协调，重要信件亲自批阅，重要案件亲自督办；并对班子其他成员的落实情况进行监督检查。领导班子其他成员根据分工，全面履行分管范围内的推广成果职责，指导、督促和推进分管部门的各项工作。各职能部门狠抓落实，对牵头负责的工作要认真组织实施，把推广成果工作融入各项工作之中。

（三）履行党章赋予的职责，建立工作监督机制

1. 纪检监察部门充分履行《党章》赋予的职责。认真贯彻《党内监督条例（试行）》，实施党内各项监督制度，加强组织协调和督促检查，加强对领导干部执行各项廉洁自律规定的监督。协助党委抓好惩治和预防腐败体系主要任务的分解和落实，建立和完善监督工作机制，督促重大决策和规划的落实。

2. 建立健全督查、考评、奖惩、责任追究等工作机制。把推广成果工作作为对领导班子及成员工作考核的重要内容；作为工作实绩和奖惩的重要内容；与各项工作相结合，同部署、同检查、同考核、同奖惩；对落实责任制不

力和违纪违规行为进行责任追究。

二 制定规划纲要,规范指导反腐倡廉法规制度建设成果的推广

规划是指为完成某一任务而作出比较全面的长远打算的公文。具有长远性、全局性、战略性、方向性、概括性。制定规划纲要对于科学推广反腐倡廉法规制度建设成果具有重要作用。

(一)出台《实施纲要》,规范指导基层

胡锦涛同志强调,加强反腐倡廉制度建设"要以建立健全惩治和预防腐败体系各项制度为重点"。2005 年中共中央颁布的《建立健全教育、制度、监督并重的惩治和预防腐败体系实施纲要》(以下简称《实施纲要》)是反腐倡廉法规制度建设的重大创新成果。建立和完善反腐倡廉工作的各项规章制度和长效机制,整体推进教育、制度、监督、改革、纠风、惩治六项工作,为建成内容科学、程序严密、配套完备、有效管用的反腐倡廉制度体系打下坚实基础,对基层推广反腐倡廉法规制度建设成果起到了规范和指导作用。

(二)依据《实施纲要》,制定推广方案

各级党委、政府要依据《实施纲要》等要求,按照"党委统一领导、党政齐抓共管、纪委组织协调、部门各负其责、依靠群众支持与参与"的总体要求,制定出台推广方案,作为一项政治任务列入各地党政工作的重要议事日程,纳入年度总体任务和考核目标;要明确目标任务,科学规范指导思想、基本原则、领导体制、工作机制、部门职责、人员要求、资金管理、信息反馈和保障机制等具体要求;要坚持与时俱进、改革创新,建立健全适合当地自身特色的、有利于可持续发展的、科学有效的惩治和预防腐败制度机制。

三 应用创新扩散理论,优化反腐倡廉法规制度建设成果的推广

创新扩散理论是从群体层面分析和解释一种新技术、新事物、新方法或行为在人群中传播和被采纳过程的一种理论模式。创新在一定的时间内通过一定的渠道在某个群体的传播中,受创新的自身特性,传播渠道、时间、社区及人群心理行为特征和社会系统等诸要素的影响。应用创新理论,对于科学推广反腐倡廉法规制度建设成果具有十分积极的作用。

(一)优化创新自身特征,增强成果科学性

应用创新扩散理论优化创新特征,细化制度建设,提炼倡导信息,设计

创新产品,有利于促进广大党员干部职工通俗易懂地接受成果,正确理解领会反腐倡廉建设工作的重大政治意义。制定"建立健全惩治和预防腐败体系目标任务与责任分工"、"反腐倡廉建设和纠风作风工作组织领导与责任分工"、"进一步深化惩治和预防腐败体系建设的实施办法"、"进一步加强和完善纠风工作责任制的实施办法"等成果推广措施,设计宣传手册、海报、光盘等通俗易懂的创新传媒产品,以及举办"惩治和预防渎职侵权犯罪展览"等主题活动。

(二)确定创新最佳途径,整合人际与技术渠道

应用创新扩散理论,确定创新推广的最佳途径是将人际传播和信息技术结合起来加以应用。人际渠道对改变态度和行为决策较有效,媒体信息技术渠道在知识传播、广而告之方面最为有力。因此,要坚持集体组织与个人自学、普遍教育与重点教育、经常教育与专题教育、座谈讨论与回顾检查、示范教育和警示教育相结合的方式,通过中心组会议、培训会,宣讲辅导、座谈讨论、读书征文、竞赛答题等人际传播渠道与文件传阅、移动网络、数字电视、广播电台、群发短信等信息技术相结合的方式,加强对成果内容以及推广情况进行宣传教育报道,进一步提高成果的利用效率。

(三)整合利用科学技术,创新拓展教育平台

应用创新扩散理论,优化创新的传播渠道的影响作用,整合资源,拓展平台,增强实效。

1. 创新舆论阵地平台。整合数字网络文化,积极探索利用 3G 网络、数字简报、手机 GPRS 等新兴媒体推广创新成果,与权威机构网站建立超链接关系,及时正确地为广大干部职工提供成果,实现形式与效果的有机统一。

2. 创新教育基地平台。积极开展新的教育形式和手段,赴革命根据地开展以"高擎红色旗帜,追寻党的历史,推进廉政建设"等为主题的红色教育活动;组织党员干部职工参观反腐倡廉教育基地和"打击渎职侵权犯罪展览"等党团日活动,广泛开展直观而深刻的正面典型教育与反面警示相结合的反腐倡廉教育。

3. 创新社会实践平台,通过帮扶救助、支援基层、志愿服务、社会调查等社会实践和公益活动,开展以爱心、细心、责任心为主要内容的"三心"主题教育,增强反腐倡廉法规制度建设宣传教育效果。

四 创建组织廉政文化，弘扬反腐倡廉法规制度建设成果

文化是组织持续发展的原动力。组织发展到一定阶段，要保持其旺盛的生命力和竞争力，单靠制度管理是难以保证管理效率发挥，需要采用文化管理手段。中央纪委、中央宣传部、监察部等联合下发的《关于加强廉政文化建设的意见》（以下简称《意见》）是规范指导基层开展廉政文化建设的重大创新成果，是科学推广反腐倡廉法规制度建设成果的有力武器。

（一）应用创新推广成果机制，凝聚组织廉政文化精神

创建组织廉政文化，要以《意见》精神为依据，创新成果的推广机制，制订推广方案，以党政机关和领导干部为重点，以培育廉洁价值理念为根本，以廉政制度和规范为支撑，建立健全组织网络与职责，建立健全工作协调、责任、监督机制。优化创新自身特征，增强成果的科学性；确定创新最佳途径，整合人际与技术渠道；整合科学技术，创新拓展教育平台。整体推进，使之转化为组织所固有的积极的、优良的、廉洁的文化，弘扬社会主义核心价值观，将组织精神和价值观目标内化为干部群众认同的行为，凝聚组织廉政文化精神。

（二）推广《意见》成果，创建廉政文化品牌

要认真推广《意见》等成果，开展廉政文化"六进"（进机关、进社区、进学校、进农村、进企业、进家庭）活动，深入社会领域，与精神文明创建、创先争优等活动相结合，突出先进思想和廉政文化内涵，强化道德教化功能，引导广大干部群众在参与中自觉增强廉洁意识。

1. 领导干部要主动学法用法，担负起模范带头作用。以廉政制度和规范为支撑，建立领导干部学法用法工作机制，签署领导干部廉政承诺书、领导班子党风廉政建设责任书，落实领导干部廉洁自律、诫勉谈话、述职、述廉、考核等制度，将职业规范和廉政廉洁诫勉等纳入员工手册并作为岗前培训的必备知识。通过人际传播渠道与信息技术相结合的方式，推广运用成果，营造领导干部廉洁从政的良好环境。

2. 分层施教，建立学用结合的长效机制。通过人际传播渠道与信息技术相结合的方式推广成果，努力改善广大干部职工职业道德、纪律法制意识和素质。以党员干部以及重要岗位、重点部位工作人员为重点，提高落实"一岗双责"的责任意识，以改革创新精神积极探索创建廉政文化品牌的新机制。

3. 开展正面与反面相结合的创建廉政文化品牌活动。注重弘扬正气、典型引路，开展创先争优活动，争创廉政文化建设先进集体和个人等活动，营造以廉为荣、以贪为耻、勤奋工作、敬业奉献、创先争优的良好氛围。开展警示教育活动，通过通报案例、观看法纪教育录像、开展"警钟长鸣"演讲会、"两劳"人员现身说法等反面案例教育，教育和提醒广大干部职工深刻筑牢拒腐防变和抵御风险的思想防线。

4. 不断创作和传播优秀廉政文化作品。应用创新扩散理论，制作电影和电视剧制作，报刊、图书、音像电子、短信、电子简报等弘扬时代主旋律。要以群众喜闻乐见的形式，不断创新教育基地平台，创作和传播反腐倡廉法规制度建设成果；创新社会实践平台，开展创建廉政文化品牌主题活动；创新舆论阵地平台，整合网络等新型媒体文化，着力营造抵制腐败、崇尚廉洁的社会舆论和环境。

五　创新推广模式，持续提升反腐倡廉法规制度建设成果的科学化水平

现代管理理论认为，服务体系的逻辑起点是人的需求，逻辑终点是为人服务。反腐倡廉建设工作是以人为本的干预和持续改进的系统。因此，在应用创新扩散理论等基础上，建立以人为本的绩效管理 PDCA 循环体系，对于科学推广反腐倡廉法规制度建设成果具有可持续发展的作用。

第一阶段：策划（Plan）。分析反腐倡廉工作的现状，针对目标人群需求及应掌握的成果，制定反腐倡廉法规制度建设成果推广实施纲要，优化创新特征，制订推广方案。

第二阶段：实施（Do）。该阶段是创新推广反腐倡廉法规制度建设成果的关键、核心阶段，按计划进度组织实施，努力实现预期目标。同时，收集资料，建立数据库及资料档案。

第三阶段：效果检查（Check）。该阶段涵盖在创新推广反腐倡廉法规制度建设成果的各个环节，检查计划、方案等的科学性、可行性、有效性，目标是否完成。

第四阶段：处理（Action）。针对检查结果进行分析，总结经验、巩固成绩，把效果好的经验提炼上升为"标准"、"规范"等新的成果，并进一步加以创新推广。针对存在的问题与不足，提出整改方案，制订新的计划。

通过应用创新模式，按照以上"计划→实施→检查→处理→计划"的流程，通过需求调查、制订计划、沟通与培训、考核与反馈、整改与提高，不断循

环,使创新推广成果的全过程实现有效沟通,不断提高绩效,持续提升反腐倡廉建设的科学化水平。

【参考文献】

［1］Davies, Stephen. The Diffusion of Process Innovations［M］. Cambridge, Cambridge University Press, 1979

［2］Panth, Sanjaya. Technological Innovation, Industrial Evolution, and Economic Growth［M］. New York：Garland Publishing, Inc. 1997

［3］Rogers, Everett. diffusion of innovation, the fourth edition［M］. New York：free press, 1995

［4］Wright PM, Snell SA. Toward a unifying framework for exploring fit and flexibility in strategic human resource management［J］. Academy of Management Review, 1998(4)

［5］杨绍华. 坚持和完善我国反腐倡廉制度体系［J］. 中国监察,2011(9)

［6］全国公共管理硕士(MPA)专业学位教育指导委员会. 公共管理硕士专业学位联考考试指南(第9版)［M］. 中国人民大学出版社,2011

［7］曲继峰. 论行政规划中的公共参与［J］. 法制与社会,2011(16)

［8］钟纪岩. 建设科学严密完备管用的反腐倡廉制度体系［N］. 人民日报,2010.5.12

［9］陈婉珍,杨敬,王国敬等. 创新扩散理论在推广预防出生缺陷知识及技术中的应用［J］. 中华医院管理杂志,2012(5)

［10］陈婉珍,王国敬,胡崇高,等. 预防出生缺陷知识及技术推广项目的绩效评估分析［J］. 中华医院管理杂志,2012(5)

［11］中央纪委,中央宣传部,监察部,文化部,广电总局,新闻出版总署. 关于加强廉政文化建设的意见［Z］,2010

调研报告

基于立德树人根本任务的高校师德师风建设动因、路径与策略研究[*]

教育部直属高校纪委第五片组^{**}

执笔人：郑爱平　张栋梁　张士良

【摘　要】 把立德树人作为教育的根本任务,是当前高等教育改革发展的出发点和总方向。要实现立德树人的根本任务,必须紧紧依靠高校师德师风建设,注重提高教师师德水平。通过对 12 所高校 1496 名师生的问卷调查和对 100 多名师生的一对一访谈发现,高校师德师风方面存在着教师职业道德和社会责任感不强、学术功利化现象较为严重、存在重科研轻教学倾向、团队精神和学科交叉合作欠佳、对学生缺乏爱心等问题,这不仅有社会环境消极因素的影响,也有高校师德师风建设工作乏力和高校教师不重视自身师德修养等原因。因此,在新时期立德树人根本任务下,高校师德师风建设必须做到“五个强化”:强化组织领导,全力打造上下联动保障机制;强化制度建设,构建师德师风建设长效机制;强化教师修养,立足源头推进师德师风建设;强化文化建设,精心营造立德树人校园环境;强化激励机制,健全师德师风建设工作格局。12 所高校的调研,还提供了丰富的师德师风建设实践样本,各个高校分别以组织建设、制度建设、教师队伍建设、文化建设、激励机制以及注重发挥研究生导师作用等不同侧重点,为高校师德师风建设凝聚了有益的实践探索。

【关键词】 立德树人;师德;师风;高校

党的十八大报告明确提出,“全面贯彻党的教育方针,坚持教育为社会

　＊　本文系 2013 年年度教育部反腐倡廉建设理论研究专题项目“立德树人根本任务下高校师德师风建设”的调研成果。在此特向参与此次调研的教育部直属高校纪委第五片组 12 所兄弟高校同仁致以衷心感谢!

　＊＊　教育部直属高校纪委第五片组成员为浙江大学、对外经贸大学、中国政法大学、中国矿业大学(北京)、南开大学、上海交通大学、华中农业大学、西南大学、陕西师范大学、河南大学、延安大学、青海大学等 12 所高校。

主义现代化建设服务、为人民服务,把立德树人作为教育的根本任务,培养德智体美全面发展的社会主义建设者和接班人。"这是党立足最广大人民根本利益、推动教育事业在新的历史起点上科学发展的本质要求。其中,"把立德树人作为教育的根本任务",充分体现了党和人民对教育的殷切期望,集中反映了中国特色社会主义教育理论与时俱进的创新。十八大报告还指出,"加强教师队伍建设,提高师德水平和业务能力,增强教师教书育人的荣誉感和责任感。"这一重要论述既延续了长期以来党和国家对广大教师的期许和希望,也是在办好人民满意的教育、服务全面建成小康社会总体目标的基础上,对教师队伍建设提出的新要求。其中,"提高师德水平"为广大教师积极投身教书育人事业引领了方向,进一步强调了教师在实际工作中把立德树人作为工作的出发点和根本任务的要求。

为深入探讨新时期立德树人根本任务下,高校师德师风建设的现状与问题、动因与路径、思路与对策,提出科学合理、切合实际的政策建议,按照驻教育部纪检组、监察局《关于开展 2013 年反腐倡廉建设理论研究活动的通知》(驻教纪函〔2013〕25 号)的统一部署,教育部直属高校纪委第五片组 12 所成员高校(浙江大学、对外经贸大学、中国政法大学、中国矿业大学(北京)、南开大学、上海交通大学、华中农业大学、西南大学、陕西师范大学、河南大学、延安大学、青海大学)联合开展了"立德树人根本任务下高校师德师风建设"专题调研活动。

一 立德树人根本任务的内涵与着力点

立德树人的基本内涵,大致可以分为立德与树人两个层次,"立德"为确立品德、树立德业,"树人"为培植成长、培养成才。立德树人,才能立人达人,成人成己。立德树人直接指向了教育的本质,这既是对中华教育传统的继承和发扬,也是对当前教育现实的关注与回应。

(一)立德树人是中华民族教育理想的本质追求

战国时期《左传·襄公二十四年》载:"大上有立德,其次有立功,其次有立言,虽久不废,此之谓不朽。""立德"为我国古代所谓"三不朽"之首,体现了人生追求的至高境界。唐代经学家孔颖达注释《左传》:"立德,谓创制垂法,博施济众,圣德立于上代,惠泽被于无穷。"这一注解将"立德"拓宽到在治国理政方面发挥了重要意义。

西汉《管子·权修》载:"一年之计,莫如树谷;十年之计,莫如树木;终身之计,莫如树人。"后人将"树人"确立为培养人的终极目标。

立德树人理念数千年延绵不绝,与科举制度相联;1897年南洋公学自编课本大纲就出现受西学影响的"德育智育体育";1919年五四运动后一批志士仁人引取西方教育理论,开展教育改革实验,如陈独秀、蔡元培、陶行知先生等对德智体诸育均有论述并践行之。

(二)立德树人是当前我国教育事业的崇高使命

中国共产党教育方针的历史沿革和人民教育事业发展史,都非常清晰地表明立德树人是党对人民教育事业所坚持的一贯主张。当前,无论是教育理论层面还是教育实践角度,都把立德树人作为教育的根本任务,与育人为本作为教育的根本要求密不可分,也同新时期新阶段全面贯彻党的教育方针、全面实施素质教育的过程更紧密地联系在一起,将是新时期中国教育事业的崇高历史使命,事关我国加快从教育大国向教育强国、从人力资源大国向人力资源强国迈进的全局。

第一,从办好"人民满意的教育"来看,这样的教育应该是尊重学生身心成长规律的教育、遵循教育规律和人才成长的教育、尊重个人选择和鼓励个性发展的教育、有利于公民基本生存和可持续发展的教育,立德树人同样是办好"人民满意的教育"的本质要求。第二,从培育和践行社会主义核心价值观来看,社会主义核心价值观倡导富强、民主、文明、和谐,倡导自由、平等、公正、法治,倡导爱国、敬业、诚信、友善,立德树人根本任务是积极培育和践行社会主义核心价值观重要渠道和载体。第三,从提高全体公民道德素质来看,"学校为育材首善之地"(《续资治通鉴·宋哲宗元祐元年》),立德树人理念同样具有持久的生命力。

(三)立德树人是高校师德师风建设的核心指引

立德树人,既是教之本,必为师之范。《北周书·卢诞传》载:"经师易求,人师难得。"百年大计,教育是根本;教育发展,教师是关键;教师素质,师德最重要。孔子曰:"其身正,不令而行;其身不正,虽令不从,不能正其身,如正人何。"(《论语·子路》)因此,欲树人,先立德;要立德树人,必先立师德。把立德树人作为教育的根本任务,必然要求立德树人成为教师的师范准绳、道德准则。

人民教育家陶行知常说:"学高为师,身正为范。"高校师德师风建设必须把立德树人作为全部教育教学工作的基本出发点和根本任务。教书育人,既要静下心来教书,又要潜下心来育人,以身立教、为人师表,追求"传道授业解惑"辩证统一,切实将立德树人作为高校师德师风建设的核心指引。

二 高校师德师风调研分析

(一)高校师德师风调研的基本状况

我国高校教师队伍学历较高、视野广阔、思维活跃,从总体上来看,当前高校广大教师热爱教育事业,认真贯彻党的教育方针,执行有关规章制度;能够自觉加强思想道德修养,注重教书育人,严于律己,为人师表,爱岗敬业,为我国高等教育的发展做出了巨大贡献。此次教育部直属高校纪委第五片组 12 所高校的师德师风调研中,调研组对 12 所高校 1496 名师生作了问卷调查,同时对 100 多名师生作了一对一访谈。调研结果显示,1496 名师生对学校师德师风的总体评价"很好"和"较好"的占 84.43%,通过对"热爱教育"、"教书育人"、"热爱学生"、"严谨治学"、"团结合作"、"为人师表"、"廉洁从教"等七个维度的调查,分别都有 60%以上的受访师生给出了"很好"或"较好"的积极肯定评价。

当前,我国高校师德师风的总体状况良好;但同时,一些高校的部分教师在师德师风方面仍不同程度地存在问题,在少数高校教师身上还表现得较为突出。这些问题虽非主流,但其危害性极大,腐蚀着高校教师的群体道德,影响着高校教师的整体社会形象。此次教育部直属高校纪委第五片组 12 所高校的师德师风调研,一定程度上反映了我国高校师德师风建设的现状,现对此作出如下分析。

1. 调查对象基本信息

(1)教师问卷

如表 1、表 2 所示,此次调查中,教师问卷调查对象的男女性别比为 1.3:1,出生在 1970—1989 年的教师居多,占总数的 66.6%。教师工龄主要集中在 1~30 年,占 93.4%,随着工龄增加,受访者人数递减。中级、副高级职称的教师比例较多,各占 31%。专业领域主要集中在工学类、社科类、人文类、党政管理类。

表 1　教师问卷性别、出生年代和教师工龄

教师问卷	性别		出生年代				教师工龄				
	男	女	1950—1959 年	1960—1969 年	1970—1979 年	1980—1989 年	1~10 年	11~20 年	21~30 年	31~40 年	41~50 年
频数	410	314	55	187	259	223	331	181	164	42	6
百分比	56.6	43.4	7.60	25.8	35.8	30.8	45.7	25.0	22.7	5.8	0.8

表2　教师问卷技术职务和专业领域

教师问卷	技术职务						专业领域							
	初级	中级	副高级	正高级	院士级	无	理学类	工学类	农学类	医学类	人文类	社科类	党政管理	其他
频数	89	225	227	148	1	34	76	197	36	26	123	143	82	41
百分比	12.3	31.1	31.4	20.4	0.1	4.7	10.5	27.2	5.0	3.6	17.0	19.7	11.3	5.7

（2）学生问卷

如表3、表4所示，此次调查中，学生问卷调查对象的男女性别比为0.95∶1，出生在1990—1999年的学生最多，占总数的84.2%。大学本科生、硕士研究生比较多，占93.7%。专业领域主要集中在工学类、人文类、理学类、社科类。调查数据符合当前高校的客观规律，样本数据具有较高的代表性。

表3　学生问卷性别、出生年代和教育阶段

学生问卷	性别		出生年代				教育阶段			
	男	女	1960—1969年	1970—1979年	1980—1989年	1990—1999年	大学专科	大学本科	硕士研究生	博士研究生
频数	376	396	3	2	117	650	4	540	183	45
百分比	48.7	51.3	0.4	0.3	15.2	84.2	0.5	70.0	23.7	5.8

表4　学生问卷专业领域

学生问卷	专业领域							
	理学类	工学类	农学类	医学类	人文类	社科类	国防生	其他
频数	129	243	35	43	148	126	13	35
百分比	16.7	31.5	4.5	5.6	19.2	16.3	1.7	4.53

2. 教师选择高校职业的原因分析

如图1所示，因为热爱教育事业而选择高校职业的教师占比高达63.12%。校园环境单纯、工作相对稳定、热爱科学研究、教师职业神圣、寒暑假可自由支配等也是选择教师行业的重要原因。而只有15.61%的教师选择热爱产学服务作为原因之一。

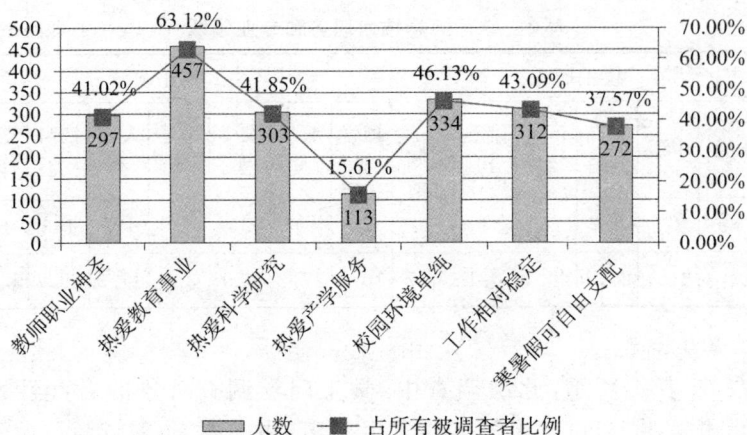

人数 ——占所有被调查者比例

图1 选择高校职业的原因

3. 教师的主体形象

（1）基本情况

如表5和图2、图3所示，在教师和学生心目中对教师形象的看法有所不同，教师更偏重于教学经验，而学生更注重于对学生的态度。74.45%和70.03%的教师认为教学经验丰富、教师的人格魅力在学生心目中很重要，由此可见更多的教师认为教学经验对教师形象来说居于重要位置。一半以上的学生理想中的教师形象应该具备的素质包括：和蔼可亲、对学生一视同仁、开朗诚实、教学经验丰富、善于倾听、善于激励学生、良好的心理素质、教学方法灵活、教师的人格魅力，其中对学生一视同仁居于最重要的位置。

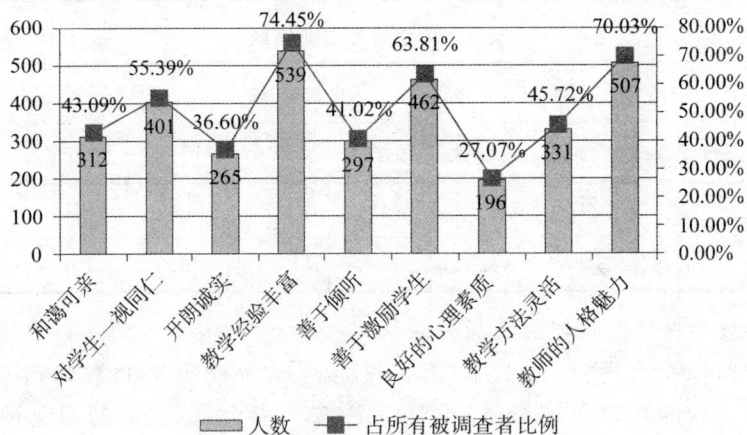

人数 ——占所有被调查者比例

图2 教师对"教师形象"的关注点

表 5　教师和学生心目中教师形象的交叉分析表

教师形象		和蔼可亲	对学生一视同仁	开朗诚实	教学经验丰富	善于倾听	善于激励学生	良好的心理素质	教学方法灵活	教师的人格魅力
教师	频数	312	401	265	539	297	462	196	331	507
	百分比	43.09	55.39	36.60	74.45	41.02	63.81	27.07	45.72	70.03
学生	频数	514	554	342	476	351	426	227	432	443
	百分比	66.58	71.76	44.30	61.66	45.47	55.18	29.40	55.96	57.38

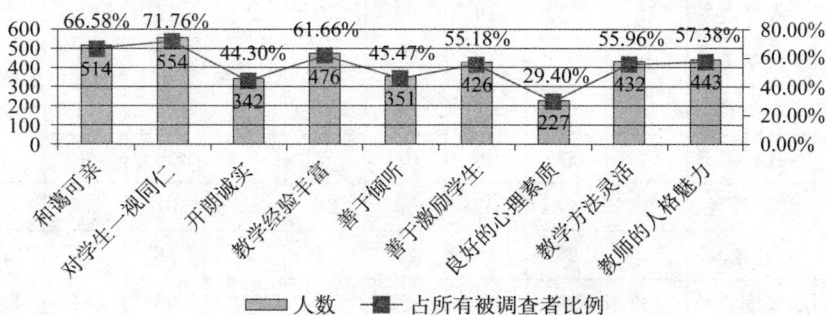

图 3　学生对"教师形象"的关注点

（2）按不同分类对比情况

基于上述情况，进一步探究不同分类下的教师和学生是否对教师形象有不同看法。教师按照专业和所在学校性质分类，学生按照教育阶段分类，结果与整体情况有一定差异。

如表 6 所示，按照教师专业分类，在理学类、农学类、医学类、党政管理类中，更大比例的教师认为人格魅力重要；在工学类中，更大比例的教师认为善于激励学生重要，原因可能是工学类更需要创新发明；在人文类、社科类，更大比例的教师认为教学经验丰富重要，原因可能是人文社科类特别是社科类，偏向于实践应用，教师教学经验丰富，学生能更好地学习。

根据学校性质分类，按照部属综合类高校、部属专业类学校、省部共建高校（省属高校）来分。部属综合类高校教师更看重教师的人格魅力；部属专业类学校、省部共建高校（省属高校）教师则更多地看重教学经验丰富，原因可能是综合类高校的学生自学能力比较强，教师更注重学生的全面发展。

按照学生受教育阶段分类，在博士研究生中，更多的学生关注教师的人格魅力，在大学本科、硕士研究生中，更多的学生则关注对学生一视同仁。原因可能是由于博士已经基本掌握知识，而且导师对博士生的培养更为直接，往往会因人而异、各有侧重，因此对其标准化和公平性的关注度相对降低,而更关注于导师的言传身教。

表6 不同分类下的"教师形象"

教师形象		和蔼可亲	对学生一视同仁	开朗诚实	教学经验丰富	善于倾听	善于激励学生	良好的心理素质	教学方法灵活	教师的人格魅力
教师专业	理学类	21	19	16	30	23	29	6	21	31
	工学类	72	103	63	138	69	143	39	79	132
	农学类	18	21	19	26	17	20	14	17	29
	医学类	8	8	13	15	12	14	13	14	20
	人文类	43	67	42	86	51	64	28	51	69
	社科类	52	63	46	109	49	80	26	66	101
	党政管理	40	47	22	53	26	52	31	34	56
	其他	25	27	18	29	21	21	16	14	15
教师所在学校性质	部属综合类	133	184	118	277	133	266	93	162	286
	部属专业类	80	102	63	127	71	88	39	77	103
	省部共建类	71	81	66	98	71	76	46	66	81
学生教育阶段	大学专科	3	1	4	2	2	1	1	2	1
	大学本科	329	351	231	311	235	259	153	273	258
	硕士	111	119	69	104	72	106	46	105	107
	博士	26	29	14	23	17	27	14	25	31

(3)学生不能容忍的教师情况

如图4所示,教师品行不端是学生最不能容忍的,占51.17%,此外,不能容忍教师教学敷衍和弄虚作假的学生也比较多。这说明学生重视教师的品德,品德不善被学生所容,那么进而会影响学生对教师的评价甚至于学

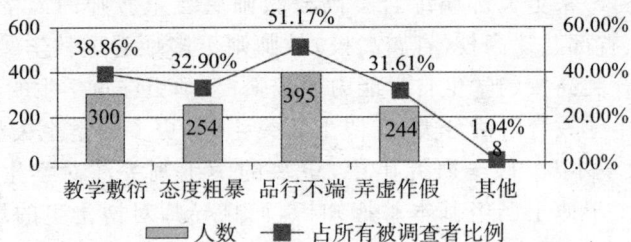

图4 学生不能容忍的教师情况

习的效果,并且会对学生的品格培养产生不利影响。因此,高校教师队伍建设应该狠抓师德师风。

4. 师德师风评价

(1) 基本情况

如表 7 和图 5、图 6 所示,不论是教师还是学生,对师德师风多个维度的评价大部分都较好。2/3 以上的教师和学生都选择"很好"和"较好"的评价,选择较好(4 分)的人数最多。各个维度评价的平均分值也接近于 4 分,方差相对较小,说明数据的波动性不大。值得注意的是,在均值中,教师对于团结合作的评分是最低的,这也可从雷达图看到在团结合作维度,选择 3 分的教师较多。这说明对于团结合作方面,教师认为做得不够好。因此,高校在改进师德师风方面可以强调教师团队的团结合作。

此外,如图 7 所示,从均值来看,在各个维度学生的评价均比教师的评价要高。这说明学生对于高校师德师风要比教师更为满意

表 7 教师和学生对师德师风评价的交叉分析表

师德师风评价		很好 (5 分)	较好 (4 分)	一般 (3 分)	较差 (2 分)	很差 (1 分)	均值	方差
热爱教育	教师	210	329	162	18	5	3.75	0.86
	学生	248	356	141	23	4	4.06	0.82
教书育人	教师	203	362	139	18	2	3.78	0.81
	学生	250	358	150	13	1	4.09	0.77
热爱学生	教师	202	341	171	10	0	3.77	0.80
	学生	205	336	211	17	3	3.94	0.81
严谨治学	教师	209	353	142	19	1	3.78	0.82
	学生	285	339	133	12	3	4.15	0.78
团结合作	教师	158	300	216	41	9	3.53	0.93
	学生	200	350	192	26	4	3.93	0.83
为人师表	教师	201	383	134	5	1	3.82	0.75
	学生	293	367	99	11	2	4.22	0.74
廉洁从教	教师	274	327	111	11	1	3.93	0.80
	学生	272	350	124	22	4	4.12	0.81
师德师风 总体评价	教师	194	401	122	7	0	3.83	0.73
	学生	253	415	95	8	1	4.18	0.69

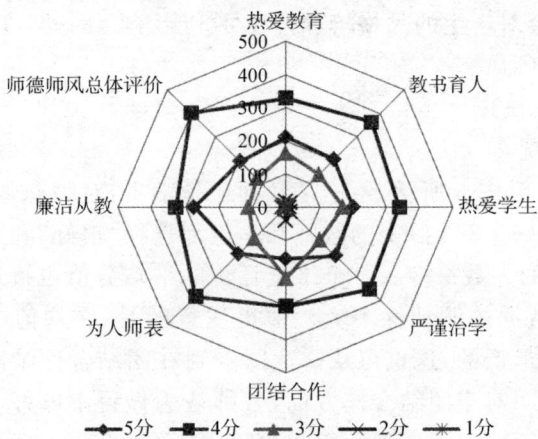

图 5　教师问卷师德师风评价雷达图

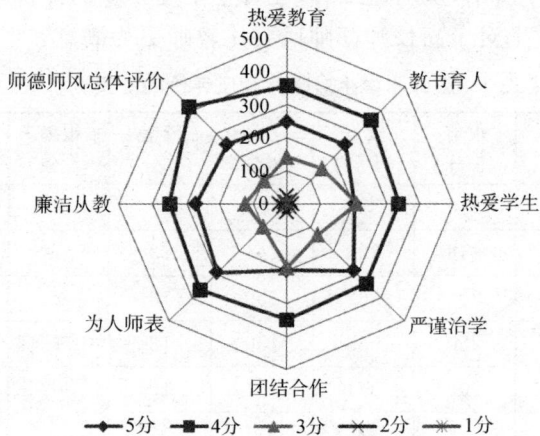

图 6　学生问卷师德师风评价雷达图

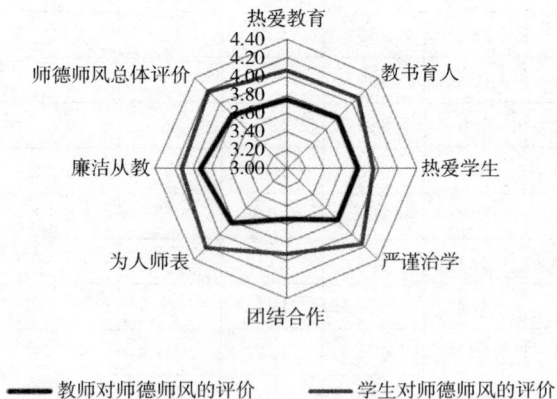

图 7　教师和学生对师德师风的评价均值对比雷达图

（2）不同分类下的师德师风总体评价

由于不同类别的受访者对于师德师风总体评价可能存在一定的差异，因此，可对师德师风总体评价的有关因素作进一步分析。

分析表明，教师的出生年代与对师德师风总体评价呈显著的正相关，如表 8 所示；而教师的工龄与对师德师风总体评价呈显著的负相关，如表 9 所示。这两者的相关性是协调统一的，即出生越晚、工龄越短，对师德师风总体评价则越高。这可能是年轻教师涉世不深，更为单纯；也可能是老教师从事教育事业较久，看问题比较透彻。

表 8　教师的出生年代和对师德师风总体评价相关性分析表

		总体评价	教师出生年代
总体评价	Pearson 相关性	1	.091*
	显著性（双侧）		.023
	N	622	622
教师出生年代	Pearson 相关性	.091*	1
	显著性（双侧）	.023	
	N	622	622

表 9　教师的工龄和对师德师风总体评价相关性分析表

		总体评价	教师工龄
总体评价	Pearson 相关性	1	−.114**
	显著性（双侧）		.005
	N	622	622
教师工龄	Pearson 相关性	−.114**	1
	显著性（双侧）	.005	
	N	622	622

如表 10 所示，对师德师风总体评价的均值按照教师专业分类：理学类、其他、人文类、农学类、党政管理类、社科类、工学类、医学类依次递减。按照学生专业分类：工学类、其他类、人文类、社科类、理学类、医学类、国防生、农学类依次递减。因此，高校可考虑在评分相对较低的医学类、社科类等专业类别强化师德师风建设。

需要说明的是,分别有 3 位和 2 位学生出生于 1960—1969 年、1970—1979 年,由于存在工作一段时间返校读研、读博的情况,所以不考虑删除此类数据。还有 4 名学生是大学专科,由于存在高校有附属大专学校,所以也不考虑删除此类数据。但由于以上数据样本量小,在以下分析中不再作具体分析。

从表 10 可以看出,出生于 1990—1999 的学生比生于 1980—1989 的学生总体评价更高。评价均值按照大学专科、大学本科、硕士研究生、博士研究生依次递减。学历越高,对教师师德师风总体评价越低。这可能是较低年龄、较低学历的学生涉世不深,更为单纯;也可能是更高学历、更高年龄的学生在校时间较久,看问题更为透彻。

表 10　不同分类下师德师风总体评价

分类	类别	很好 (5 分)	较好 (4 分)	一般 (3 分)	较差 (2 分)	很差 (1 分)	均值
教师专业分类	理学类	18	21	6	1	0	4.22
	工学类	28	108	33	3	0	3.94
	农学类	9	23	4	0	0	4.14
	医学类	4	14	8	0	0	3.85
	人文类	42	58	20	1	0	4.17
	社科类	41	69	28	0	0	4.08
	党政管理	18	46	9	0	0	4.12
	其他	12	24	4	0	0	4.20
学生出生年代	1960—1969	1	2	0	0	0	4.33
	1970—1979	2	0	0	0	0	5.00
	1980—1989	22	66	17	1	1	4.00
	1990—1999	190	324	69	7	0	4.18
学生教育阶段	大学专科	2	1	1	0	0	4.25
	大学本科	162	262	56	7	0	4.19
	硕士研究生	45	96	26	1	1	4.08
	博士研究生	6	33	3	0	0	4.07

续表

分类	类别	很好 (5分)	较好 (4分)	一般 (3分)	较差 (2分)	很差 (1分)	均值
学生专业分类	理学类	30	81	9	1	1	4.13
	工学类	74	108	25	3	0	4.20
	农学类	7	23	5	0	0	4.06
	医学类	16	17	9	1	0	4.13
	人文类	37	75	14	1	0	4.17
	社科类	37	61	17	2	0	4.14
	国防生	1	12	0	0	0	4.08
	其他	13	15	7	0	0	4.17

(二) 高校师德师风调研的问题表现

1. 高校师德师风教师层面主要问题表现

如表 11 和图 8 所示,67.27% 的受访教师普遍认为高校教师存在轻教学、重科研现象,41.44% 的教师认为高校教师育人意识淡薄。60.23% 学生认为高校教师轻教学、重科研,41.06% 学生认为高校教师育人意识淡薄。即教师和学生均认为高校教师轻教学、重科研最为严重,育人意识淡薄次之。因此,高校可以有针对性地开展工作。而认为高校教师缺乏师德修养的受访者比例最少,占比不到 1/5。

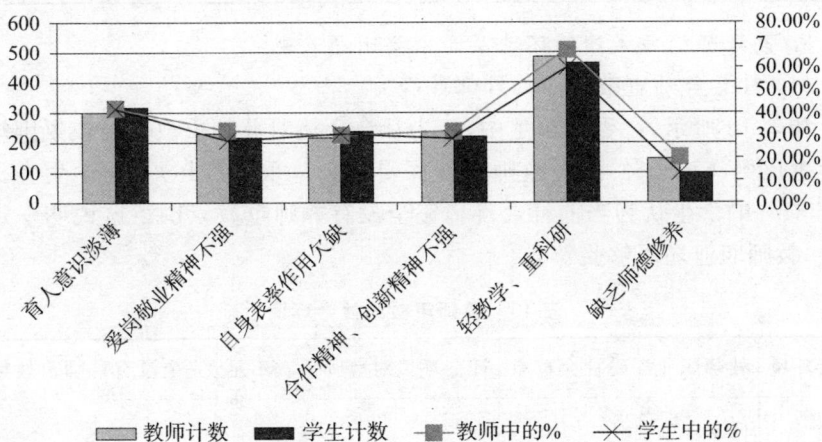

图 8　高校教师师德师风主要问题表现

表11　高校师德师风存在的问题的交叉分析表

存在的问题		育人意识淡薄	爱岗敬业精神不强	自身表率作用欠缺	合作精神、创新精神不强	轻教学、重科研	缺乏师德修养
教师	频数	300	232	217	231	487	147
	百分比	41.44	32.04	29.97	31.91	67.27	20.30
学生	频数	317	214	237	220	465	101
	百分比	41.06	27.72	30.70	28.50	60.23	13.08

2. 高校师德师风管理层面主要问题表现

如表12所示,40%以上的受访教师和学生普遍认为高校师德师风管理方面主要问题集中在教师管理制度不健全、师德师风无硬性考核、师德师风的奖惩不完善等。还有部分学生认为校园文化氛围不浓。因此,高校可加强建章立制,健全考核和奖惩机制,提高管理效率。

表12　高校师德师风管理方面的交叉分析表

管理问题		教师管理制度不健全	组织领导不到位	校园文化氛围不浓	师德师风无硬性考核	师德师风的奖惩不完善	其他
教师	频数	341	197	253	323	312	56
	百分比	47.10	27.21	34.94	44.61	43.09	7.73
学生	频数	344	211	334	338	309	27
	百分比	44.56	27.33	43.26	43.78	40.03	3.50

3. 高校师德师风外部环境层面主要问题表现

（1）社会尊师重教方面的外部环境

如表13所示,在受访学生中,认为社会环境对尊师重教不足或氛围缺失的学生比例(57.52%)远比教师职业深受社会尊重(42.49%)的学生多。且有6.61%的学生认为当前社会环境完全没有尊师重教氛围。这说明一定程度上,教师职业还不够受尊重。

表13　尊师重教的社会环境

社会环境	教师职业深受社会尊重	社会环境对尊师重教不足	完全没有尊师重教氛围
频数	328	393	51
百分比	42.49%	50.91%	6.61%

（2）社会整体风气方面的外部环境

如表 14 所示，受访教师和学生普遍认为高校师德师风外部环境的主要问题是受社会道德、市场经济、功利化风气的影响，在社会中教师社会地位偏低。其中，高达 70％以上的教师和学生均认为主要问题是受功利化风气的影响。这说明一定程度上，外部环境对于师德师风建设存在着一定不利影响。学校在努力加强师德师风建设的同时，需要全社会来共同营造良好的尊师重教氛围。

表 14　高校师德师风外部整体环境的交叉分析表

外部环境分析		社会道德的影响	市场经济的影响	教师社会地位偏低	功利化风气的影响	其他
教师	频数	314	407	323	532	39
	百分比	43.37	56.22	44.61	73.48	5.39
学生	频数	282	397	216	594	29
	百分比	36.53	51.42	27.98	76.94	3.76

（三）基于调研分析的改进建议

1. 加强师德师风建设的建议分析

（1）基本情况

如表 15 和图 9、图 10 所示，受访教师和学生均认为改进高校师德师风的主要措施包括：完善师德师风的考核体系、加强高校教师队伍的建设和管理、学校领导重视师德师风建设、抓好高校教学科研环境建设、加强师德师风制度建设、加强教师师德师风奖惩力度。半数以上的教师和学生均认为完善师德师风的考核体系至关重要。

表 15　加强高校师德师风的措施的交叉分析表

改进措施		加强教师思想理论学习	完善师德师风的考核体系	加强高校教师队伍的建设和管理	树立宣传表彰师德典型	学校领导重视师德师风建设	抓好高校教学科研环境建设	加强师德师风制度建设	加强教师师德师风奖惩力度	其他
教师	频数	181	386	324	206	295	324	272	269	33
	百分比	25.0	53.3	44.8	28.4	40.8	44.7	37.6	37.1	4.6
学生	频数	238	460	362	310	299	232	279	311	37
	百分比	30.8	59.6	46.9	40.2	38.7	30.0	36.1	40.3	4.8

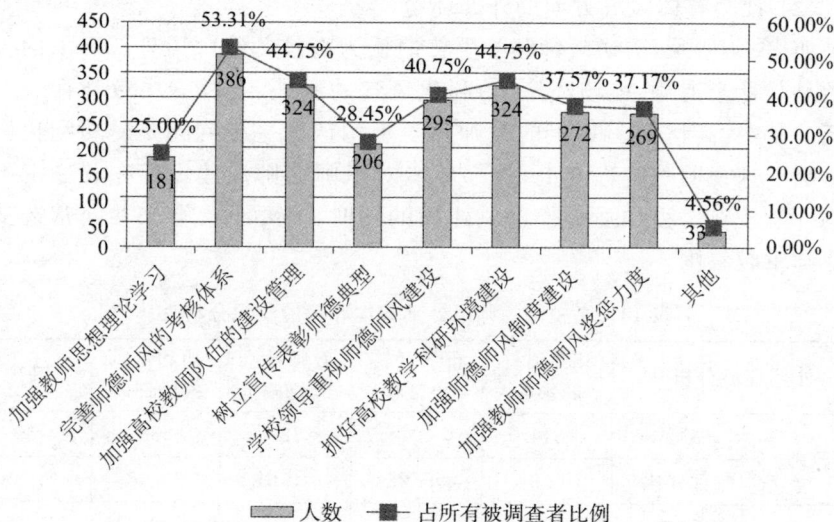

图 9　教师问卷加强高校师德师风的措施

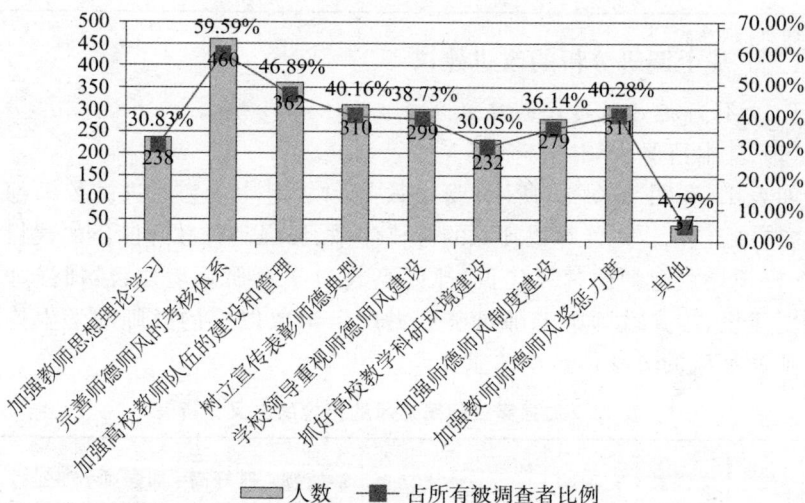

图 10　学生问卷加强高校师德师风的措施

（2）对教师考核的构成要素分析

基于上述 53.3％的教师和 59.6％的学生认为应完善师德师风的考核体系，调研组进一步调查分析对教师和学生的考核，主要应考虑哪些构成要素。如表 16 所示，受访教师认为教学成绩最重要、教师个人作风品德和科研能力次之，而学生则认为教师个人作风品德最重要、广大学生的意见次之。这从一个侧面说明在广大教师心目中，相比"育人"，其更关注"教书"。

表 16　高校师德师风考核的构成要素交叉分析表

考核关注点		广大学生的意见	教师的学历学识	教师的教学成绩	教师的科研能力	教师的社会影响力	教师个人作风品德
教师	频数	394	295	524	456	195	460
	百分比	54.42	40.75	72.38	62.98	26.93	63.54
学生	频数	510	332	373	308	174	520
	百分比	66.06	43.01	48.32	39.90	22.54	67.36

　　调研组进一步分析受访教师工龄等因素对其选择高校教师考核考虑因素的影响。如表17所示,发现工龄在31～50年的教师认为个人作风品德最为重要;工龄在1～30年的教师则更多地认为教学成果更重要。从中可以看出不同工龄的教师对于"教书育人"的直观理解。对不同年龄层次的受访教师的统计分析亦可以得出类似的结论。

表 17　教师工龄对于选择高校教师考核构成要素的影响

考核关注点	广大学生的意见	教师的学历学识	教师的教学成绩	教师的科研能力	教师的社会影响力	教师个人作风品德
1～10 年	167	129	199	191	79	183
11～20 年	84	60	127	100	40	108
21～30 年	73	51	116	88	37	77
31～40 年	21	15	30	26	17	34
41～50 年	3	2	4	5	0	5

　　(3) 对师德师风先进典型的关注情况

　　如表15所示,40.2%的学生和28.4%的教师建议树立宣传表彰师德先进典型。那么,师生对于师德师风先进典型是否关注,是这一方式是否有效的重要评判标准。如图11调查所示,高达70.86%的受访者表示曾关心"最

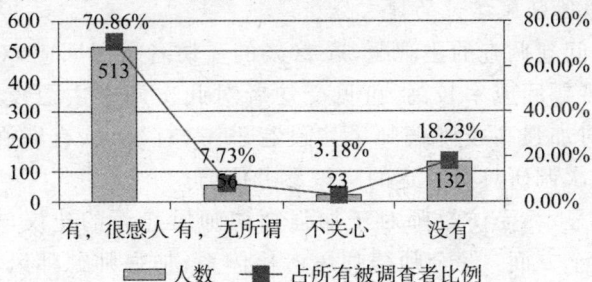

图 11　对"最美教师张丽莉"事迹的关注情况

美教师张丽莉"事迹并为其感动。这从一个侧面说明树立宣传表彰师德师风先进典型的积极效果。

再如表18和图12所示,对于教书育人先进标兵评选,受访教师对此给予了极高的关注度,分别有近1/3的教师表示一定会关注和有空会关注,还有近三成的教师表示若有熟悉教师入选会予以关注。而在受访学生中,半数学生表示若有熟悉教师入选会予以关注。

表18　是否会关注教书育人先进标兵评选的交叉分析表

关注度		不关心	若有空,会关注一下	若有熟悉老师,会关注	一定会关注	合计
教师	频数	50	232	209	233	724
	百分比	6.91	32.04	28.87	32.18	100.00
学生	频数	40	243	386	103	772
	百分比	5.18	31.48	50.00	13.34	100.00

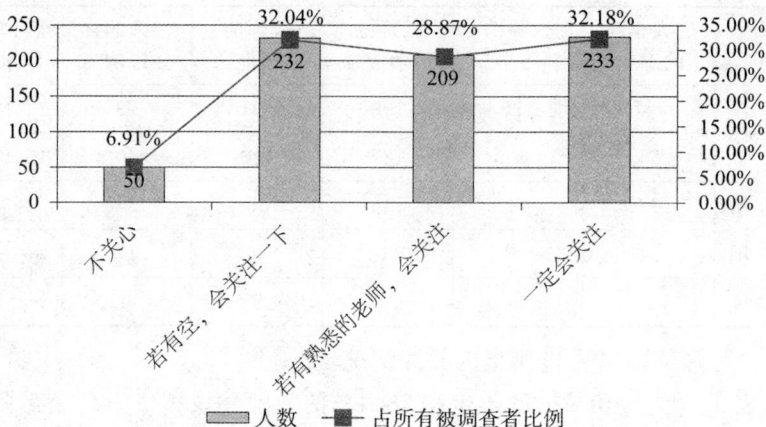

图12　教师对教书育人先进标兵评选的关注

2. 加强师德师风建设的建言分析

对于此次问卷调查的主观题,近26%的受访者予以回应,对比以往调查经验,此次主观题回应率较高,可见受访者对此次调查主题较感兴趣,应答较为认真,且对加强高校师德师风建设有思考、有建议、有期许。这也从一个侧面反映此次调研具有一定的决策参考价值。

调查结果显示,受访教师对于加强师德师风建设的建议,概括起来,主要包括以下8个方面:健全师德师风考核体系;加强师德师风制度建设;加强教师师德师风奖惩力度；改善社会环境，提高对教师职业的尊重；加强高校教师队伍的建设和管理；树立宣传表彰师德典型；学校领导重视师德师风建设；提高教师待遇等。值得注意的是，其中24％的受访教师建议完善师德师风考核体系，这也间接反映了师德师风考核体系不够完善；还有10.4％的教师建议改善社会环境和学校氛围，提高尊师重教的氛围；8.1％的教师则建议加强师德教育须从基础做起，教师个人工作、生活、学习等做到良好平衡才能在工作上做出更突出的贡献。这些建议与客观题的统计分析结果基本一致。

受访学生对于加强师德师风建设的建议，概括起来，主要包括以下7个方面：健全师德师风考核体系；更加注重学生成长；改善"重科研、轻教学"的氛围；加强教师师德师风奖惩力度；加强高校教师队伍的建设和管理；加强师德师风制度建设；树立宣传表彰师德典型。其中有21％的受访学生建议健全师德师风考核体系；16.5％的学生认为需要平衡科研、教学的关系；17.3％的学生希望学校和教师能更多听取学生的意见建议，加强师生间的交流沟通，关注学生成长成才。

三 高校师德师风建设的动因分析

"师德"，即教师的职业道德，是教师和一切教育工作者在从事教育活动中必须遵守的道德规范和行为准则，以及与之相适应的道德观念、情操和品质。"师风"，即教师的风度，《北齐书·元文遥传》载："行恭少颇骄恣，文遥令与范阳卢思道交游。文遥尝谓思道曰：'小儿比日微有所知，是大弟之力，然白掷剧饮，甚得师风。'"因此，师德师风是高校教师操行修养的基本规范，是教书育人的根本保证。

(一) 高校师德师风方面存在的问题

当前，高校师德师风建设中存在的问题，正严重影响着教师队伍的形象和声誉。这些问题主要包括：

一是教师职业道德和社会责任感不强。在市场经济的冲击下，拜金主义、功利主义动摇部分教师职业道德，少数教师敬业精神下滑、为人师表意识淡薄、学术风气不够端正。个别教师不严格遵守教学纪律，教学行为不规范，教学过程中言谈举止不够文明，语言粗俗，仪表着装不够整洁，或者随意调课、停课，在学生中造成了不良影响。此次教育部直属高校纪委第五片组12所高校的师德师风调查显示，41.44％的教师和41.06％的学生认为高校师德师风"育人意识淡薄",这一结果也从侧面印证了教师职业道德和社会责任感不强的问题。

二是教师学术功利化现象比较严重。一些高校盲目追求学术论文的绝对数量,部分教师盲目追求科研经费、发表论文数量,崇尚利益和名声的最大化,由此偏重于学生的学术产出,而没有重视学生创新能力和全面素质的培养,缺乏对学生如何养成正确的学风和良好的学术道德的教导。此次 12 所高校的师德师风调查显示,73.48%的教师和 76.94%的学生认为高校教师"功利化严重"。由于部分高校教师过分强调功利,学术腐败和学术不端行为时有发生,高校整体高水平论文数量不容乐观。

三是教师存在重科研、轻教学的倾向。部分教师过分看重个人价值和个人利益,在物质利益的驱动下,对教育教学工作应付了事,对自己的专业技术职称、科研成果、文章发表等表现出过分的关注和追求,很多高校都出现了有重科研、轻教学的倾向。尤其是一些知名教授和优秀教师也把大部分时间精力投在科研工作上,在教学工作上花精力很少,实行"单脚跳"。此次 12 所高校的师德师风调查显示,67.27%的教师和 60.23%的学生认为高校教师"重科研、轻教学"。由于部分高校教师过分强调科研,高校整体学生培养不容乐观。

四是教师团队精神和学科交叉合作欠佳。随着科技的进步,多学科交叉的团队越发重要,但一些高校教师集体意识淡薄,以自我为中心,对其他教师的工作不关心、不过问、不合作,不注意与其他教师团队合作,有的甚至互相拆台、互相贬低,造成部分教师关系紧张、矛盾突出的局面,阻碍了良好学科团队的形成。此次 12 所高校的师德师风调查问卷的七个维度里,受访师生对于"团队合作"维度给出"很好"或"较好"的积极肯定评价最低,其他六个维度给出"很好"或"较好"的积极肯定评价比例都在 70%以上。

五是对学生缺乏爱心,师生关系淡漠。部分高校教师将教书和育人分开,在教学过程中对学生的思想道德教育重视不够,不精心引导学生,也不严格要求学生,缺乏和学生的有效沟通和交流,缺乏教书育人的事业心和责任感。此次 12 所高校的师德师风调查显示,41.44%的教师和 41.06%的学生认为高校教师"育人意识淡薄",仅次于"轻教学、重科研"。一些高校对于教师在教学方面的评价考核比重偏小,教学成为教师的一件"良心活",无法形成浓郁的教学氛围。

(二)高校师德师风问题的归因分析

高校师德师风方面问题产生的原因是多方面的,既有宏观因素的影响,

也有微观因素的影响;既有外因,也有内因;既有主观方面的因素,也有客观方面的因素。概括起来,主要包括以下几方面:

一是社会环境消极因素的影响。高校师德师风受到包括经济、政治、文化、社会等在内的各种环境因素的影响,社会环境中消极因素,是高校师德师风问题产生的重要原因。首先,市场经济的趋利性价值取向、等价交换原则、竞争机制、开放性特征等渗透到教育领域,使部分教师在多元文化和价值观的冲击下迷失方向,缺乏抵御各种诱惑的定力;其次,社会转型时期出现的社会失序、道德失范等不良社会风气侵蚀部分高校教师,一些教师职业道德水平下降,出现了学风浮躁、缺乏诚信、以教谋私、弄虚作假等失德行为。此次 12 所高校的师德师风调查显示,总计 40%以上的教师和学生认为高校受到"社会道德"、"市场经济"和"功利化风气"的影响,这一结果也从一个侧面印证了师生对于社会环境消极因素影响的直观感受。

二是高校师德师风建设工作乏力。近年来,教育行政主管部门先后制订了一系列加强师德师风建设的规章制度,但各高校的执行情况参差不齐,一些高校将主要精力更多地投入到教学科研、学科建设等所谓的"硬"指标建设上,而放松了师德师风等"软"指标的建设,有些高校甚至缺乏具体的、可操作性的措施,特别是领导、考评、教育制度不完善,监督和激励机制乏力,对高校教师中的不正之风打击处理不力,致使一些高校教师在教学、科研等方面出现一系列道德问题。此次 12 所高校的师德师风调查显示,总计45.79%以上的教师和学生认为在高校师德师风管理方面,存在着"教师管理制度不健全"、"师德师风无硬性考核"、"师德师风的奖惩不完善"的问题。

三是部分高校教师不重视自身师德修养。随着社会主义市场经济的深入发展、高等教育改革的深入推进,面对外界纷繁的诱惑,一些高校教师逐渐放松了自身内在的道德修养。在市场经济的负面影响及高校现有不健全的管理体制的制约下,部分高校教师急功近利思想严重,忽视师德修养,一些高校教师认为博学多才就够了,道德如何都无关紧要。思想上的不重视必然导致行动上的"跛脚",对师德修养的忽视直接造成了当前一些高校教师道德行为不良。

(三) 加强高校师德师风建设的意义

高校师德师风一方面受社会物质生活条件和诸如教育制度、教育方针等精神文化条件的影响和制约,另一方面,它作为一种相对独立的道德意识,又反过来对教育活动和社会生活具有能动作用,这是高校师德师风与社会生活相互关系的两个方面,是高校师德师风对社会生活反作用的具体体现。因此，对于高校师德师风方面存在的问题，必须大力加强师德师风建设，改善校园师德师风现状，充分发挥师德师风对教育、对学生、对社会的重要意义。

一是对教育教学起调节作用。这是高校师德师风通过其本身的自我教育和评价功能，指导高校教师正确处理教育教学过程中的各种关系，平衡教学与科研的冲突，解决各种矛盾，激发教师的积极性和创造性，顺利完成教育教学任务。高等教育是一个复杂的系统工程，包含着各种各样的关系，存在着各种各样的矛盾，需要一些手段来调节，既要有法律的、行政的"硬性手段"，也需要师德师风这样的"柔性手段"。高校师德师风通过内心信念、社会舆论和传统习俗等形式鼓励和支持高校教师采取有益于教育教学过程的行为，反对和阻止高校教师采取不利于教育教学过程的行为，促进高校教师和教育教学过程的其他参加者以及社会各方面建立协调一致的关系，以便顺利地进行教育教学活动，更好地完成教育教学任务，实现教育教学目标。

二是对广大学生起示范作用。高校师德师风对学生的影响和教育作用主要是通过日常交往和教育教学活动来实现的。高校教师在与学生日常交往过程中表现出来的师德素质，为学生思想道德品质的形成提供了直接的经验。这些直接的道德经验，常常比纯粹的道德说教更有说服力，更能影响学生道德意识的形成和确立。高校教师还是学生的思想道德素质形成的示范者。教师本身就是一种巨大的教育力量，对学生起着潜移默化的作用。

三是对社会风气起影响作用。高校教师职业是与社会有广泛联系并对社会有特殊影响的职业，教师的职业道德不仅在学校内部起着调节教育教学过程、教育和影响学生的作用，而且还通过各种途径和方式影响着社会，促进全社会道德水平的提高。一方面，高校教师通过所培养的学生，对社会成员的道德素质产生广泛而深远的影响；另一方面，高校教师个人的道德品质去影响自己的家庭、朋友、邻里和其他社会成员。因此，高校教师在教育过程中所形成的个人道德品质，不仅反映了教师道德的基本特征和内容，而且体现着整个社会道德的基本精神。

（四）高校师德师风建设的对策思路

当前高校师德师风建设存在的问题无论对于大学生的成长成才、高校的生存发展、还是对社会精神风貌都有不良影响。高校师德师风建设是教师队伍建设的基础和灵魂。

《中华人民共和国国民经济和社会发展第十二个五年规划纲要》指出：

"严格教师资质,加强师德师风建设,提高校长和教师专业化水平,鼓励优秀人才终身从教。"《国家中长期教育改革和发展规划纲要(2010—2020年)》着重强调"加强师德建设",指出:"加强教师职业理想和职业道德教育,增强广大教师教书育人的责任感和使命感。教师要关爱学生,严谨笃学,淡泊名利,自尊自律,以人格魅力和学识魅力教育感染学生,做学生健康成长的指导者和引路人。将师德表现作为教师考核、聘任(聘用)和评价的首要内容。采取综合措施,建立长效机制,形成良好学术道德和学术风气,克服学术浮躁,查处学术不端行为。"2012年,国务院印发《关于加强教师队伍建设的意见》(国发〔2012〕41号),专门设立章节"加强教师思想政治教育和师德建设",强调"构建师德建设长效机制",提出要"建立健全教育、宣传、考核、监督与奖惩相结合的师德建设工作机制"。

新时期,在经济全球化深入发展、国际竞争日趋激烈、科技进步日新月异、高等教育深化改革的背景下,高等学校要按照中央和教育行政主管部门的部署,大力加强高校师德师风建设,积极探索切实可行的方法和举措,解决老问题、预防新问题,着力提升高校师德师风整体水平。在新时期立德树人根本任务下,高校师德师风建设必须做到"五个强化"(如图13所示):强化组织领导,全力打造上下联动保障机制;强化制度建设,构建师德师风建设长效机制;强化教师修养,立足源头推进师德师风建设;强化文化建设,精心营造立德树人校园环境;强化激励机制,健全师德师风建设工作格局。

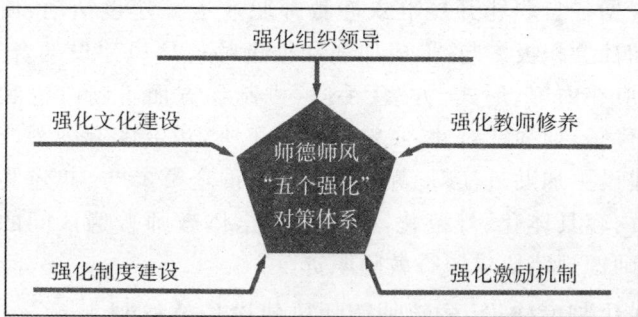

图13　高校师德师风建设"五个强化"对策体系

(一) 强化组织领导,全力打造上下联动保障机制

新时期,要努力探索新形势下高校师德师风建设的特点和规律,加强组织领导,上下联动,全员参与,进一步健全和完善师德师风建设立体化的工作格局。

一是加强师德师风建设的组织领导。高校应把师德师风建设摆在教师工作的首位,贯穿于管理工作的全过程,形成主要领导亲自抓、相关部门各负其责、有关方面大力支持的领导体制和统一领导、分工负责、协调一致的工作格局。在此次 12 所高校的师德师风调查中,总计 39.71％的受访教师和学生对于加强高校师德师风的措施,建议学校领导重视师德师风建设。因此,高校要切实把师德师风建设工作摆上重要议事日程,加强领导,统一规划,把教师师德师风建设纳入学校教师队伍建设的总体规划之中,使师德师风建设的目标、内容、政策由虚变实,师德师风建设的体制、机制和投入由软变硬。

二是加强师德师风建设的上下联动。要将教师工作摆在更加重要的位置,加强教师队伍建设特别是师德师风建设。在此次 12 所高校的师德师风调查中,总计 45.86％的受访教师和学生对于加强高校师德师风的措施,建议加强高校教师队伍的建设和管理。高校要建立师德师风建设工作领导小组及相应的工作机制,保证师德师风建设工作落到实处。高校相关职能部门要切实履行职责,充分发挥在师德师风建设中的积极作用。学校基层党组织、广大党员教师要充分发挥政治核心和先锋模范作用。要加强基层党组织的组织建设和思想建设,做好教师的思想政治工作,党员教师在师德师风建设中起模范带头作用,带领和引导广大教职工注重师德师风、切实提高职业道德素质。

三是加强师德师风建设的全员参与。学校教代会和群团组织紧密配合,支持其根据各自职能开展群众性教师职业道德建设活动,使广大教师、学生、家长和社会积极参与,形成加强和推进师德师风建设的合力。高校师德师风建设应在内容、形式、方法、手段、机制等方面不断改进和创新,特别要在增强时代感,加强针对性、实效性上下工夫,讲究实际效果,克服形式主义,使师德建设更加贴近实际、贴近教师,注重全员参与、共建共享,把师德规范的主要内容具体化、规范化,使之成为全体教师普遍认同的行为准则,并自觉按照师德规范要求履行教师职责。

(二)强化制度建设,构建师德师风建设长效机制

构建师德师风建设长效机制,应建立健全教育、宣传、考核、监督与奖惩相结合的师德师风建设工作机制。在此次 12 所高校的师德师风调查中,总计 36.83％的受访教师和学生对于加强高校师德师风的措施,认为应切实加强师德师风制度建设。

一是制定和完善教师职业道德规范。目前,一些高校没有科学的教师职业道德规范体系,只是用不迟到早退等教学纪律来代替师德规范,这无疑

使高校师德师风建设缺少制度支撑。因此,高校亟须根据教育部《高等学校教师职业道德规范》(教人〔2011〕11 号)的要求,抓紧制定或修订本校的师德规范实施细则,进一步完善教育教学规范、学术研究规范、校外兼职兼薪规范等配套政策措施,将师德规范要求落实到教师日常管理之中。

二是建立健全教师资格和准入制度。高校教师工作的性质决定了高校教师要扮演多重社会角色——科学文化知识的传播者、学生思想品德的塑造者、新知识新技术的创造者。高校教师要完成这些角色赋予的责任就必须有良好的师德。目前,国家正在组织修订《教师资格条例》,将提高教师任职学历标准、品行和教育教学能力要求。高校应加快试点教师资格考试和定期注册制度,健全新进教师公开招聘制度,探索符合不同学段、专业和岗位特点的教师招聘办法,强化对教师职业道德的考察和评估。

三是建立和完善师德师风教育制度。"教育者必先受教育",高校加强和完善师德师风教育不能仅停留在岗前培训,而是要把师德师风教育贯穿于学校工作的始终,并将其经常化、制度化,以学年、学期、月份为时间单位谋划和开展师德师风教育活动,将学习师德规范纳入教师培训计划,使岗前培训、岗中教育、师德轮训、专题研讨等有机结合、形成制度。同时,高校还应积极探索典型宣传和警示教育相结合的有效形式和机制,促使教师提高师德认识,强化师德意识,增强践行师德要求的自觉性。

(三)强化教师修养,立足源头推进师德师风建设

教师是人类灵魂的工程师,高校教师职业的这一性质决定了与其他行业的不同规范和行为准则。使高校教师师德师风水平不断得到提升并保持较高水准的方法一靠外在的教育和管理,二靠内在的自身修养。外因通过内因起作用,他律必须转化成自律,才能从根本上解决问题。不管是优化道德环境,还是加强高校师德师风建设,最终出发点和落脚点都是提高高校教师个体的师德师风水平。因此,要提升高校师德师风水平,必须强调发挥高校教师个体的能动性、主体性,加强对高校教师师德修养的引导。

一是引导高校教师坚持学习和修炼。学习体悟不仅是人们获得知识和技能、提高智力和能力的重要路径,也是加强师德修养的重要途径。师德情感、意志、信念、行为的形成都是以道德认知的提高为基础的;高校教师对自己职业道德行为上的是非善恶的判断,同样也是以道德认知为基础的。在此次 12 所高校的师德师风调查中,总计 28% 的受访教师和学生对于加强高校师德师风的措施,建议应加强教师思想理论学习。因此,加强师德修养、提升高校师德水平,首先应该引导高校教师坚持学习,在学习中修炼,在修

炼中不断增强道德素养。

二是引导高校教师加强道德实践。实践是高校教师职业道德修养的根本途径。高校教师从道德认知到道德行为习惯的养成，自始至终都是在社会实践和教育实践中完成的。实践是高校教师职业道德修养的动力和源泉，同时也是检验师德修养客观效果的标准，还是师德修养的目的和归宿。因此，加强师德修养、提升高校师德水平，必须引导高校教师加强道德实践，尤其是要引导高校教师在教学、科研等教育实践活动中自觉践行师德师风的要求。

三是引导高校教师注重提升师德修养。道德习惯的养成不是一朝一夕之事，而需要经历一个从他律到自律、外化到内化的过程。在这一过程中，掌握并运用科学的道德修养方法，对于道德水平的提高具有重要意义。同样的，科学提升师德修养的方式方法，对于高校教师师德师风水平的提高也具有极其重要的意义。因此，为切实提高高校教师的师德水平，必须引导高校教师注重提升师德修养，熟练掌握提升师德修养的方式方法。

（四）强化文化建设，精心营造立德树人校园环境

加强和改进师德师风建设必须借助于文化建设，凝心聚气，精心营造优秀师德师风，使之成为校园文化的一股有生力量，让立德树人的文化氛围蔚然成风。

一是多渠道、分层次地开展各种形式的师德师风宣传教育活动。高校应开展各种形式的师德师风宣传教育，把教师职业理想、职业道德、学术规范以及心理健康教育融入职前培养、准入、职后培训和管理的全过程。在此次 12 所高校的师德师风调查中，总计 34.5% 的受访教师和学生对于加强高校师德师风的措施，建议要树立宣传表彰师德典型。因此，高校要加大优秀师德师风典型重点宣传力度，大力褒奖人民教师的高尚师德，广泛宣传模范教师先进事迹，展现当代教师的精神风貌，促进形成重德养德的良好风气。进一步倡导尊师重教的良好社会风尚；举办师德师风论坛，促进师德师风建设的理论创新、制度创新和管理创新，推动师德师风建设工作实现科学化、制度化。

二是培育崇尚立德树人的校园文化。高校在发展过程中所形成的校园文化对高校教师能产生一种强大的影响力和凝聚力，它主要通过积极、有益、健康的文化氛围和精神环境，使生活在校园中的教师个体在思想观念、价值取向、行为方式等方面发生潜移默化的认同和熏陶，从而实现其道德的良性塑造。师德师风建设是校园文化建设的灵魂。此次 12 所高校的师德师

风调查显示,总计 39.24％的受访教师和学生认为在高校师德师风管理方面,校园文化氛围不浓。因此,必须将立德树人的理念贯穿到校园文化建设的系统工程中来,以立德树人根本任务为指引,进一步优化育人环境,为高校师德师风建设提供良好的校园文化氛围。

(五) 强化激励机制,健全师德师风建设工作格局

要研究制定科学合理的师德师风考评方式和奖惩机制,将师德建设作为学校工作考核和办学质量评估的重要指标,把师德表现作为教师资格定期注册、业绩考核、职称评审、岗位聘用、评优奖励的首要内容。

一是建立和完善师德师风考核机制。高校应准确把握师德师风建设的现状,建立和完善科学的师德考核机制,将《高等学校教师职业道德规范》作为师德考核的基本要求,制定具有科学性和可操作性的考核制度,结合教学科研日常管理和教师年度考核、聘期考核全面评价师德表现。高校应将师德师风考核纳入教师考核评价体系,作为教师绩效评价、聘任(聘用)和评优奖励的首要标准,严格执行"一票否决制"。此次 12 所高校的师德师风调查显示,67.36％的学生认为应把教师个人作风品德作为重要的考量指标融入高校教师考核之中。分别有近 60％的受访教师和学生对于加强高校师德师风具体措施中,建议要"完善师德师风的考核体系"。

二是建立和完善师德师风奖惩机制。高校应建立科学的师德师风奖惩机制,对师德表现突出的,要予以重点培养、表彰奖励;对师德表现不佳的,要及时劝诫、督促整改;对师德表现失范的,要依法依规严肃处理。要完善高等学校科研学术规范,健全学术不端行为惩治查处机制。对有严重失德行为、影响恶劣者按有关规定予以严肃处理直至撤销教师资格。高校应建立健全师德师风考核档案,将师德师风的考核结果与教师的聘任、晋升、工资、评优等切身利益挂钩,切实实行"师德优先制",充分发挥师德师风的导向和监督作用。在此次 12 所高校的师德师风调查中,总计 38.78％的受访教师和学生对于加强高校师德师风的措施,建议要加强教师师德师风奖惩力度。

五 高校师德师风建设的实践探索

近年来,高等院校越来越注重把教师队伍作为学校发展的核心和根本,把师德师风建设放在教师队伍建设的首位。此次 12 所高校的师德师风调研显示,一些高校已陆续推出了一系列加强教师队伍建设的举措,还有一些学

校正在研究和制定新的重要的制度和办法。高等院校师德师风建设注重与校园文化建设相结合,大学校园内涌现了王选、孟二冬、姜伯驹等一大批师德师风先进典型,一些高校中"学为人师、行为世范"的校园文化氛围蔚然成风,还有一些学校认真解决师德建设中存在的突出问题,加强制度建设和监督管理,通过建立健全考核评价体系,加大奖惩力度,为激励广大教师潜心教书育人、同心协力创造一流学术成果、加快创建一流大学提供了强大精神动力。根据立德树人根本任务下,高校师德师风建设强化组织领导、强化制度建设、强化教师修养、强化文化建设、强化激励机制的"五个强化"对策体系,结合教育部简报信息、媒体报道和相关调研情况,我们初步总结了如下六方面的高校实践样本。

(一) 以组织建设为重点的实践

1. 浙江大学的实践样本

浙江大学全校上下高度重视师德师风建设,坚持"育人为本、德育为先"的理念,引导广大教师爱岗敬业、教书育人,以良好的思想政治素质和道德风范教育引领学生。广大教师热爱教育事业、发扬求是精神,为人师表、以人为本、诲人不倦,涌现出一大批深受学生喜爱的师德标兵,其中多名教师荣获全国师德标兵称号,30 余名教师荣获国家级教学名师,60 多名教师荣获省、校"三育人"先进个人和"三育人"标兵,学校被评为"全国师德先进集体"。为推进为民服务创先争优,服务学生健康成长,学校探索建立"新生之友"寝室联系制度,推进教师与新生的联系和交流,进一步健全"三全育人"体系。学校深入开展以"服务发展,争创一流"为主题的创先争优活动,通过抓紧抓实五个关键环节,促进组织创先进、党员争优秀、教师重师德。学校加强组织引导,连续 12 年开展"我最喜爱的浙大老师·浙江大学'三育人'"标兵评选活动,由学生给老师写"评语",广大师生踊跃参与,已成为浙大教职工文化的一张金名片。学校坚持人本导向,以人文关怀凝聚奋斗力量,2011 年,学校还邀请校友捐资设立"浙江大学心平奖教金"重奖功底扎实、业务精湛、教学效果卓优、关爱学生成长的优秀教师,树立爱生重教标兵,在全校形成爱岗敬业、奋发向上、教书育人工作氛围。

2. 陕西师范大学的实践样本

陕西师范大学长期以来高度重视师德师风建设工作,制定并实施了一系列鼓励教师开展教书育人活动、恪守职业道德的制度和措施,用组织制度保障师德师风建设。学校专门设立了由党委书记亲任组长、党委副书记、副校长担任副组长,学校主要职能部门负责人共同组成的思想政治工作与教书育人工作领导小组,颁布实施了《教书育人工作条例》、《师德建设实施意见》等多项制度。同时在职称评审、岗位聘任等多项涉及教职工个人发展的重要工作中,对师德师风建设和教书育人工作提出刚性要求。每年新教师进校后,专门组织开展"认家活动",以增强青年教师的归属感;而教师职业道德专题讲座是每年的必修课,对于师德考核不合格者,实行"一票否决"。在师德师风建设的具体实践中,学校设立"专家导引室",不定期地由校内外知名学者"坐堂问诊",围绕某个学术话题面向全校研究生和本科生开展交流讨论,答疑解惑。

(二)以制度建设为重点的实践

1. 上海交通大学的实践样本

上海交大于 2006 年成立了上海交通大学学术道德委员会,制定下发《学术道德行为规范(试行)》、《学术道德委员会章程(试行)》、《关于进一步加强学术道德和学风建设的通知》等文件,规范学术行为,明确惩处机制。研究生院、教务处也相应制定了《研究生学术规范》与《关于本科生毕业设计(论文)工作的若干规定》,对学生的学术活动提出规范要求。在新进教师培训中,邀请德高望重、科研教学能力突出的优秀教师开设"学术道德"培训课程,将学术道德和学术规范内容作为新教师培训的核心内容之一。学校还在相关制度中把学术行为作为教师聘用和晋升过程中考评的重要内容之一,实行师德"一票否决制"。为进一步规范研究生导师招生,校领导班子成员带头向全校承诺:每人最多带 2 名博士生,不带非学历研究生。学校在加强学术道德建设、规范学术行为的同时,注重开展弘扬先进示范教育,不断加强廉洁诚信教育。坚持每年开展师德先进典型评选活动,将师生身边的先进事迹,在《上海交大报》、《今日交大》、学校主页、新闻网、橱窗专题等多种形式,进行广泛、深入地宣传教育,激发全校教职工教书育人、为人师表、改革创新的热情,起到了很好的榜样示范作用。

2. 西南大学的实践样本

西南大学以制度建设为着力点,推进师德师风建设规范化。学校建立健全各项制度,将师德师风建设作为齐抓共管、教师积极参与的长期性、规范化的活动。学校成立了师德师风建设领导小组;制定了《师德师风建设活动方案》、《教师道德、教学规范与教学纪律》和《教学事故认定办法和处理暂行规定》等制度,推进师德师风建设制度化、规范化;推行师德师风学习交流制度,定期组织师德师风学习培训,增强教师遵守职业道德、敬业守职、忠诚人民教育事业的自觉性;建立教师师德师风评价机制,对教师作风进行定期考察,每半学期组织学生开展"网上评教"活动。学校将教师的师德师风建设作为培训培养的重点纳入师资队伍建设规划,通过职前培养、职后培训以及一对一帮扶等多种方式切实增强教师的职业道德;对每年新进教师进行系统的岗前师德教育,实施青年教师"一对一"传帮带制度。学校注重宣传教育和评比表彰制度落实,每年召开优秀教师表彰大会,表彰师德师风先进个人,举办"西南大学师德师风建设论坛",开展"良师益友"评选活动,举办"师德师风先进事迹巡回报告会",开展西南大学教职工师德知识竞赛等,切实提高全校教师的师德师风。

3. 中国矿业大学(北京)的实践样本

中国矿业大学(北京)以制度建设为抓手,大力推进师德师风建设的制度化和规范化,建立起师德师风建设的长效机制。学校制定了《中国矿业大学(北京)教师职业道德规范》等各项制度,进一步完善了教师资格认定和新教师聘用制度,把思想政治素质、思想道德品质作为必备条件和重要考察内容。学校建立健全了师德考评机制,运用教师自评、互评、学生参评、组织总评等方式进行师德测评,将测评结果作为教师年度考核、岗位考核、职务聘任、派出进修和评优奖励等的重要依据。学校建立健全师德建设工作评估制度,进一步改进了学校教师评价方法和指标体系,完善相关政策,体现正确导向,为师德建设提供制度保障。学校每年都开展以师德建设为主题,深入开展以爱岗奉献、为人师表为中心内容的"师德工程",深入开展"展师德风采,创优秀群体,树教育新风"活动。坚持在教师群体中开展优秀教学科研群体、教书育人先进个人评选表彰活动,对获奖者给予精神和物质奖励,并把获奖情况作为职务晋升、岗位聘任的重要依据。每两年举办一次师德论坛(报告会),每年召开一次班主任、辅导员、教书育人先进个人经验交流会,加大典型宣传的工作力度。以每年庆祝教师节为契机,利用网络、橱窗等校园舆论阵地,集中宣传模范教师先进事迹,展现模范教师的精神风貌。学校还通过明确学院分党委的师德建设责任,把师德建设工作纳入到基层党组织目标管理的考核体系之中,在全校上下形成了"以人为本、崇尚学术、追求卓越"的良好风气,为师德建设营造了良好的氛围。

(三) 以教师队伍建设为重点的实践

1. 北京大学的实践样本

北京大学始终把建设一支世界一流、国际领先的教师队伍作为学校发展的核心和根本,把师德师风建设放在教师队伍建设的首位。北大已陆续推出了一系列加强教师队伍建设的举措,组织研究和制定新的重要的制度和办法。北京大学高度重视、认真解决师德建设中存在的突出问题,加强制度建设和监督管理。近年来,北京大学把提高思想政治素质作为师德建设的首要任务,把立德树人作为师德建设的根本要求,把爱岗兴校作为师德建设的应有之义,把正面引导作为师德建设的基本途径,把制度建设作为师德建设的必要保障,把尊师重教作为师德建设的重要主题。北京大学师德师风建设以热爱学生、教书育人为核心,以"学为人师、行为世范"为准则,以提高教师思想政治素质、职业理想和职业道德水平为目标,以严格的标准、苛刻的要求、有力的举措、坚实的资源保障,下大决心、下大气力抓好以师德师风为灵魂的教师队伍建设。

2. 对外经贸大学的实践样本

近年来,对外经贸大学以师德师风建设为核心,大力推进"以务实代替说教,以爱心激发爱心"的青年教师队伍建设。学校通过青年教师发展论坛、青年教师联谊会、青年教师沙龙、青年教师发展基金会等形式,构建校领导与青年教师沟通桥梁,着力助推青年教师成长。学校完善青年教师在教育教学、科学研究、社会服务、师德师风等方面的考核评价机制,积极吸纳青年教师参与重要学术活动、重大项目研究等,努力为青年教师搭建成长平台;鼓励青年教师在教学科研和社会服务实践中大胆探索、发挥所长;充分发挥青年教师在学校建设发展中的作用,鼓励其积极参与学校的民主决策和管理。通过开展各种形式的师德教育和学术规范教育,完善青年教师师德考核和奖惩制度,着力建设一支重师德、重教学、重育人、重贡献的青年教师队伍。学校还开展青年教师"关爱行动","要求教师关爱学生,学校首先关爱教师",通过帮助青年教师解决购房首付、子女入托入学等实际困难,让青年教师安居乐业,"以爱心激发爱心",推进学校师德师风建设。

3. 延安大学的实践样本

延安大学充分利用革命圣地红色文化资源,将延安精神作为教师思想政治教育的重要内容,不断丰富宣传教育的形式和载体,将延安精神贯穿于师德师风建设的各个环节。学校多年来一直将延安精神作为新进教师入职培训、教育骨干学习培训、党员和积极分子培训的重要教材。同时,通过开办延安精神学习班、召开延安精神研讨会等多种教育方式,提升学校师德师风建设的品质。每年的校园文化节,学校结合延安精神的宣传开展一些主题教育活动,举办以弘扬和践行延安精神为主题的演讲、辩论、知识竞赛、专题报告、座谈会、征文等活动,在校园中营造浓郁的延安精神宣传学习氛围。学校还创新性地开展延安精神现场体验教学,组织教师到延安革命旧址,进行现场教学、专家点评、座谈讨论、交流体会等教育实践活动。学校的《为人民服务》《纪念白求恩》《父子情深》等现场教学,使广大教师在思考的过程中感悟延安精神的精髓,牢固"立德树人"的精神信念。为保证师德师风建设的成效,学校在教师考核中融入延安精神,教育引导教职工不断学习和践行延安精神。学校多年来全力构建了一支高素质的教育队伍,着力培养了一批践行延安精神教育骨干,发挥他们的榜样示范和带头作用,在全校范围内掀起了向优秀践行者学习的潮流,努力为师德师风建设营造气正风清的校园环境。

(四) 以文化建设为重点的实践

1. 清华大学的实践样本

清华大学充分认识到师德师风建设的极端重要性,重视和不断加强师德师风建设,形成了加强师德师风建设的优良传统,形成了以立德树人为核心的校园文化。长期以来,在师德师风方面形成了爱国奉献、集体主义、淡泊名利、严谨求实、进取精神、敬业精神的光荣传统,提出"敬业报国、育人爱岗,务实求真,进取自强,克己奉公、团结协畅,为人师表、仪态端庄"32 字清华师德。编辑出版了《清华名师谈教书育人》等书籍,并赠送给青年骨干教师。持续进行"清韵烛光——我最喜爱的教师"、研究生"良师益友"等评选表彰,教书育人、立德树人的氛围进一步浓厚。利用校园媒体阵地开辟专栏,介绍新入校的教授、研究员,宣传优秀人才。做好在优秀学术骨干中发展共产党员的工作,使加入党组织成为"知识分子的光荣归宿"。1984 年开始,清华大学组织开展不同主题的教育书人研讨会,并已坚持召开了 30 年。一大批教学科研骨干做到"开阔视野,组织群众干大事业;开拓创新,带领团队干成事业;运筹帷幄,团结同志干好事业"。

2. 华中农业大学的实践样本

华中农业大学强化教师教书育人意识,坚持"教授上讲台"导向,鼓励教授担任学生班主任。连续 28 年坚持全员评教,评定教学质量优秀奖;连续 20 年坚持开展青年教师讲课竞赛活动。积极开展专家教授与学生面对面交流活动,在师德师风建设方面形成了"一院一品"的活动模式,大力推进基于问题和研究的教学改革,加强学术道德教育和自我约束。学校领导、教学名师、长江学者、知名教授做客"共同空间",与学生直接对话;积极开展健康、高雅、丰富的校园活动,利用校园文化"两节三会"、"狮子山讲坛"等机会,有效促进师生互动,推进师德师风建设和文化育人。近年来,学校不断涌现出特色鲜明、各具风采、深受赞誉的教职工师德师风典型人物,形成了独特的"华农好人现象"。坚持每年评选"校园媒体关注年度人物",聚焦在一线工作、默默无闻、甘于奉献的普通平凡教职工。坚持每年评选表彰优秀师德标兵、师德先进个人。

2. 青海大学的实践样本

青海大学制定《关于进一步加强师德师风建设的实施意见》和《师德规范和评定要求》,对教师从"忠诚教育、治学严谨、为人师表、团结创新"四个方面严格要求,围绕《高等学校教师职业道德规范》,强化教师职业道德规范意识,加深教师们对"爱国守法、敬业爱生、教书育人、严谨治学、服务社会、为人师表"六条规范的理解,增强广大教师教书育人的责任感和使命感,弘扬高尚师德。通过组织评选"我心目中的好老师"、"十佳教学名师"、"师德标兵"、优秀教师等活动,在全校上下形成了多部门参与、各负其责、协调一致,共同抓好师德建设的文化氛围。学校重视教师身心的全面发展,在进行业务知识培训的同时,加强教师德育教育、心理素质、团队协作、沟通能力及艺术素养等方面的培训,提高教师基本素养。每年对新进教师安排师德师风培训、岗前教育。2013 年全校 800 余名教师利用双休日时间,轮流参加师德教育专题培训。学校开展学生评教、教师评教、领导评教和领导干部坚持随班听课等,促进教师爱岗敬业、教书育人的自觉性。强化师德师风教育,把杜绝学术腐败作为校园文化建设的重要内容,端正教风、学风和校风。

(五) 以激励机制为重点的实践

1. 中国政法大学的实践样本

中国政法大学高度重视教师师德师风建设工作,形成了"党委领导、党政共抓、部门协作、院部落实、全员参与"的工作机制,注重把师德师风建设工作与教师的业务提升和个人成长紧密结合起来,重视发挥激励机制在提升教师师德师风水平的重要作用。一是制度激励。中国政法大学健全科学合理的考核、评价、激励制度体系,把师德作为教师考核评优、晋级晋职和岗位聘任的重要内容,作为各类人才和专家评选的重要标准,形成了师德师风建设激励机制。二是教育培训激励。学校开展经常性、多渠道、分层次、形式多样的师德师风教育,如举办以"知识分子的使命与责任"为主题的学术沙龙活动、"儒家伦理与师德建设"座谈会、"我的为师之道"心得交流会等活动。学校还将师德教育作为新入职教师培训必修课,在加强和改进教师思想政治教育、职业道德教育的同时,重视加强教风和学术规范教育。三是评选活动激励。学校每年定期评选表彰"优秀教师奖"、"优秀教师特别奖"、"优秀教学成果奖"、"教书育人先进个人"及"最受本科生欢迎的十位老师"等系列活动,激励教师爱岗敬业、奋发向上、教书育人,在全校范围内营造了良好的师德师风氛围。四是解决教师实际问题,激励教师爱岗敬业。改善教师工作和生活条件,关注教师心理健康,解决青年教职工子女入学问题等,为教师排忧解难,解决后顾之忧,激励广大教师安心于教书育人事业。

2. 河南大学的实践样本

河南大学积极开展以师德建设为主要内容的教职工素质工程,实施"教育提高—制度规范—政策引导—组织载体—典型示范"等五环节计划,努力探索师德师风建设的长效激励机制,以保障师德师风的良性发展。学校以"立师德、树师风、铸师魂"为主题,通过举办"红烛业"明清师德师风笔墨珍藏展、"师德论坛"、"名家讲坛"、"道德讲堂"、师德建设征文等系列活动,引导广大教师爱岗敬业、为人师表、教书育人、严谨笃学。以"至善导师学校"为依托,有计划地对研究生导师进行培训,以提高导师的指导水平,全面提高研究生培养质量。学校制定和出台"师德标兵和师德先进个人"评选办法等相关文件,定期进行评选、表彰,大力宣传先进典型。学校建立了网上评教系统,由学生每学期对所选课程教师的师德表现和教学效果进行及时评价,以督促教师重视教学工作,不断提高教学水平。学校颁布实施师德师风相关规章制度,推进师德建设制度化、规范化。多年来,通过开展形式多样的主题教育实践活动,涌现了一批全国、全省师德标兵,学校荣获"全国文明单位"等荣誉称号。

(六) 注重研究生导师作用的实践

1. 南开大学的实践样本

南开大学注重强化研究生指导教师在研究生培养过程中的引导作用,激发研究生导师教书育人的积极性和主动性,先后出台《关于加强研究生指导教师队伍建设的若干意见》、《关于进一步加强和改进师德建设的意见》、《关于加强研究生指导教师思想政治教育责任实施意见》,明确研究生导师在思想政治教育工作中的主要任务和责任范围,细化具体任务,建立责任追究制度,就加强研究生导师思想政治教育责任提出多项具体措施,同时加大学校教师发展中心培训力度,切实保障导师责任落到实处。《南开大学素质教育实施纲要(2011—2015)》明确提出:研究生导师要成为学生的榜样,身体力行,以人格和学识魅力教育影响学生做人、做事、做学问。通过强化研究生导师教书育人的使命感和责任感,使其在培养和指导研究生的过程中,牢固树立"传道授业、育人为本,德学并重、德育为先"的理念,自觉将培养研究生坚定的理想信念、良好的思想品质、高尚的学术道德、健康的心理素质以及正确的世界观、人生观、价值观放在首位,并贯穿于培养环节的全过程。学校设立"研究生导师教书育人奖励金",定期举办研究生导师教书育人先进集体和先进个人评选表彰活动、"良师益友"评选表彰活动,建立科学有效的综合评价体系,充分发挥评价工作的激励导向和监督作用。

【参考文献】

[1] 安云凤. 高校师德论[M].中央编译出版社,2007

[2] 安云凤. 高校师德教育与修养[M].首都师范大学出版社,2008

[3] 卫荣凡. 高校教师师德自律论[M].中国社会科学出版社,2008

[4] 李春秋. 高等学校教师职业道德修养[M].北京师范大学出版社,2001

[5] 陈大伟. 师德修养与教育法规[M].北京师范大学出版社,2002

[6] 韦冬雪. 高校师德修养实用教程[M].广西师范大学出版社,2009

[7] 浦卫忠,周敏. 高校师德建设理论与实践[M].北京理工大学出版社,2009

[8] 张力. 纵论立德树人——教育的根本任务[J].人民教育,2013(1)

[9] 王克君. 高校基层党组织在师德师风建设中的作用发挥研究[J].理论界,2012(9)

[10] 魏斌. 高校青年教师师德师风建设内外因分析研究[J].教育探索,2011(5)

[11] 姚裕萍. 高校优秀教师文化的缺失与培育[J].当代教育科学,2008(19)

[12] 张红专. 加强师德建设的系统思考[J].湖南社会科学,2008(4)

[13] 洪汀,刘锦,王金祥. 高校师德师风建设中存在的问题及对策[J].内蒙古师范大学学报(教育科学版),2010(9)

[14] 马书文. 新时期优化高校青年教师师德师风建设环境研究[J].教育探索,2010(4)

[15] 吴明永. 高校青年教师师德师风建设环境优化探析[J].中国成人教育,2010(6)

[16] 王小梅. 以人为本推进新时期师德建设[J].中国高教研究,2005(1)

[17] 毕诚. 中国古代师道、师德和师风[J].中国德育,2010(4)

[18] 蔡凌. 关于高校师德师风建设的几点思考[J].湖北师范学院学报(哲学社会科学版),2009(4)

[19] 马书文. 新时期优化高校青年教师师德师风建设环境研究,教育探索,2010(4)

[20] 陈洁. 以社会主义核心价值体系引领高校师德师风建设路径研究,科教导刊,2012(3)

关于深化高校廉政风险防控机制建设的思考与实践[*]

张士良　郑爱平　张建富

【摘　要】　廉政风险防控机制建设,作为一项新的反腐倡廉举措,大部分高校已开展了探索与实践,并取得了初步成效。党的十八大提出,要"深化重点领域和关键环节改革,健全反腐败法律制度,防控廉政风险,防止利益冲突,更加科学有效地防治腐败"。笔者结合工作实践,对如何深化此项工作进行了研究和思考,并提出了相关对策。

【关键词】　高校;廉政风险;防控机制;思考与实践

近年来,在"标本兼治、综合治理、惩防并举、注重预防"的方针指导下,浙江大学等高校结合自身实际,开展了以制约和监督权力运行为核心、以廉政风险排查为手段、以加强制度建设为重点、以预防腐败为目的的廉政风险防控机制的探索与实践,并取得了积极成效。党的十八大提出,要"深化重点领域和关键环节改革,健全反腐败法律制度,防控廉政风险,防止利益冲突,更加科学有效地防治腐败。"由此,也引发了我们对于高校如何深化廉政风险防控机制建设的研究和思考。

一　深化高校廉政风险防控机制建设的重要意义

对于高校而言,深化廉政风险防控机制建设,是加强反腐倡廉建设的迫切需要,是强化科学预防腐败的重要手段,是促进自身改革发展的特殊要

* 本文系 2013 年浙江大学廉政研究中心重点立项课题"具有浙大特点的惩治和预防腐败体系(2013－2017)工作规划研究"(课题编号：LZYJ2013002)的阶段性成果。

作者简介：张士良,浙江大学纪委办(监察处)综合室主任,讲师;郑爱平,浙江大学纪委副书记、监察处处长,副教授;张建富,浙江大学纪委办(监察处)纪检员,副研究员。

求,是保证干部成长安全的有效举措,有利于实现高质量、有特色的内涵式发展。

(一)加强反腐倡廉建设的迫切需要

当前,我国反腐倡廉形势依然严峻,任务依然艰巨。党的十八大强调,在坚决惩治腐败的同时,更加注重治本,更加注重预防,更加注重制度建设,拓展从源头上防治腐败工作领域。此后,习近平总书记结合国内外形势,对推进廉政风险防控机制建设提出了更高要求。实践证明,深化廉政风险防控机制建设,是构建惩防体系的重要举措,是规范权力运行的客观要求,是促进作风建设的有力抓手,也是新形势下高校提高反腐倡廉建设科学化水平的迫切需要。

(二)强化科学预防腐败的重要手段

从高校多年反腐倡廉建设来看,惩治腐败难度很大,预防腐败更加不易,需要从体制机制上解决问题。深化廉政风险防控机制建设,就是突破传统做法,将"风险管理"现代管理方法导入反腐倡廉具体实践,解决"风险来自哪里"和"怎样防范风险"两个关键问题,从而建立一种有效机制,把廉政风险控制在最低程度。这项工作的深入推进有利于进一步增强预防腐败工作的前瞻性、预见性、针对性和主动性,使预防腐败工作标准化、流程化,增强可控性,达到科学预防的理想效果。

(三)促进高校改革发展的特殊要求

高校承担着人才培养、科学研究、社会服务、文化传承创新等四大功能。高校腐败不仅会阻碍高校的改革和事业发展,腐蚀高校的肌体和灵魂,还会毒化人文社会环境。与其他领域相比,高校腐败危害更大,影响更深,后果更重。面对日益复杂的社会大环境,高校只有深化廉政风险防控机制建设,找出在思想道德、岗位职责、制度机制、环境影响等方面可能发生腐败的风险点,制定和落实相应的防控措施,才能实现对工作管理的规范制约和对腐败问题的源头预防,进而确保自身持续健康发展。

(四)保证干部成长安全的有效举措

高校是汇聚人才和培养人才的战略高地,高校干部特别是人、财、物等重要岗位的各级领导干部大多掌握一定的实权,控制一定的资源,也容易受到一定的诱惑,成为拉拢腐蚀的对象。近年来,高校违纪违法案件时有发生,廉政风险无处不在。深化廉政风险防控机制建设,进一步增强各级干部的岗位责任意识和廉政风险防控意识,筑牢拒腐防变的思想道德防线,进而营造讲正气、尚廉洁的良好校园氛围,促进与师生员工共同健康成长,为实现中华民族伟大复兴的"中国梦"作出高校应有的贡献。

二 高校推进廉政风险防控机制建设现状与原因分析

为了解和把握高校廉政风险防控机制建设情况,我们参与了教育部直属共建高校纪委多个片组的反腐倡廉建设调研及问卷调查。调查范围共涵盖 10 个省市 30 余所高校(其中一半为"211 工程"、"985 工程"院校),对象均为在职在学人员(以干部身份为主,兼顾不同层次的师生员工),以下是由各高校共享的有关廉政风险防控机制建设情况的调查结果。

(一)高校廉政风险防控机制建设总体情况

近年来,各地各高校根据中央和上级要求,结合自身实际,都开展了廉政风险防控工作,主要着眼于保证权力行使、资金运用、项目建设和干部成长安全,突出重点岗位和关键环节,认真查找岗位职责、制度机制和外部环境风险,评定风险等级,提出相应的防控措施和督查考核办法,取得了阶段性成果。

譬如,浙江大学在充分调研基础上,按照"试点先行、分步实施、稳步推进"的工作方案,于 2009 年在实验室与设备管理处、计划财务处、房地产管理处先行试点开展岗位廉政责任体系建设。2010 年开始在全校中层干部中实施风险防控工作,此后推广到各二级单位内设机构负责人和骨干岗位。期间,多次召开会议,对推行该项工作进行了动员、部署和推进;学校 2012 年纪检监察工作会议突出强调,要深入推进廉政风险防控工作。此项工作的有效开展,不仅增强了学校党员干部的廉政风险意识,提高了师生员工对廉政风险的关注程度,特别是对重点领域和关键环节风险防范的关注,而且进一步提升了师生员工对反腐倡廉建设的信心。81.3% 的被调查者认为,学校反腐倡廉建设工作有所改进,57.6% 的被调查者认为有明显改进。对于学校廉政风险防控机制建设的成效,86.2% 的被调查者表示"满意"或"基本满意"。

但调查也发现,大部分高校廉政风险防控工作或多或少还存在着一些不足和问题,主要表现为:职权清理不够明晰、风险查找尚未彻底、内控机制缺乏操作性、科技防控较为薄弱、预警和纠错机制还流于形式等。另外,随着高等教育体制改革的不断深入,高校二级单位在招生录取、经费使用管理、建设(修缮)项目安排、物资设备采购、人才培养引进、职称职务评聘等方面有了更多自主权,由此产生的新问题新挑战,对高校反腐倡廉建设提出了新要求,对廉政风险防控机制建设提出了新任务。

(二)高校廉政风险防控机制建设存在问题的原因分析

关于高校反腐倡廉及廉政风险防控机制建设存在问题的主要原因,被调查者给出了各自不同分析。我们结合问卷调查、实地调研,着力从教育、制度和监督等方面进行了相关梳理。

1. 宣传教育针对性不强,师生参与积极性不高

调查表明,对学校组织的反腐倡廉教育活动,选择"积极参加""如果领导要求就参加""如果对形式和内容感兴趣就参加"的比例依次为62%、18.2%、15.6%。其中学校中层(处级)干部及以下干部选择"积极参加"的比例比教师、学生高31.0%。这说明被动参加和选择性参加教育活动的问题不容忽视,针对教师、学生群体的宣传教育力度有待加强、方式和内容需要改进。

关于对哪些人应该接受反腐倡廉教育,选择"处级党政领导干部""重要岗位关键环节工作人员""学术带头人""科级干部"的比例依次为39.0%、34.2%、15.8%、10.7%。这表明处级党政领导干部、重要岗位关键环节工作人员仍是反腐倡廉教育的重点。此外,学术带头人也应逐步成为反腐倡廉教育关注的对象。

2. 制度建设不够完善,制度执行力有待提高

关于制度缺失与制度执行问题,认为"制度已经够多了,关键是执行不够"的占57.5%;认为"表面上看制度够多了,实际上一些关键环节依旧无章可循"的占25.3%;认为"许多制度制定不科学,操作性差"的占5.8%;认为"有些制度已经过时了,却还在执行"的占5.7%。这说明一些关键环节的建章立制、提高制度可操作性,需要引起我们的高度关注。同时,被调查者认为当前迫切需要完善"重大问题决策"、"基建后勤"、"干部任免"、"招生录取"和"责任制考核与追究"等方面的制度建设。

关于提高制度执行力最重要的因素,认为"领导干部带头执行""制度具体执行人员铁面无私""加强对违反制度行为的追究问责""制度管理对象提高按章办事的意识""制度执行结果公开,形成对违规人员的舆论压力"的依次占42.9%、22.8%、15.7%、9.8%、8.9%。这说明在发挥领导干部带头执行制度的表率作用的同时,必须进一步加强对违反制度行为的追究问责,推进制度执行情况公开,营造制度面前人人平等、没有例外的环境氛围。

3. 权力监督制约不够,廉政风险防控任务艰巨

调查结果显示,关于对学校"三重一大"决策程序的了解,选择"比较了

解""听说有""从没听说"的分别为 41.6%、43.2%、15.3%,这说明接近 60%的被调查者对"三重一大"决策程序不甚了解。可见,加强信息公开,推进"阳光治校",使各项权力透明运行,是当前和今后一个时期各高校推进反腐倡廉建设较为迫切的任务之一。

关于高校廉政风险最高的工作领域,认为是"基建工程管理"的有 49.0%,其余依次是"人事工作"、"组织干部工作"、"招生工作"、"财务管理"、"后勤保障"、"校办产业"、"师德学风建设"。对于单位设立"小金库"问题,虽然有 59.5%的被调查者认为"小金库"是滋生腐败的温床,应当彻底清理,但也有被调查者认为"小金库"是为了职工谋福利、为了本单位发展不得已而为之的。这表明廉政风险尤其是重点领域和重要环节的高风险已引起高校干部师生越来越多的关注,但认识还需进一步提高,深化廉政风险防控管理刻不容缓、势在必行。

因此,必须进一步统一思想、深化认识,在巩固扩大工作成果的基础上,深入推进廉政风险防控机制建设,最大限度地防止和减少腐败问题的发生,不断提高预防腐败工作的科学化、规范化和法制化水平,为高校实现内涵发展提供坚强保障。

三　深化高校廉政风险防控机制建设的主要对策

根据中央纪委、教育部、监察部《关于加强高等学校反腐倡廉建设的意见》精神,不断增强高校反腐倡廉建设科学化水平,要以建立健全适应现代大学要求、符合高校管理特点的惩防体系为重点,着力完善防治腐败的体制、机制和制度。其中,加强廉政险防控、规范权力运行,既是一项重要而紧迫的机制建设,也是一项长期而艰巨的具体任务。

(一) 认真梳理,明确高校潜在廉政风险的主要内容

综合分析各地查处的高校腐败案件来看,高校反腐倡廉建设还存在着一些薄弱环节,腐败现象出现了一些新的苗头和动向。我们认为,高校须进一步引起重视的潜在廉政风险及其主要内容涉及以下几个方面。

1. 组织人事方面

在干部的培养、提拔、使用和人才引进、人力资源的分配处置等方面具有一定的自由权,在管理、运作等重要环节容易发生失误失察、违反程序、暗中操作、以权谋私等风险。

2. 财务审计方面

由于高校经费管理种类多、业务量大、资金流转快等工作压力,容易使

财务人员在指标划拨、票据审核、会计核算、资金资产管理等方面出现把关不严、公款挪用等风险;审计人员可能在财务审计、工程审计、经济责任审计、审计业务外包、经济合同审签、科研项目审签等环节出现随意或舞弊等风险。

3. 采购招标方面

高校的招标、采购主要涉及基建、维修、设备、图书、教材、后勤服务等,具有资金量大、采购周期性和经常性、采购市场不规范和以买方市场为主的特点,容易在项目的预算编制与审批、标书制定、过程掌控、合同执行、物资验收等方面,可能发生关键岗位人员泄露标底、在采购过程中拿回扣或收好处等风险。

4. 科研学术方面

近年来,随着国家对科研投入的持续增长和社会对科技创新需求的日益强化,高校科研经费总量不断增加,由此带来了许多问题,易在科研项目(基地)限额申报、材料及经费使用审核、技术合同关联交易、外协合同审核、学术成果鉴定等方面,可能发生做人情、审核不严、缺乏公平性、行为不当甚至成果造假、学术造假等风险。

5. 招生录取方面

虽然教育部针对高校招生、录取有各项规章制度,并强调招生工作要坚持"六公开"。但实际工作中在自主招生、特长生考试、研究生面试、分数线设定及专业调配等方面还有违规操作等情况,存在索取或接受他人好处等,由此造成招生录取不公平、不公正等现象。

6. 基建工程方面

高校扩招和发展带来了改造、扩建、新建工程的大量上马,随之在基建工程勘察设计、标底制作、材料选用、施工安装、工程监理及付款、验收等方面可能发生利用职务便利违法违纪操作现象,存在"吃、拿、卡、要"甚至贪污贿赂等潜在风险。

7. 后勤产业方面

在物资采购、维修服务、节能管理、绿化工程、店面招租等方面,由于人员素质参差不齐、自我约束能力不尽相同,尤其是一些采购人员、项目维修或水电维护工作人员,既是管理者又负责收缴费用、工程施工、材料验收等,直接与供应商、客户等联系密切,易在计量审核、质量把关、违约处理等环节出现风险。

因此,深化高校廉政风险防控机制建设,就要正确认识和把握新形势下高校反腐倡廉建设的特点和规律,紧紧围绕工作实际组织相关人员从自身的思想道德、岗位责任、工作流程、外部环境等不同角度,认真排查履职中可能存在的廉政风险,创新思路,定岗明责,确保权力运行既相互制约又相互协调。

(二)统筹兼顾,构建廉政风险防控的长效机制

从实践分析,高校廉政风险防控工作须着重解决四方面问题:由谁防控、防控什么、怎样防控、评估考核。在深化廉政风险防控机制建设时,需要统筹兼顾,强化整体协调,建立健全动态循环管理长效机制。

1. 抓重点促融合,提高针对性

把深化廉政风险防控机制建设,与高校各单位(部门)的业务工作、职责要求紧密结合起来,并融入业务工作全过程,构建起符合实际、操作性强、真正管用的科学防控体系。同时,抓住重要事项决策、重要人事安排、重要项目建设和大额资金使用等重点权力,分析廉政风险,制定防控措施;抓住腐败问题易发多发的薄弱环节,查找漏洞,量化责任,加强监管;抓住风险排查、防控措施等重点环节,坚持整体推进与重点突破相结合,全面查找在履行职责过程中可能发生的廉政风险点,有针对性地制定防控措施,既要找得准、找得全,也要防得住、控得牢。

2. 抓方法促细化,确保可操作

深化廉政风险防控机制建设,关键在于对权力运行过程实施有效监控。要把握廉政风险分析的科学方法,以权力运行流程或业务流程为主线,全面查找廉政风险点,明确权力运行流程和行使依据,绘制必要的权力运行流程图,切实做到全覆盖、不漏项。风险等级的确定,要结合实际情况,根据危害程度及风险概率大小由专家把握确定风险等级、制定防控措施,确保具体明确、可操作性强。同时,进一步细化防控措施,将预防措施明确为具体工作任务,积极运用现代科技手段和信息技术手段加以监控和防范,做到让权力运行留痕存迹,确保权力规范、透明运行。

3. 抓制度促落实,构建常态化

推进廉政风险防控机制建设,是一项长期任务,不可能一蹴而就、一劳永逸,核心是持之以恒地抓制度促落实。制度要与时俱进、及时更新,突出相互衔接、形成系统,强调针对性、完备性和严密性;要加强宣传、严格追责,提高领导干部自觉遵守、严格执行制度的责任意识,实现用制度管事管权管人。同时,建立健全风险预警、纠错整改、内外监督、考核评价和责任追究机制,强化廉政风险防控的动态化管理,发挥惩治和预防腐败的综合效用,识别新的廉政风险点,及时补充和调整廉政风险内容和完善防控措施。

（三）突出重点，提高反腐倡廉的科学化水平

按照中央纪委《关于加强廉政风险防控的指导意见》要求，结合高校实际，把深化廉政风险防控机制建设纳入反腐倡廉总体规划，突出工作重点，抓住关键环节，切实提高反腐倡廉的科学化水平。

1. 做好风险查缺补漏

将深化廉政风险防控机制建设作为推进新一轮惩防体系建设的主要载体，认真组织开展"回头看"，切实做好风险全面排查和查缺补漏工作。一看风险点是否找全、找准、找深；二看制定的防控措施是否落实，预警是否实现常态化；三看岗位人员的廉洁状况是否得到有效提升，师生员工反映的问题是否得到有效解决，工作绩效是否得到有效提高。

2. 加强工作考核评估

把深化廉政风险防控机制建设纳入党风廉政建设责任制考核之中，突出日常督查、综合评估、跟踪反馈等环节工作，着力构建风险防控的封闭回路，形成科学的预警预防机制，力争做到关口前移、防范在先，实现从"静态"到"动态"的转变，从"补漏"到"预防"的转变。

3. 注重防控手段创新

进一步探索实践"制度＋科技"廉政风险防控工作新模式，着力把重要风险点深化为监察点嵌入权力运行监控程序之中，建设完善廉政风险防控信息化平台，扎实推进防控手段由传统向现代、由人防向技防、由一般防范向全员防范转变，推动重点岗位、关键环节监控网络有序链接、资源共享，实现动态监控、高效管理，提升廉政风险防控工作的科学性、有效性。

四　浙江大学以信息化推进廉政风险防控机制建设实践

2011 年以来，浙江大学整合优化信息化建设成果，把科技促廉纳入学校惩防体系建设总体安排，积极探索以廉政信息化建设为抓手推进"制度＋科技"防控机制创新，取得了初步成效。

（一）浙江大学廉政信息化建设的实践探索

廉政信息化是指利用现代信息技术和科学管理理念，将信息技术、通信技术和网络技术等科技手段运用到反腐倡廉建设中，以管理服务科学规范为基本目标，以管理流程再造为基本内容，实现反腐倡廉教育经常化、廉政信息公开化、权力运行阳光化、过程监督实时化的过程。

浙江大学在 2011 年纪检监察工作会议上明确提出以廉政信息化平台建

设为抓手探索"制度＋科技"防控机制创新的工作要求。同年4月,校纪委办协同有关部门开展专题调研,并结合学校实际和信息化工作基础,进行廉政信息化建设论证。经过多次讨论斟酌,针对权力运行中的风险和监督管理中的薄弱环节,学校制订了加强党风廉政信息化建设实施意见和廉政信息系统建设工作方案,提出了廉政信息化建设的主要任务:以学校办公网为主体,机关部处业务系统为重点,分类推进,整合贯通,加强行政办公(公开)平台、党风廉政宣传教育平台、廉政风险预警平台、电子监察监督平台、纪检监察内部管理平台等电子平台建设,构建一个信息沟通、监管交错、纵横有序、层次分明的信息化体系。随后,在招标采购、财务管理、校办产业及科研经费管理等重点领域开展廉政信息化建设试点工作,加强对重要关口、关键节点的实时预警和有效监管。

(二)浙江大学廉政信息化建设的主要成效

经过两年多的探索实践,浙江大学率先建立完善了党务政务(公开)电子平台、廉政风险预警电子平台、电子监察监督平台等系统,有效地促进信息公开和对重点领域、关键环节的监管,初步达到了识别风险在工作之前、防范意识在行动之前、约束行为在办事之前的防控目标,极大地推进了反腐倡廉的科学化、制度化、规范化建设。

1. 完善党务政务(公开)电子平台。完善信息公开平台建设,重点推进干部任用、人事任免、招生就业、财务、基建、采购等重点领域的信息公开;完善电子行政办公平台(网上办事大厅)建设,建立面向师生的业务协同处理系统,形成"前台统一受理,后台协同处理"的行政办事和服务模式;完善和拓展协同办公系统(OA系统)功能,逐步推行通过网上申报审批、个人公共事务办理等各项业务网上受理和办理;加强部门业务管理系统建设,把预防腐败的要求贯穿于各职能部门的业务流程之中,运用信息化手段加以固化,建设完善专门业务管理系统,与学校网上办事大厅一起形成"1＋N"电子政务工作体系。

2. 建设廉政风险预警电子平台。建立网络舆情监控系统,加强对论坛、博客、微博等网络平台反腐舆情的跟踪监控,注意从中发现和排查案件线索;完善网上举报投诉系统,开辟"网上举报"系统、"效能举报"系统等栏目,及时受理群众的信访举报、效能投诉等信息;建立领导干部廉政档案信息系统,建立包括个人财产申报、重大事项申报、述职述廉、民主生活会、兼职等信息管理系统,建立党员领导干部个人廉政档案;探索重点领域和关键环节的预警报警机制,进一步深化阳光治校,切实加强对权力运行的制约和监督,严把"七个关口"。

3. 建设电子监察监督平台。建立行政审批电子监察系统,凡能纳入学校行政服务大厅或网上办事大厅办理的审批和服务事项,全部集中网上办理;纪委办(监察处)对网上审批流程可实现全程跟踪介入,对廉政风险点进行实时预警;在学校行政服务大厅窗口安装电子监控系统,设立群众满意度测评器,对行政审批环节进行全程监控;建立统一的招投标和采购平台,实现监、管、办"三分离";建立招投标电子监察系统,对工程建设项目招投标、大宗物资和实验设备采购等容易出现腐败的领域,实行全过程监管;建立公共资金监管系统,实现对资金分配、拨付、使用、验收、审计等环节的动态性、全过程、全方位监控。

【参考文献】

[1] 吴晋生. 高校廉政风险防范管理[M]. 华中师范大学出版社,2012

[2] 张士良,郑爱平,张建富. 关于高校有效构建廉政风险防控机制的思考[J]. 长春理工大学学报,2011(2)

[3] 张永远. 关于构建高校廉政风险防控机制的思考[J]. 学校党建与思想教育,2013(4)

[4] 张金刚,孙郁. 加强高校廉政风险防控机制建设的思考与对策[J]. 中国轻工教育,2012(5)

推行问责制度　促进干部作风建设[*]

郑爱平　张建富

【摘　要】　党和政府一直在强调推进行政问责制度建设。这既是政府工作管理的要求,也是党风廉政建设的要求。高等院校作为社会公共管理的重要组成部分,理应成为问责制度建设的典范。浙江大学作为全国知名高校,已经作出了干部问责的众多实践。目前尽快出台学校的问责制度是当务之急。

【关键词】　问责;高校;党风廉政;工作作风;责任追究

2008 年 2 月,中共中央十七届二中全会在《关于深化行政管理体制改革的意见》中提出"推行政府绩效管理和行政问责制度","健全以行政首长为重点的行政问责制度,明确问责范围,规范问责程序,加大责任追究力度,提高政府执行力和公信力"。该《意见》实际上也是为从事公益服务的高等院校强化责任意识、推进问责制度明确了指向。2009 年 2 月,胡锦涛总书记在中纪委三次全会上就干部作风发表重要讲话,强调要"着力强化责任意识,切实履行党和人民赋予的职责。要牢记党和人民的重托,强化责任意识,把工夫下到抓落实上,兢兢业业完成组织上交付的工作任务"。2012 年 11 月 15 日,习近平总书记在十八届中央政治局常委与中外记者见面时,强调了新一届常委会对民族的责任,对人民的责任,对党的责任,彰显了民族复兴、造福群众、党要管党的坚定决心。2013 年 1 月 14 日,习近平总书记在中国共产党第十八届中央纪律检查委员会第三次全体会议上发表重要讲话,强调"要落实党委的主体责任和纪委的监督责任,强化责任追究,不能让制度成为纸老虎、稻草人"。总书记的讲话从加强干部作风建设入手,对全党切实

---

　*　本文系浙江大学"推行问责机制,促进干部作风建设"专项调研成果。

　作者简介:郑爱平,浙江大学纪委副书记、监察处处长、廉政研究中心常务副主任,副教授;张建富,浙江大学纪委办(监察处)纪检员,副研究员。

采取措施、强化责任意识提出了严格要求。

2009年5月22日，中共中央政治局召开会议，审议并通过了《关于实行党政领导干部问责的暂行规定》。会议认为，实行党政领导干部问责，有利于加强领导干部管理和监督，增强党政领导干部责任意识和大局意识，促进深入贯彻落实科学发展观，提高党的执政能力和执政水平。各级党政领导干部要切实践行全心全意为人民服务的宗旨，牢固树立对人民负责的观念，以对党和国家高度负责的精神，履行好党和人民赋予的职责，兢兢业业完成各项工作任务。各级党委和政府要依照暂行规定严肃问责，充分发挥问责在党风廉政建设中的积极作用。这是目前对问责制度建设提出的最高层次的要求，必将成为今后问责制度建设的长期指导思想。

2010年11月10日，《关于实行党风廉政建设责任制的规定》经修订后由国务院颁布施行。该规定与原规定相比增加了责任分解的内容，增加了加强权力制约和监督的内容，增加了加强作风建设的内容，充实完善了检查考核与监督的措施及责任追究的具体程序和内容。从《关于实行党政领导干部问责的暂行规定》的颁布到《关于实行党风廉政建设责任制的规定》的修订，充分体现了党和政府对领导干部责任意识的强化，并且将问责范围扩展到了党政一体化问责。

坚决贯彻落实中央决定，推行管理干部问责制度是强化高等院校责任意识的有效措施，是深入贯彻落实科学发展观，大力加强干部作风建设，建立高效、廉洁的学校发展环境，提高学校管理人员工作水平的必要途径，具有积极的现实意义。

一 行政问责进程概述

1. 政府行政问责进展

问责，顾名思义，就是"追问责任"，对于干部，就是追究领导责任。党的十一届三中全会以来，我国有许多政府官员因公共事件被问责，其中涉及多名省部级高官。1979年"渤海2号"事件和1987年大兴安岭火灾事件，我国就有高级领导干部因负有领导责任被处分。2003年抗击"非典"过程中，有大批官员因为工作不力被追究行政责任。其中北京市长孟学农和卫生部长张文康被中央免去党内职务，随后他们以辞职或免职的形式结束了当时的行政职务。"非典"之后，政府官员被问责的现象开始成为常态。中石油川东钻探公司"12·23"井喷特大事故、北京密云灯会踩踏事故、吉林中百商厦"2·15"失火案、阜阳劣质奶粉毒害婴儿事件、松花江环境污染事件等，均导致多名行政领导人被免职或引咎辞职。官员"问责风暴"在 2008 年掀起高潮。河南登封矿难、深圳龙岗火灾、三鹿奶粉事件、山西襄汾溃坝事件等,再次引起多名政府行政官员被问责处理。被问责官员中让人记忆最为深刻的是孟学农。2003 年 4 月 20 日,时任北京市长、市委副书记的孟学农因为抗击"非典"不力被免去市委副书记职务,孟个人随后辞去市长职务。2007 年 8 月,孟学农"东山再起",被任命为山西省委副书记、代省长。2008 年 1 月 22 日正式当选山西省省长。2008 年 9 月 8 日,山西襄汾尾矿库溃坝事故导致 261 人遇难,主政山西 377 天的孟学农因溃坝事故从省长位上引咎辞职。孟学农作为省部级高官,两次因为公共事件被问责辞官,显示了中央建立责任政府的决心。

问责制,本质就是追究领导责任的制度。"行政问责制",一般是指一级政府对现任该级政府负责人、该级政府所属各工作部门和下级政府主要负责人在所管辖的部门和工作范围内由于故意或者过失,不履行或者不正确履行法定职责,以致影响行政秩序和行政效率,贻误行政工作,或者损害行政管理相对人的合法权益,给行政机关造成不良影响和后果的行为,进行内部监督和责任追究的制度。政府推进行政问责,是我国建立责任政府,深化行政管理体制的必然要求。2003 年 8 月,长沙市人民政府率先出台《行政问责制暂行办法》。此后,牡丹江、成都、南京、济南等市级人民政府纷纷推出各自的行政问责制度。2004 年 3 月温家宝总理在《政府工作报告》中指出"有权必有责、用权受监督、侵权要赔偿",提出"要加快推进行政管理体制改革,建立健全行政问责制,提高政府执行力和公信力"。2006 年,国务院召开"加强政府自身建设,推进政府管理创新"会议,对"行政问责制"再次提上研究议程。2008 年 2 月中央十七届二中全会以后,各级省市县地方政府纷纷出台行政问责制度,不断推进行政管理体制改革,积极探索建设责任政府的途径。在众多的问责制度中,针对政府机构作风建设方面的规定必不可少,成为政府问责的重要内容。2004 年 2 月,浙江省委省政府颁布了《浙江省影响机关工作效能行为责任追究办法(试行)》。该制度被认为全国首创针对机关作风建设的问责规定。

自 2009 年 5 月中共中央《关于实行党政领导干部问责的暂行规定》颁布以来,各地政府纷纷出台相关问责规定,对政府官员的行政权力进行制约和监督。同时有大量的政府官员以此被问责处理。根据部分网络搜索,就 2012 年 12 月中共中央颁布改进工作作风、密切联系群众的八项规定以及一系列"节礼禁令"以来,至 2013 年年底,湖南 950 名干部违反中央"八项规定"被问责处理;甘肃省已有近 200 人(次)因违反规定受到了责任追究和组织处理;云南省查处违反八项规定案件 481 件,问责干部 615 人。山东省济南市 85 人违反"八项规定"被处理,73 人因庸懒散被问责;江西省赣州市 126 人违反中央"八项规定"被问责;四川省成都市共对违反责任制规定的 98 名领导干部进行了责任追究;贵州省铜仁市通报 4 起违反中央"八项规定"行为,查处违规行为 26 起,问责处理 31 人。还有其他省市也有多起问责案件。最典型的是湖北省武汉市,2013 年共查处问责案件 648 件,问责 918 人。其中:"庸懒散"问责 225 人,违反中央"八项规定"问责 160 人,损害群众利益问责 125 人;控制和查处违法建设问责 79 人;严重损害发展环境问责 71 人;其他情况问责 258 人。尤其是针对各单位各部门调查处理治庸问责案件力度不够的 20 件案件,启动了"二次办理"的再监督程序,共有 60 人因问责不力被问责。此举更是把问责提升到了更高的层次和要求。

2. 国内高校的问责制度建设情况

和各级政府大力推进问责制度相比,国内高等院校的问责制度建设状况明显滞后。

目前,大多数高校都有针对党风廉政建设责任制的一些责任追究规定,但针对行政问责的制度相对较少。山东大学 2007 年制定了《处级单位主要负责人问责暂行办法》,济南大学 2007 年制定了《处级干部问责暂行办法》,昆明理工大学 2008 年制定了《行政问责实施办法(暂行)》。中共中央《关于实行党政领导干部问责的暂行规定》颁布以来,有北京理工大学、杭州电子科技大学、东北大学秦皇岛分校、湖北工业大学、云南民族大学等高校出台了干部问责相关规定。云南广播电视大学、广东海洋大学等已制定领导干部问责办法。还有一些高校制定的是针对特定工作领域或针对具体部门的问责制度,如:中山大学《采购问责办法》、海南大学《后勤集团问责办法》、广东工业大学《机电工程学院团委问责制度》、井冈山大学《审计处问责制度》、上海交通大学《违反招投标规定责任追究办法》、武汉大学《后勤服务集团管理干部问责暂行办法》、大庆石油学院的二级管理问责、江西理工大学的教学质量问责、对外经济贸易大学建设"211"工程的管理问责等。

国内高校问责制度建设落后的主要原因,首先是对高等教育肩负的使命感认识不足。高等院校的本质是公共管理组织的非营利组织。它虽然不是直接的国家行政机关,但受委托实施高等教育,享有相当的公权力。《高等教育法》确立了学校自治的法人地位,赋予了学校享有招生、教育教学、科学研究、机构设置、教师管理、学生管理、经费管理等方面的自主权。随着教育事业的快速发展,高校的自主权扩大,它肩负教育公共资源服务的要求也越来越高。有权就有责,高校垄断高等教育资源,就应该对其提供的产品或服务负责任。加强高校行政问责制度是强化高校责任意识的有力手段。遗憾的是,国内绝大部分高校对自身肩负高等教育资源服务的责任感认识不足,对高校自治权和行使教育公权力的认识存在偏差。

其次,高校对问责制度建设重视不够。虽然网络搜索到的信息不一定全面,但是与2400多所全国高校数量相比,与各级政府执行问责情况相比,当前高校行政问责的氛围是远远不足的。与政府的推进力度相比,高校的问责制度建设实属苍白。面对频发的高校腐败、学术不端、意外事故等事件,极少看到有干部承担相应的领导责任。这方面制度的缺乏表明高校管理者的监督和责任追究意识不强,与高校"硬件"快速发展的现状存在极大反差。

二 浙江大学问责制度的探索

近些年来,浙江大学党委和行政高度重视干部作风建设,认真落实党风廉政建设责任制,强化责任追究,严肃查处干部违纪行为和不正之风,并结合构建惩治和预防腐败体系建立了相应的制度,取得了明显成效。

1. 扎实落实党风廉政建设责任制

四校合并后不久,浙江大学就印发了《浙江大学党风廉政建设和反腐败工作组织领导和责任分工》,全校80余个学院、直属单位和校机关部门都制订了本单位、部门的党风廉政建设责任制实施细则。各级领导班子都对党风廉政建设工作进行了责任分解,明确了各项工作的责任人。2000年3月,学校印发《浙江大学党风廉政建设责任制考核办法(试行)》,该办法规定:"对领导班子违反党风廉政建设责任制的,根据不同情况,按照干部管理的有关规定,分别给予口头批评、责令写出书面检查、通报批评、组织调整、责令负直接责任的领导人员辞职或对其免职等处理。""对领导干部违反党风廉政建设责任制情节严重的,依照中共中央、国务院《关于实行党风廉政建设责任制的规定》第十二条和《中国共产党纪律处分条例(试行)》及其他党纪政纪法规,给予组织处理或党纪、政纪处分。"此后,随着学校领导班子和中层班子的调整,几次对责任分工和实施细则作了全面修订。2008年7月,作为学校深入学习贯彻科学发展观活动试点工作的成果之一,学校印发《浙江大学反腐倡廉建设和作风建设组织领导与责任分工》,明确把干部作风建设与反腐倡廉建设一起进行责任分解和考核。之后凡涉及校领导及中层干部人员调整,都及时对反腐倡廉建设组织领导与责任分工进行调整并公布。

2. 积极加强问责制度建设

近几年,随着浙江大学惩治和预防腐败体系建设工作的大力推进,带有问责形式的责任追究理念不断体现在多项管理规章制度中。《浙江大学中层领导干部选拔任用和管理暂行办法》中提出,对"事业心、责任感减退,业绩平平,工作处于后进状态的"、"违反民主集中制原则,影响团结和正常工作的"、"违反职业道德,有不认真执行学校政策规定或妨碍他人执行学校政策规定行为的"、"违反社会公德和家庭美德,有损害领导干部的形象和损人利己行为的"、"在廉政问题上要求不严,造成不良影响的"中层干部实行诫勉谈话和函询,并对中层领导干部因工作严重失误、失职造成重大损失或者恶劣影响,或者对重大事故负有重要领导责任的行为提出了"免职"、"引咎辞职"、"责令辞职"等规定。《浙江大学学术道德行为规范及管理办法》规定,对违反学术道德规定的教师进行责任追究,如"情节和后果较轻,尚不构成行政处分的,予以诫勉谈话,并可以在一定范围内予以通报批评,撤销通过该违反学术道德行为而获得的校内奖励和资格,或暂缓职务晋升"。《浙江大学继续教育违规办学行为处理规定(试行)》中规定对违规办学相关责任人的处理除了行政处分外,还可以责令作出书面检查,取消与继续教育有关的评奖资格。而对违规办学的单位则进行"责令作出书面检查和整改报告"、"全校通报批评"、"取缔培训点"等多种责任追究方式。2009 年印发的《浙江大学消防安全责任追究实施办法(试行)》明确要对未尽消防安全职责或管理不善而造成火灾事故的消防安全责任人进行责任追究,追究方式除了行政处分外,还包括"赔偿损失"、"书面检查通报批评"、"诫勉谈话"、"取消一年内各类评奖评优资格"、"免职或解聘"等。为了对学校中层干部的问责处理有章可循、有规可依,对问责处理进行规范化、制度化管理,学校在《浙江大学 2009 年重点工作责任分解》中,明确提出了"建立完善领导干部问责机制"的要求。2010 年学校制定《浙江大学实验室安全责任追究办法(试行)》,对未尽职责或管理不当等工作失误而造成实验室安全事故的,依据该办法对事故责任人和相关人员追究相应的责任。责任追究种类除给予"行政处分"和"移送司法机关"外,还包括"书面检查"、"诫勉谈话"、"通报批评"、"取消评优评奖、升职升级资格"、"责令经济赔偿"等。除了在相关制度建设中体现问责理念外,浙江大学对中层干部问责的实践也在逐步推进中。凡有违反法纪、党纪、政纪的行为,一律严肃查处,决不姑息。

3. 拟订《中层干部问责办法》

2009 年,浙江大学纪委就已初拟了《中层干部问责办法》文稿。2013 年11 月,中共中央发布《党内法规制定工作五年规划纲要(2013—2017 年)》,

其中提到要"完善党政领导干部问责制度,适时修订《关于实行党政领导干部问责的暂行规定》"。下一阶段,学校将根据中央的部署,适时正式出台《浙江大学领导干部问责办法》。

浙江大学对问责办法高度重视,认真准备,充分论证,正是出于严谨的法制精神和负责任的态度,对问责的主体、客体、范围、程序、后果、原则等进行了广泛讨论,以确保问责办法的适宜性。在目前问责环境日趋成熟之际,学校将以暂行条例先行,等中央对《关于实行党政领导干部问责的暂行规定》修订后,正式制定出台问责办法。

从几年来浙江大学探索问责制建设的实践可以看到,问责制度对于学校干部的作风建设有着积极的促进作用:

1. 问责制促使干部转变工作作风。作风,是一个人的意识和态度在行为上的固有反映,具有长期性和稳定性。干部作风中存在的问题,是长期以来受不良意识和态度影响形成的,单纯的说服教育效果有限。问责制度可以通过对干部行为的约束及惩处,使其产生坚持良好作风的预期,促进其提升自律意识和工作责任感,尽心尽力履行职责。

2. 问责制促使干部增强责任意识。学校干部的基本职责就是尽心尽力履行自己的岗位责任制。针对岗位的要求,行使管理的权限,强化责任意识。问责制监督干部履行职责状况,对违背其工作职责的行为进行责任追究。

3. 问责制促使干部形成大局意识。学校单位或部门的负责人,应当努力贯彻学校工作意图和部署,既要谋稳定,更要谋发展。问责制要求领导干部在完成本职工作时,要树立大局观念,要坚持民主集中制和团结合作精神,要从单位和学校改革发展的全局出发,扎实完成任务。

4. 问责制促使干部转变管理理念。干部作风中的很多陋习与落后的管理理念密切相关。形式主义、官僚主义、享乐主义和奢靡之风等等,就是干部注重权力,以"管"为主,缺少服务意识。问责制可以帮助领导干部树立正确的权力观和政绩观,提高为广大师生服务的意识,理顺干群关系,促进和谐校园建设。

三 推行问责办法,促进干部作风建设

为落实问责制度,以取得促进干部作风建设的实效,提出如下建议:

1. 狠抓落实,重点加强监督和教育

有了制度就必须落实,如果不抓落实,制度就变成了摆设,无法起到制

定制度的根本目的。《问责办法》正式颁布之后,学校要狠抓落实,确保问责的实效。

首先要加强监督。有专家认为,问责制度的独立性,在于其不仅仅是惩罚性的责任追究,它还是一种监督,一种防患于未然、避免责任事故发生的前瞻性预防。领导干部的很多作风问题,一开始可能只是微小的、不起眼的偏离,假如没有监督,久而久之,就会积小患成大患。作风问题不改进,往往会严重影响师生员工对学校的信任,甚至会由此产生腐败行为。

其次,要加强教育。要从正面理解问责办法的本义。现在我们谈论官员问责,常常关注的是曝光的事件有多严重,被问责的官员数量有多少,级别有多高,问责处理有多严重等等。过度关注这些现象其实恰恰偏离了问责的本义。要让干部明白,问责不是为了安抚民愤或寻找台阶,其根本目的是为了维护学校的科学发展。我们不能只是关注干部是否应该免职、撤职,而要从微小处着手,从防患于未然的事前监督着手,从问责的具体实际出发,切实推进问责办法,真正发挥惩前毖后、治病救人的宗旨。

2. 逐步完善,建立多层次制度体系

问责促进了官员执政理念的转变,干部的权力优越感正在向岗位的责任感转变。干部作风问题的严重性和艰巨性在于它会互相影响,并且常常是潜移默化的影响。领导干部的作风问题往往直接体现在所在单位或部门的工作作风之中。在课题组对学校中层干部的作风建设情况进行的问卷调查显示,有45%的师生员工把单位或部门的工作作风作为评判我校中层干部的领导作风优劣的依据。同时,有76%的师生员工认为有必要对干部的作风问题制定更有针对性的问责制度规定。因此要真正促进学校和干部的科学发展,仅仅加强中层干部一个层级的问责是不够的,还必须倡导全校师生树立良好的教风、学风、工作作风。从问责制度促进干部作风建设,就要考虑建立多层次的干部问责体系。从校级领导到普通干部,从组织处理式的问责,到政纪、党纪、法纪的追究,从干部作风建设的责任追究,到重点领域、重点行业的特定问责,我们期待一套综合性的、完整全面的学校问责制度体系,从制度建设和问责实践中真正体现全校干部服务师生的意识和做好本职工作的责任感。

【参考文献】

[1] 周湘林. 高校社会问责:研究进展与概念建构[J]. 大学教育科学,2009(4)

[2] 万维维. 高校内部问责文化功效及建设浅析[J]. 化工高等教育,

2010(6)

　　[3] 吴雯. 浅析高校领导干部问责制的路径完善[J]. 宜春学院学报，2011(10)

　　[4] 查永军,蔡锋. 从行政主导到学术主导——我国高校内部问责制的反思与重构[J]. 江苏高教,2012(2)

　　[5] 龙献忠. 新时期优化我国高校问责活动的路径探析[J]. 大学教育科学,2013(3)

　　[6] 郭智慧. 我国行政问责制面临的困境及完善路径[J]. 河南科技学院学报,2013(7)

　　[7] 任晓林,范莉. 我国行政问责十年(2003—2012)发展状况研究[J]. 延安大学学报(社会科学版),2013(12)

和谐校园与领导干部作风建设[*]

郑爱平　张士良　甘蜀临

【摘　要】　建设和谐校园是构建和谐社会的重要组成部分,是时代赋予高校的重大历史责任。当前高校领导干部作风总体是健康向上的,但也有少数干部在作风方面存在一些问题,破坏了和谐校园建设。本文针对高校领导干部作风问题,在全面解析其主、客观原因的基础上,提出了加强干部作风建设促进校园和谐的对策及建议,以确保在高校形成风正、气顺、心齐、劲足的良好局面,办人民满意的教育。

【关键词】　和谐校园;领导干部;作风建设

构建和谐社会走向中国的伟大复兴实现中国梦,是党中央适应新形势而提出的政治纲领,它是一项系统工程,需要全社会的共同努力。党的十八大明确提出了全面建成小康社会的奋斗目标,并进一步提出要办人民满意的教育。建设和谐校园是构建和谐社会的重要组成部分,是当前时代赋予高校的重大历史责任。高校中层干部(下称领导干部)作为学校承上启下的管理者和决策者,其言行无疑直接影响到构建和谐校园的成败以及学校发展的兴衰,也深刻影响着"人才培养、科学研究、社会服务、文化传承创新"等四大功能的协同发挥。为了解和把握领导干部作风建设状况,我们曾积极参与浙江大学纪委统一组织开展的相关调研及问卷调查。近期,我们又根据党的群众路线教育实践活动的总体安排和学校的统一部署,结合走访调研兄弟高校获取的一些信息,对和谐校园构建与领导干部作风建设进行了深入思考。经分析整理,形成如下报告内容。

---

　*　本文系浙江大学"和谐校园与领导干部作风建设"专项调研成果。

作者简介:郑爱平,浙江大学纪委副书记、监察处处长、廉政研究中心常务副主任,副教授;张士良,浙江大学纪委办(监察处)综合室主任,讲师;甘蜀临,浙江大学纪委办(监察处)纪检员,助理研究员。

一 深刻认识高校和谐校园的内涵

高校作为社会体系的重要组成部分,是汇聚人才和培养人才的战略高地。进入21世纪后,随着社会进步发展新命题的不断涌现和科学探索新规律的持续突破,使命正在发生重大转变。就构建社会主义和谐社会中担负的特殊使命而言,则是要建设社会主义大学的和谐校园,并发挥对和谐社会建设的引领、示范和推动作用。

如果说和谐社会是指社会各要素间相互依存、相互协调、相互促进所达到的一种理想状态,那么和谐校园则主要是指学校各项事业呈现一种协调、均衡、有序的发展态势,成为民主法治、公平正义、诚信友爱、充满活力、安定有序、和谐发展的文明校园、科学校园、绿色校园和安全校园,其本质要求是以人为本、促进人的全面发展,基本原则是各尽所能、各得其所,其关键所在是求实创新、可持续发展。具体表现为:学校的优良传统得到发扬光大,各方面积极因素得到广泛调动,各种利益关系得到妥善协调,各种矛盾得到正确处理,师生员工互帮互助、诚实守信、平等友爱、融洽相处、安居乐业,教学科研水平不断提高,教职工生活宽裕、工作学习环境良好,学校发展后劲充足、态势良好等,从而达到"和而不同"、人与自然协调相处的美好境界。

二 加强高校领导干部作风建设对构建和谐校园的作用

构建和谐校园,领导干部是关键。而在高校内部管理中,中层领导班子成员既是执行者又是领导者、管理者,其特殊的双重身份地位,决定在和谐校园建设中的重要作用是不言而喻的。

(一)加强领导干部作风建设是构建和谐校园的基本前提

建设和谐校园首先要有党的坚强领导,而有着双重身份的领导干部是党实现在高校领导核心地位的骨干力量,是高级知识分子的管理者、引导者、合作者,其作风体现着党的宗旨、学校的形象,特别是它对和谐校园建设的影响最直接、作用最具体、检验最切实,甚至关系着高校的存亡与发展。如作为和谐校园建设思想道德基础和重要任务的校园文化,领导干部挖掘提炼什么样的办学特色、倡导推行什么样的校园文化,就会引导广大师生员工学习什么,摒弃什么;崇尚什么,抵制什么;坚持什么,反对什么。因此,领导干部只有具备优良的作风,才能正确把握和谐校园建设的方向、合理选择和谐校园建设的途径、有效凝聚和谐校园建设的力量，才能开创风正气顺、生动活泼、和谐共荣的局面。

（二）加强领导干部作风建设是构建和谐校园的重要保障

高校和谐校园的实现，是一个自上而下的过程。党风直接关联、主导着校风、学风，没有党内、领导层内部的和谐，就没有校园的和谐。领导干部作风建设是建设和谐校园大局的"上道工序"，也是实现党内和谐的重要基础。在学校工作中，广大师生员工是创建和谐校园的主体，他们的精神状态如何，直接影响各项工作的开展。而师生员工的精神状态又和学校领导干部的作风紧密相联，如果领导干部兼职太多、注意力不在学校，主要精力不放在学校日常管理及教育科研工作中，不能做到严于律己、身先示范、深入师生员工倾听意见和建议，帮助解决其困难和问题，就不能为广大师生员工树立良好榜样，就会挫伤师生员工积极性，进而影响到师生关系、教学成效和科研水平。因此，加强领导干部作风建设，就是要增强领导干部的治校能力与整体合力、提高高等教育质量和办学水平，为党内和谐、干群和谐、师生和谐并促进学生健康发展提供有力保障。

（三）加强领导干部作风建设是构建和谐校园的关键内容

构建和谐校园是一项牵涉到学校各方面工作的系统工程，其核心是要建设和谐的干部群体，只有干部内部和谐才能够产生凝聚力、执行力、公信力，其中加强干部作风建设是起到决定性作用的关键内容。它要求新时期的领导干部有：过硬的政治素质和扎实的思想作风、强烈的敬业精神和优良的服务态度、较高的专业素养和高尚的人格魅力、锐意改革的创新精神和团结协作的大局观念。加强领导干部作风建设，正确认识和处理思想作风、学风、工作作风、领导作风、生活作风之间的关系问题，把继承优良传统、创新时代新风、丰富作风建设内涵与革除体制机制弊端结合起来，把转变总体作风与转变具体作风、解决共性问题与解决个性问题、系统改进与专项治理结合起来，做到围绕校园和谐统筹作风建设，通过统筹作风建设更好地推进校园和谐。

（四）加强领导干部作风建设是构建和谐校园的客观需要

党的十八大以来，习近平总书记多次强调"空谈误国，实干兴邦"，强调实干兴邦同实现中华民族伟大复兴中国梦的必然联系。坚持实干兴邦，就要"真"反"空谈"，认真到底，持之以恒。真反"空谈"要自上而下，从领导干部做起，发扬批评与自我批评的优良作风，坚持求真务实的科学精神和作风。客观分析当下影响高校校园的诸多不和谐因素，起因往往与领导干部作风有关。如任人唯亲、好大喜功、热衷应酬,理论修养和治校理政能力同履职要求不相称等等。这些不同程度地存在于领导干部作风中的各类问题,直接或间接地损害了校园和谐,也影响了学校的社会声誉和建设发展。如何通过加强干部作风建设解决好这些问题,已成为高校和谐校园建设的当务之急。

综上所述,领导干部作风建设的好坏是校园和谐与否的重要标志,高校若能不断适应和谐校园建设新形势、新要求,探索领导干部作风建设的新特点、新规律,将对和谐校园乃至和谐社会建设产生积极影响。

三 高校领导干部作风存在的主要问题

近年来,尤其是党的群众路线教育实践活动开展以来,高校党委把加强领导干部作风建设作为一项战略任务来抓,取得了明显成效,使得一大批高学历、高职称、高素质的优秀中青年人走上了领导岗位,干部结构不断优化、素质不断强化、水平不断提高。据对浙江大学 60 余个部门、单位 2000 余人的问卷调查,有 89% 的受调查者认为"加强学校中层干部作风建设对促进本单位科学发展重要",学校各系统教职员工对本单位干部作风状况的总体评价"满意或比较满意"的都在 80% 以上(详见下表)。

各系统教职员工对本单位干部作风状况总体评价表

	党政部门	直属单位	附属医院	学院	产业与后勤
满意	60%	40%	58%	51%	35%
比较满意	31%	43%	27%	38%	46%
合计	91%	83%	85%	89%	81%

调查也发现,随着学校各项事业的快速发展,领导干部作风建设出现了一些不容忽视的问题,主要表现涉及以下五个方面。

(一)思想认识与形势发展要求不符

领导干部在学校教书育人、管理育人、服务育人中发挥着重要作用,这就要求其必须具备过硬的政治素质和扎实的思想作风,全面贯彻落实科学发展观,解放思想、实事求是、与时俱进,做到重实际、办实事、求实效。但有些领导干部却思想保守,进取意识差。具体表现在:有的没有深刻把握构建和谐社会的内涵,不能把和谐理念贯穿到构建和谐校园工作中;有的缺乏与时俱进的思想观念和理论联系实际的学风,不能深入教学科研一线;有的想问题、办事情习惯于凭主观、想当然;有的在"为什么干、干什么"问题上认识模糊,把自身工作视为职业,而不是事业等。

(二)能力素质与工作岗位要求不符

高校领导干部面对的主体是高素质、高学历、高职称的专家学者和思维活跃、复杂求变的青年学生群体,决定其需要具备特殊或更高的能力素质,要有深厚的文化修养、完备的知识结构、一定的业务水平和突出的治理能力,真正做到专业化、科学化管理。但个别领导干部却安于现状,学习精神差。具体表现在:有的工作标准不高,停留于一般化,满足于过得去,不求过得硬;有的放不开手脚,患得患失,缺乏魄力,不敢大胆尝试;有的认为自己能力水平已经胜任需要,没有必要在学习上下工夫;有的学习浮在表面,浅尝辄止,没有认真钻研,为学习而学习,就理论学习理论,不带着问题去思考等。

(三)服务意识与师生员工要求不符

"管理也是服务,在服务中实现管理",这应是领导干部要确立的正确思想,从而兢兢业业、勤勤恳恳地为教学、科研服务,为师生员工服务。但个别领导干部却存在宗旨意识淡薄,漠视师生利益。具体表现在:有的不习惯走群众路线,官僚主义、官本位主义思想严重,爱打官腔、说官话,做事不民主,喜欢搞一言堂,自己说了算;有的平时喜欢走上层路线,不喜欢深入基层,不愿和师生员工打成一片,在群众面前总是高高在上;有的在事关师生员工冷暖,关系到师生工作、学习生活的问题上,表现得漠不关心、置之不理等。

(四)生活作风与榜样表率要求不符

领导干部的道德品质和精神面貌不仅关系到管理绩效,而且对本部门成员的思想行为具有极强的导向和凝聚作用。因此,高尚的道德情操和人格魅力作为领导干部的立身之本、威信之源,是其所应具备的重要素质。但个别领导干部生活作风不够严谨,自律意识较差,少数领导干部落实廉洁要求还不够严格。具体表现在:有的不能按照党员干部的标准要求自己,习惯于自我放纵、我行我素;有的丢掉了艰苦奋斗、勤俭节约的优良作风,养成了贪图享乐、铺张浪费的生活习惯;有的生活情趣不够高雅,生活习惯不太健康,偏爱于吃吃喝喝或游山观景;有的甚至收受贿赂,违纪违法,走上犯罪道路等。

(五)工作作风与职责操守要求不符

爱岗敬业、恪尽职守是做好各项工作的前提,领导干部只有结合工作实际,敢为人先,不断研究新情况、解决新问题,才能争创一流的工作标准,做出一流的工作成绩。但个别领导干部却在工作上作风漂浮,缺乏求真务实精神。具体表现在:有的不深入工作实际,对待工作蜻蜓点水;有的急功近利,一味追求工作上的短期效益或成果,没有长远打算;有的不能正确运用科学发展观,没有把当前形势和本部门实际有机联系起来;有的不能以身作则、起到率先垂范作用,而是甘居落后,降低了对自己的要求,混同于一般群众或一般干部;有的以部门利益为上,不顾大局,有令不行、有禁不止等。

四 高校干部作风问题产生的原因

分析高校领导干部作风建设方面存在问题的原因,既有客观方面,也有主观方面的。在问卷调查时,我们从主、客观原因分别设计了五个参数。其中,设计的客观原因五个参数为:A－理想信念,B－人生观、价值观,C－知识素质和实践能力,D－群众观念,E－其他;主观原因五个参数为:A－环境影响,B－干部选择机制,C－干部教育管理,D－干部考核追究,E－其他。从调查结果进行统计后对主、客观原因加以归纳分析,总结提炼如下:

(一) 外部环境影响

随着经济全球化、信息全球化以及综合改革的深入推进和市场经济的不断发展诱发了个人主义、拜金主义、享乐主义倾向,高校领导干部作为复杂社会的一员,也受其影响,造成部分干部心理不平衡、思想不统一、行为不安分,个别领导干部甚至存在利益至上的思想和追名逐利的行为,只顾个人利益、部门利益、眼前利益,严重的便一步一步走向腐败。同时,随着我国经济体制的深刻变革、社会结构的深刻变动和利益格局的深刻调整,以及学校与社会联系的日益紧密,大规模建设等各方面新事物、新情况、新问题层出不穷,使得领导干部的思想观念、价值取向、精神文化需求和生活方式发生了深刻变化,并对领导干部作风建设带来了负面影响。

(二) 主体作用模糊

高校现行的领导体制是党委领导下的校长负责制,它是一种实行集体领导和个人分工负责相结合的领导体制,对于学校坚持党的领导、执行民主集中制、保证科学决策有着重要作用。但有些领导干部对这一领导体制的深刻内涵把握不够准确,甚至还产生误解。有的认为,党委领导就是书记领导,对书记负责就是对党委负责;有的认为,校长是学校的法人代表,应该由校长说了算。另外,随着干部年轻化,尤其是一些高学历、高职称的专业技术干部不断充实到领导岗位,其中有些同志对从事行政领导工作的经验和知识不足,对这一领导体制还需有一个适应过程,有时不能很好地执行民主集中制。加之学校有的制度不够健全、不够具体,操作性不够强,使有的领导干部自身定位模糊,作用发挥缺位。特别是职责意识淡化,不能很好地转变角色,造成学术责任感较强,行政责任感较弱。

(三)体制机制滞后

随着学校教育、科研等事业的快速发展,领导干部作风建设也面临着新情况、新问题,但不容忽视的是,对领导干部的教育管理尤其是对作风建设方面还是老办法,停留在简单的学习教育,没有从深层次研究和探索作风建设的长效机制。一方面是现有制度原则内容多,具体操作办法少。如在干部选用机制方面,近年来虽然进行了改革并取得了较大进展,但还存在一些不足:一是在干部选拔任用标准的把握上还不够具体和细致,有时还存在论资排辈、平衡照顾和求全责备等现象;二是干部考评工作有待于进一步完善,相关激励约束机制不健全,没有将作风建设作为一项重要指标纳入干部选拔任用考核体系。一些领导干部除了管好自己分管工作的"一亩三分地"外,很少花时间去思考全局工作。另一方面是执行不到位,执行缺乏连续性,落实没有实效性,有时甚至不尊重教育规律,忽视教育内涵发展,盲目追求过高目标,加上受学科、专业等客观因素制约,领导干部交流轮岗比较困难,干部在同一岗位任职时间过长所产生的某些弊端,也给作风建设带来了一定的消极影响。

(四)教育监管不够

由于教育、监管不够,造成部分领导干部作风建设的主体意识缺位,一定程度上影响了良好作风的形成。一方面,对干部的经常性教育抓得不够有力,思政教育的基础性作用发挥不够明显,一般性要求较多,针对性措施较少。如,还不能因人而异有针对性地制定干部能力素质培养计划,使一些领导干部不能很好地适应岗位要求。先进性教育、学习实践科学发展观、创先争优等阶段性集中教育活动虽然成效明显,但还不能完全解决问题;党的群众路线教育实践活动虽把主要任务聚焦到作风建设上,集中解决领导干部"四风"问题,但还需要推进常态化长效化。另一方面,对干部的监管机制不够完善,监管措施落实不够到位,权力运用得不到有效制约。如,有个别领导干部缺乏党内监管的基本知识;也有领导干部思想上存有顾虑,明知不对,却因怕打击报复不敢大胆监管。特别是随着办学规模不断扩大,可调配资源明显增加,领导干部权力运用容易失去制约,为不正之风的滋生提供了可乘之机。

（五）社会评价过度

现代大学担负着人才培养、科学研究、服务社会、引领文化等基本职责，一些领导干部既要履行行政责任，又要承担学术责任。由于社会评价机制不完善，导致一些领导干部过于重视学术责任，忽略了行政责任。一方面，教育行政部门对高校存在问题的复杂性认识不足，对大学的评估、评比过于量化，影响着社会对学校的评价。学校为了获得较好的社会评价，不得不在申报学位点、重点学科、重点实验室等工作上投入大量财力和精力，而在学科建设、教学质量、思政工作、党的建设等方面投入相对较少，导致内涵发展不尽人意。另一方面，岗位职责与考核聘任工作的脱节加大了学校人事分配的负面效应，岗位聘任制、"岗位津贴"已成为当前学校管理工作的重要杠杆，但对于不同岗位间"合理差距"的界定以及同等岗位工作质量的科学考核还处于探索中，导致一些干部产生功利倾向，认为只有依靠行政地位，才能"合理"地进入高级别岗位、获得较高"岗位津贴"利益。

五　加强干部作风建设促进校园和谐的对策及建议

作风正则人心齐，人心齐则事业兴。上述领导干部作风建设存在的问题，不同程度地影响了学校构建社会主义和谐校园的进程。因此，在分析原因的同时，要根据中央关于进一步加强作风建设的有关要求，下大力气，有的放矢，采取有效措施，认真加以解决。

（一）贯彻落实一个理论：科学发展观

一所大学的办学理念是学校历史和文化的结晶，是学校办学目标的集中体现，也是对学校特有文化内涵的一种诠释。科学发展观是以胡锦涛为总书记的党中央领导集体根据形势发展和社会变革提出的治国理念，是构建社会主义和谐社会的指导思想，也是构建和谐校园的灵魂。当前，高等教育正处于快速发展阶段，大众化、信息化和国际化已成为高校发展的鲜明特征。在这样一个大发展、竞争激烈的机遇期和关键期要实现学校的快速协调发展，建设和谐校园，就必须坚持以科学发展观为指导，整合推进各项事业。具体而言，就是针对学校干部作风建设工作面临的新情况、新问题、新矛盾，把握新的历史条件下加强干部作风建设的规律性，要求领导干部全面加强思想作风、学风、工作作风、领导作风、干部生活作风建设，既推动学校又好又快发展，又实现其全面协调可持续发展。

（二）倡导实现两个转变

1. 思想观念的转变：以人为本

党的十八大明确把"促进人的全面发展"纳入中国特色社会主义道路的内涵，并强调"不断在实现发展成果由人民共享、促进人的全面发展上取得新成效"。因此，要把坚持"以人为本"的管理和竞争理念，作为考核领导干部工作作风的基本标准，与时俱进地深化学校各项改革。要引导领导干部适应竞争和建设一流大学的发展要求，用以人为本的科学发展观和现代教育理念武装头脑，勇敢革除一切不合时宜的旧思想、旧观念、旧机制，建立有利于学校内涵发展的管理体制和运行机制，构建和谐校园。要大力实施人才兴校战略，加大教师队伍建设力度，把尊师重教、立德树人落到实处，建设和谐共进的人际环境和积极向上的和谐校园文化。要求领导干部结合时代要求、围绕学校中心工作深入开展作风建设，以"平等、尊重、合作、发展"思想倡导和谐理念、培养和谐精神、营造和谐氛围，把主要精力和心思放在工作上，做到为民务实清廉，带头树立先进的教育理念，带头关心爱护学生。由此，通过良好工作作风，促学风，带教风，正校风，以干部作风建设推动学校各项事业的健康可持续发展。

2. 思维方式的转变：系统辩证

科学发展观总结了50年多来建设中国特色社会主义实践经验，实现了传统思维方式的创新——从矛盾法向系统辩证法升华，并确定了系统辩证法的主导地位，实现了思想方法和工作方法的突破——由"两点论"、"重点论"和"弹钢琴论"向"全面"、"协调"和"五个统筹"转变。干部作风建设须切实遵循系统辩证法，促进和谐校园建设。特别是一些由多个不相连校区组成的综合型、研究性大学，有着散（校区分散）、全（学科齐全）、杂（情况复杂）、大（规模巨大）的特点及突出矛盾，领导干部要做好工作更需有"一盘棋"的思想，处理问题时应站在学校全局发展的高度，充分认识到本部门在全校中的应有位置和发展定位，明确部门发展与整体发展的关系，正确处理本部门与学校之间以及本部门与其他部门之间的利益共赢关系。只有引导领导干部树立大局观念，运用"系统"和"辩证"的方法，打破各自为政、各据一方的小集体主义思想，才能求得学科共生融合、学校整体和谐以及部门稳步发展。

（三）积极提升三种能力

1. 科学发展的能力

校园要和谐，首先要发展。发展依赖于和谐，和谐取决于发展，只有科学发展才能实现学校真正和谐。学校应创造条件,提高领导干部的科学发展能力,一是提高"谋发展"的能力。发展是一个系统工程,是当前与长远的承接过程,如果领导干部缺乏谋发展的能力,是无法履行好从整体上对学校及本部门发展进行思考和谋划的;二是提高"善发展"的能力,就是培养领导干部"能够见树林更能见森林",在思考和处理问题时有很强的全局观念,善于把宏观和微观进行有机结合,用宽广的眼界乃至世界眼光来审视和谋划发展,以此整合配置各种资源和力量,按最优化原则为发展创造良好的内外部环境;三是提高"抓发展"的能力。科学最重要、最本质的特征是"求是",也是浙大校训。在抓科学发展过程中,一定要弘扬科学精神、普及科学知识、树立科学观念、提倡科学方法,以"求真"务实精神去抓落实,在注重扩"量"的同时,更注重抓"质",实现内涵发展。

2. 民主管理的能力

建设和谐校园,领导干部既是组织者、推动者,又是示范者、引导者,责任重大。而领导干部之间的和谐并不是没有矛盾,也不是只有一种声音、一种意见,而是坚持民主集中制的和谐。这就是说,领导干部之间的和谐,是不同意见充分讨论甚至思想交锋,但又形成一致意见和决议的和谐。在这一过程中,提升民主管理能力就显得特别重要,而主要领导的言谈举止和所作所为更是关键与核心。因此,凡属"三重一大"决策事项都须经集体讨论决定,领导干部要广泛征求意见,坚持民主科学决策原则;要讲党性、讲团结、讲大局,善于尊重和欣赏别人的个性;要做到求大同存小异、和而不同,做到优点互学、经验互鉴、问题互提、意见互通;要经常开展批评与自我批评,做到思想上合心、行动上合拍、工作上合力,将每个人的能量凝聚成一股足以推动各项工作不断进步的力量。

3. 开拓创新的能力

实现中华民族伟大复兴的中国梦,需要科学发展观的贯彻落实以及创新型国家战略的深入实施,更需要领导干部具有不断强化创新的能力和动力。实现"中国梦"任重而道远,要求领导干部既是富有创造性思维的思考者,又是踏踏实实的实干家,在思想上要有创新意识,在行为上要有创新能力,只有这双重创新,才能有效解决学校发展中存在的矛盾和问题。实践证明,学习是领导干部提高自身素质的前提,是做好工作的基础。干部能力由学而得,素质由学而升,道德由学而进,事业由学助成,作为领导干部要不断勤奋学习、积累知识;要把学习当作一种素质、一种修养,树立生命不息、学习不止的观念,进一步增强学习的主观能动性和紧迫感;要学以致用,学习党的基本理论、学习现代文化知识,打牢思想基础,保持知识新鲜度,坚持在实践中学习、在实践中创新。

（四）强化培养四种意识

1. 法律意识

依法治校与构建和谐校园是辩证统一关系，依法治校是构建和谐校园的法治基础。加强领导干部作风建设，在实际工作中，应加强依法办学、依法治校的管理水平。要求领导干部强化法律意识，就是要求领导干部全面贯彻党和国家的教育方针，严格按照教育相关法律的原则与规定，开展教育教学活动，尊重师生人格，维护其合法权益，提高依法处理各种关系的能力；要不断完善各项民主管理制度，实现管理与运行的制度化、规范化、程序化，形成依法行政、依法办学、依法接受监督的格局；要坚持对师生进行法制教育培训，尤其是经济发达地区，各种社会现象比较复杂，领导干部必须树立法治意识，正确处理好法治与促进个体发展、"法治"与"德治"、自主管理与依法办学等的关系，提高学校的社会满意度和公信力。

2. 公仆意识

"党的干部是党的事业的骨干，是人民的公仆"，这是党章对领导干部的肯定和要求。邓小平同志认为"领导就是服务"，服务是领导干部的本质特征。要求领导干部强化公仆意识，就是要求领导干部始终牢记全心全意为人民服务的宗旨，改进工作作风，密切联系群众，增强服务意识，真正把人民群众当作主人，主动接近、亲近师生员工增进感情，增加归属感。平时，要主动到师生员工中去了解情况、发现问题，坚持为师生员工办实事，从其最关心、多数人能受益的事情抓起，最大限度地帮助排忧解难，从而在思想上与群众产生共鸣，齐心协力共同推进各项建设、促进发展。新时期下，一大批优秀干部之所以做出了令人称道的成绩，受到了广大师生员工和社会大众的拥戴，关键就在于他们有着为民服务的意识和求真务实的作风。

3. 宽容意识

领导干部权力具有一定威慑力，但要开展各项工作，权力因素往往不是使人信服的第一要素，最打动人心的往往是领导干部的品德，即宽容待人。要求领导干部强化宽容意识，就是要求领导干部能做到"三容"。一要"容人"：每个人都有优点和缺点，作为领导干部要不断培养自己辩证思维能力，对与自己意见不同者要多进行客观分析和换位思考，多发现他人长处，尽量避免产生摩擦和矛盾；二要"容事"：领导干部在处理事情时尽可能客观公正，不给人留下话柄。同时自己对什么事有意见，要及时开诚布公地与其他人商讨，不因小事闹不和谐；三要"容话"：俗话说："良言一句三冬暖，恶语伤人六月寒。"领导干部在工作和生活中自己注意说话艺术和方式的同时,要对各种冷嘲热讽、奚落侮辱有强大的"免疫力",不能图一时解恨,以牙还牙,恶语伤人,只有这样,才能提高凝聚力和战斗力。

4. 自律意识

和谐校园建设靠的是全校师生员工的精诚团结,靠的是干部良好作风的表率作用。要求领导干部树立自律意识,就是要求领导干部加强党性和作风修养,在思想上强化责任和风险意识,在行为上防微杜渐,常修为政之德、常思贪欲之害、常怀律己之心。当前,我国正处于经济体制深刻变革、社会结构深刻变动、利益格局深刻调整、思想观念深刻变化的时期,社会经济成分、组织形式、就业方式、利益关系和分配方式日益多样化,一些贪图谋利者为追求最大利益,往往会不择手段,不惜以种种方式,千方百计拉拢腐蚀领导干部。领导干部应牢记"八荣八耻",严格遵守"八项规定",坚决抵御各种腐朽堕落文化思想的侵袭,保持健康的生活方式,培养良好的生活情趣,自觉接受党和人民群众的监督,洁身自好,廉洁从政。

(五)建立健全五项机制

1. 健全权责一致的责任机制

学校党委要紧抓深入开展党的群众路线教育实践活动的有利时机,把加强领导干部作风建设摆在更加突出的位置,作为一项常抓不懈的工作进行认真研究、全面部署、狠抓落实;要建立健全领导干部作风建设的领导机制和工作机制,形成党委牵头、纪委负责、相关部门配合、全校参与的干部作风建设工作格局,推动领导干部作风进一步转变;要落实责任,党委领导班子要负总责,主要领导要亲自抓,班子成员要分工负责,形成作风建设有人抓、有人管、有人监督的工作局面;要组织人员深入研究和探索作风建设的规律,发现新情况,解决新问题,做到早发现、早解决,及时完善和健全规章制度;要形成常态机制,在明确分工基础上落实责任,牵头部门要抓好工作落实,克服上级有要求紧一紧、上级不要求松一松的行为,做到时时有人抓、事事有人管;最后要加大责任追究力度,实行问责制和倒查制。

2. 完善公平高效的评价机制

学校要把领导干部作风建设情况,纳入各部门、各单位责任制考核范围,将其作为评价各部门、各单位及领导干部工作实绩的重要内容;要改进对领导干部目标管理考核评价体系,把领导干部思想、学习、工作、领导、生活作风作为个体考核的重要内容,细化量化考核指标,树立"无功就是过"的考核评价导向,采取群众测评等方式加强考核;要不断研究和探索作风建设考察办法,实现定量考察与定性考察、临时性考察与经常性考察的统一,以此增强领导干部加强作风建设的自觉性;要把领导干部作风好坏作为选拔任用干部的"硬杠子",大胆提拔任用作风扎实、业绩突出的干部,对作风漂浮、弄虚作假、工作面貌难改的干部予以调整,对于被群众举报或督查发现作风问题的领导干部,经核查属实,一律不得提拔,防止"带病提拔"和"带病上岗";纪检监察、组织人事等部门要组成考核小组,负责指导、督促、检查、考核领导干部的作风建设情况。

3. 建立制约有力的监督机制

学校应认真贯彻落实《中国共产党党内监督条例(试行)》,进一步拓宽监督渠道,把党内监督和行政监督、群众监督、舆论监督、社会监督等很好地结合起来,逐步形成全方位、多层次的监督网络。要加强内部监督,进一步完善民主生活会、述职述廉、诫勉谈话等以强化党内监督为核心的监督机制;要强化外部监督,进一步扩大监督的视野和范围,设立领导干部作风问题举报电话和举报信箱,延伸对领导干部工作时间之外的监督,全面掌握领导干部作风建设的真实情况;要创新监督方式,充分发挥民主监督作用,让广大教职员工"知校情、参校政、议校事、督校务",把干部权力置于广大师生员工的有效监督之下。纪检监察部门要充分发挥执纪监督职能,对玩忽职守、以权谋私、索拿卡要等违规违纪行为,发现一起,严查一起;对部门、单位因干部作风出问题的,除对当事人进行教育处理,还要逐级追究领导责任;对弄虚作假、贪图享乐、不干实事、损害学校和师生利益、阻碍教育事业发展的要予以严厉惩处。

4. 健全科学公开的用人机制

学校应参照新修订的《党政领导干部选拔任用工作条例》要求,紧紧围绕战略发展规划,健全科学的干部选拔任用机制,注意从制度化、规范化、民主化建设上下工夫。一要坚持以高水平综合性大学框架科学设置干部岗位。高校干部队伍具有一定特殊性,在确定领导干部任职资格时,应将普遍性和特殊性相结合,完善领导干部的任职条件和任职资格,使之既符合《干部任用条例》要求,又符合学校干部工作实际。如学院、直属单位和一些专业性较强的部门主要领导应具有高级职称。二要进一步规范干部选拔任用工作。校党委在干部选拔任用工作中,要注重民主化,做到坚持程序一步不缺、履行程序一步不错,以保证干部选拔任用的规范化和识人用人的准确性,提高选人用人公信度。同时,校党委也要重视干部本人对任职的意见,尊重干部的选择权,努力实现组织意图和个人意愿的良好结合,努力形成一种"愿干事的人有机会、能干事的人有舞台、干成事的人有前途"的良好氛围。另外,加强干部交流也是一种有效途径。

5. 健全服务群众的联络机制

加强领导干部作风建设,还要构建干部联系群众、服务群众的长效机制。一方面,要倡导领导干部以身作则,做执行制度的模范,养成深入基层、联系师生员工的习惯;要选树典型,靠典型推动工作,着力将那些忠实实践科学发展观的领导干部树为先进典型,用身边人、身边事教育引导干部做"权为民所用,情为民所系,利为民所谋"的模范;要加大监督检查力度,定期检查制度执行情况,并纳入干部考核内容,将考核结果作为评价领导班子和领导干部的重要依据。另一方面,通过设立领导接待日,进一步完善领导信箱、校务公开等措施,建立健全相应配套措施,通过宣传和设立公告栏等方式,保证师生员工的选择权、知情权;对师生员工反映的问题,领导干部要及时协调有关部门加以解决,能立即解决的立即解决,不能立即解决的要明确时限,并责成有关部门督促跟踪,直至办结;要变"上访"为"下访",领导干部要经常性深入到教学、科研、管理一线,听取意见、解决问题,把矛盾化解在基层,把问题解决在基层。

【参考文献】

[1] 朱玉泉. 构建和谐校园与高校领导创新[M]. 华中科技大学出版社,2008

[2] 郑宏伟. 论加强高校领导干部作风建设[J]. 管理学家,2013(6)

[3] 张士良,郑爱平,张建富. 浅议高校中层领导干部作风存在的问题及对策[J]. 湖北成人教育学院学报,2011(2)

[4] 陈欢. 加强高校领导干部作风建设的主要路径[J]. 高等农业教育,2012(12)

[5] 黄栋. 以干部作风建设的长效机制来推动高校的科学发展[J]. 湖南科技学院学报,2010(2)

大学生反腐倡廉教育状况调查报告[*]

张建富　王志强

【摘　要】　高校廉政文化建设是构建惩治和预防腐败体系的重要内容。大学生廉洁教育则是构建高校廉政文化的基础。加强廉洁教育，有助于帮助大学生强化廉洁意识，树立正确的价值观念，完善健全的人格。调研组从实际出发，结合大学生学习、成长的特点，充分利用高校学生管理的资源优势，对大学生的廉洁意识和学校反腐倡廉教育状况进行了实地调研。

【关键词】　大学生；反腐倡廉；廉洁教育；廉政文化

一　问卷调查的基本情况

在高校大学生中进行反腐倡廉教育，既是贯彻落实中央建立惩治和预防腐败体系的客观要求，也是我们培养社会主义事业合格建设者和接班人的现实需要，同时还是新时期加强党风廉政建设和反腐败工作的必然趋势。积极适应高等教育发展的新形势，结合高校大学生思想政治工作的实际，进一步加强反腐倡廉教育，是摆在我们面前的一个新课题。

近期，我们对我校部分大学生进行了问卷调查，以期对我校大学生反腐倡廉教育的状况做一个基本的了解，从而更好地开展下一步的教育工作。本次调查共发放问卷 1500 份，回收 1198 份，回收有效率 79.9％。为了力求客观和准确，问卷的发放兼顾了不同专业、不同年级和不同层次的学生（调查对象分布情况见表1），以使调查样本更具代表性和可比性，增强调查研究的科学性和合理性。

＊　本文系浙江大学"大学生反腐倡廉教育状况调查报告"专项调研成果。

作者简介：张建富，浙江大学纪委办（监察处）纪检员，副研究员；王志强，浙江大学党委办公室、校长办公室副主任，副研究员。

表 1　问卷调查对象基本情况

年级	本科一二年级	本科三四年级	硕士研究生	博士研究生
	768 人(64.1%)	310 人(25.9%)	92 人(7.7%)	28 人(2.3%)
性别	男		女	
	626 人(52.3%)		572 人(47.7%)	
是否党员	是		否	
	256 人(21.4%)		942 人(78.6%)	

二　对我国反腐倡廉建设的基本认识

（一）对党和政府反腐败工作的认识

调查发现，只有 18.7% 的学生认为现实中党对反腐败工作"思想重视，态度坚决"，而 61.9% 的人觉得"口头重视，力度一般"，另有 19.4% 的人则感觉"重视不够，力度不足"。这显示了大部分的大学生对党反腐败的重视程度和工作力度是不甚满意的。与此相对应，有 59.2% 的人对党和政府近年来反腐败斗争成效的基本评介是"成效一般"，另有 25.3% 的人认为"成效很小"，两者总人数占到被调查者的八成以上。

调查还发现，79.2% 的人感到当前"腐败现象仍比较严重，反腐倡廉任重道远"，甚至有 15.6% 的人认为"腐败现象非常严重，已积重难返"。与此同时，对党和政府反腐败工作表示"充满信心"的只占到了 10.6%，表示"有信心，但很难"的占到了 63.9%，表示"不抱希望"或者"无所谓"的则占到了 25.3%。

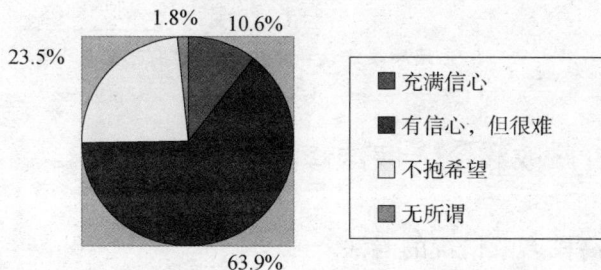

图 1　对党和政府反腐败的信心

从以上的调查结果来看，大部分被调查者感觉目前腐败现象仍然比较严重,党和政府反腐败的力度尚需加强,总体上他们对党和政府的反腐败工作还是有信心的,同时深感反腐败工作难度很大,反腐倡廉任重道远。值得我们注意的是,一部分大学生认为目前的腐败现象已积重难返,失去了对党和政府反腐败工作的信心。从心理学角度来看,一旦个人失去了反腐的信心,认为整个社会都是腐败的,便容易导致"从众",进而丧失自己的原则立场,滑向腐败的深渊。因此,我们必须做好当前反腐倡廉的形势教育,让广大学生感到党和政府对反腐工作的重视,从而树立他们自身抗拒腐败的信心和决心。

(二)对腐败的成因及其治理重点的看法

调查显示,34.9%的人认为产生腐败现象的主要根源是"体制、制度、机制和管理上的漏洞",有21.4%的人归咎于"党内外监督机制不完善",有10.6%的人认为是"法律体系不健全"引起的,还有25.4%的人则认为是"正确的权利观、地位观和利益观被扭曲"导致的。与此相对应,在被问到"我国党风廉政建设与反腐败工作应重点在哪些方面推进"时,大部分人更倾向于制度上的完善,辅之以廉洁教育和反腐倡廉舆论氛围的形成:

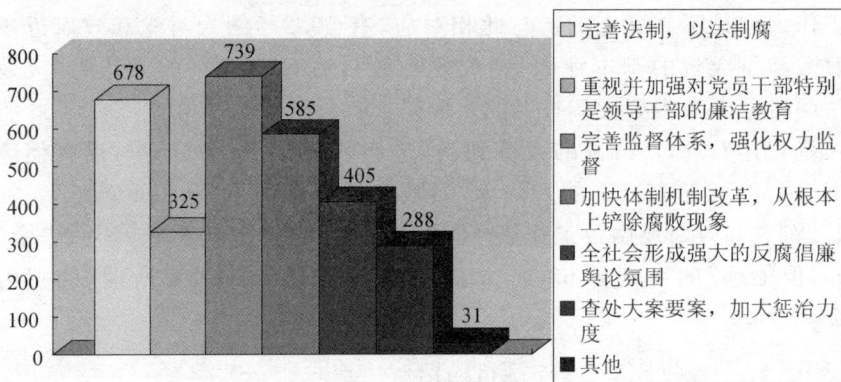

图2 党风廉政建设和反腐败工作推进重点

三 对高校腐败和个人廉洁修身的看法

(一)对高校腐败情况的看法

高校是大学生学习、生活的场所,有着"象牙塔"的美誉,象征着纯洁和上进。然而,调查的结果却向我们揭示了另外的一面:10.9%的人认为大学生中存在因个人利益问题给老师或管理人员送礼等不良现象,而且很严重;

43.2％的人认为存在但不严重。在学生们看来,招生工作、收费管理、物资采购等都是高校可能产生腐败问题或不正之风的重点领域,这些情况也需要学校有关部门在今后反腐倡廉工作中加以重视。

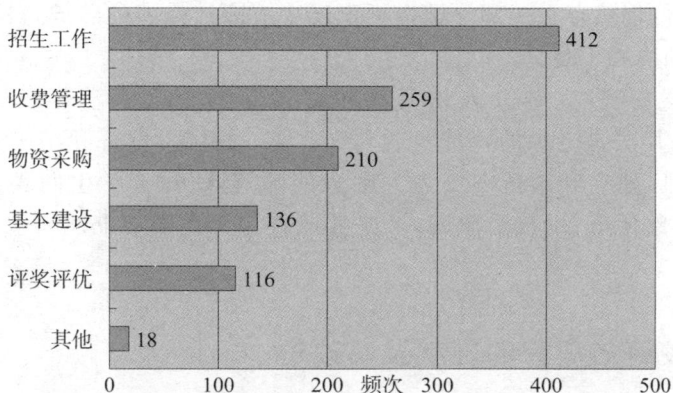

图3 高校可能产生腐败问题或不正之风的重点领域

(二) 对个人反腐败和廉洁修身的认识

对于当前社会上存在的一些腐败现象,71.2％的被调查者感到"深恶痛绝,必须严厉打击",耐人寻味的是 23.6％的人认为这是"社会经济发展过程中正常现象",5.0％的人甚至表示"无所谓,与我无关"。同时,在被问及"如果您发现了违法违纪的线索,是否会向有关部门举报"时,37.4％的人选择了"考虑是否涉及亲友或个人影响等因素后,再决定是否举报",27.0％的人认为"与己无关,采取回避态度",18.8％的人表示会"劝其自首,但不会举报",没有一个人选择"无论涉及谁,都会举报"。这反映出了小部分学生对腐败现象仍然存在错误认识,在面对腐败现象时采取了不积极甚至是不正确的态度。这也说明了学校要加强学生反腐倡廉的教育,特别是要树立起学生个人反腐败的责任感和使命感。

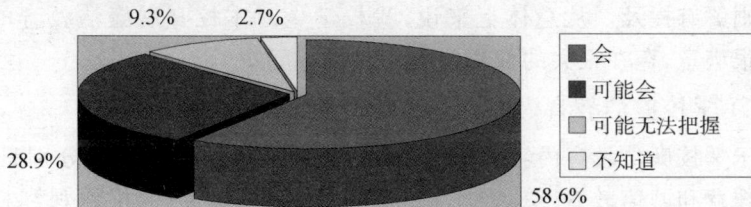

图4 拥有职权后是否会自觉抵制腐败

调查显示,67.4％的学生对个人廉洁修身方面"一直比较注重,对自己有信心",21.3％的人认为"现在为时尚早,以后会注意",还有 10.6％的人则表示"没有考虑过"。同时,在"以后享有一定职权"的假设之下,相信自己会自觉抵制腐败的占58.6%,认为"可能会的"占28.9%,表示"可能无法把握"的占到9.3%之多。这一结果表明,大学生个人廉洁修养整体上来说处在较高的水平,但仍然存在一部分学生不重视个人廉洁修养的养成,自己抵制腐败的信心和决心不足。

调查还发现,大部分人认为学校的校风对个人廉洁修身影响最大(47.0%),其次是老师的言传身教(25.5%)。因此,培育和维护一种正气清明的校风,建立和塑造一支为人师表的师资队伍,让学生们真正在纯洁和上进的"象牙塔"里接受熏陶,才是养成青年学生廉洁秉性和素养的根本之道。

四 学校廉洁教育的现状及其改进

(一)学校廉洁教育的现状分析

廉洁教育是学校思想政治教育的一个重要组成部分,切实抓好这方面工作意义深远。这不仅是一项党风廉政建设和反腐败斗争的"基础工程",而且是一项高素质人才培养的"建设工程",是广大学生思想政治教育的必修课。本次调查显示,42.9%的学生认为"非常有必要"在大学中开展廉洁教育,另有46.5%觉得"有一定教育意义,但效果一般"。从总体上来看,学生对廉洁教育重要性的认识还是比较充分的。

那么,目前我校在大学生中开展廉洁教育的现状如何呢?41.5%的学生表示"活动较少,面也不广",29.0%的学生认为"有一些活动,但效果一般",23.6%的学生表示"没有关注,也没有印象",只有5.6%的学生认为"活动较多,效果较好"。学生印象最深的学校组织的廉洁教育方面活动或内容是先进典型事迹报告和形势政策课或者党校关于反腐倡廉方面的内容,其他形式则鲜有提及。从总体上来说,我校学生对本校开展廉洁教育的现状并不是很满意,存在很大的发挥余地和改进空间。

(二)学校廉洁教育内容和形式的改进

对于学校廉洁教育内容重点的把握,学生选择最多的三项分别是:"加强法制教育和诚信教育"(62.3%)、"加强世界观、人生观、价值观和权力观教育"(52.0%)、"加强社会公德教育"(47.7%)。至于廉洁教育的形式,学生们的选择比较平均:"组织学生参加社会实践活动,在实践中接受教育"占29.0%,"经常进行正反典型案例教育"占25.9%,"廉洁教育进课堂,结合相关专业知识学习"和"利用宣传媒介和社团活动等,加强校园廉政文化建设"均占 19.9%。这也间接反映了学生对形式多样的廉洁教育的需求。

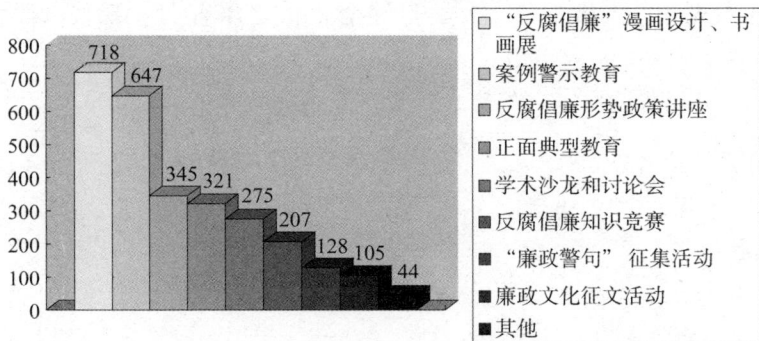

图 5　廉洁教育活动的参与性

那么,我们如何开展活动,开展怎样的活动才能最好地满足学生们的廉洁教育的需求呢?调查显示,学生最感兴趣的是"反腐倡廉"漫画设计、书画展(59.9%)和案例警示教育(54.0%)。当然,我们必须考虑到学生的不同需求,要兼顾到教育成本和教育效果。因此,反腐倡廉形势政策讲座、正面典型教育、反腐倡廉知识竞赛、学术沙龙和讨论会、"廉政警句"征集等形式的教育活动也可适当开展。总而言之,我们学校的廉洁教育要做到内容丰富、形式多样、受众广泛、反响热烈、成本适中,从而保质保量地开好大学生廉洁教育这门必修课。

【参考文献】

[1] 白静. 略论新媒体环境下大学生廉洁教育的实现途径. 学校党建与思想教育,2013(8)

[2] 贺川子. 新时期大学生廉洁教育教学培养模式探析. 科教导刊,2013(7)

[3] 肖凌云. 新形势下深入推进大学生廉洁教育能经验与探索. 思想教育研究,2011(8)

[4] 阮传畈. 关于大学生廉洁教育的几点思考[J]. 福建教育学院学报,2007(7)

[5] 雷育胜、袁卫根. 实事求是地推进大学生廉洁教育工作[J]. 经济师,2008(5)

[6] 夏云强. 基于职业视角的大学生廉洁教育[J]. 教育与职业,2007(2)

[7] 邓纯余. 大学生廉洁教育研究述评[J]. 郑州航空工业管理学院(社会科学版),2008(8)

[8] 蔡先金. 人格本位:大学生健全人格之培育[J]. 现代大学教育,2007(6)

古今中外

英国高等院校反腐治理机制述评*

邵兴江　许迈进

【摘　要】　2010 年英国《反贿赂法》的颁布及其新要求,促使英国各高等院校重新修订本校的反腐政策,并以此为契机推进更为卓越高效的大学反腐治理。强调反腐理念的认同,建立反腐治理组织,制定成员共同恪守的行为规范,以及建立规范化的反腐治理程序,英国高校探索形成了主动预防、过程控制、严惩问责、持续完善一体化的旨在标本兼治、惩防并举的反腐长效机制,推进了英国高校的廉政建设。

【关键词】　英国高等教育;反贿赂法;反腐文化建设;大学治理

当代社会高等院校与外部联系日趋紧密,反腐形势日益严峻。树立清正廉洁、诚信守法的大学形象,引导全体师生形成公平廉洁的价值观,一直以来是英国高等院校反腐文化建设的基本立场。近年来,英国政府不断加强全社会的廉政建设力度,伴随国家《反贿赂法》的颁布,对高校的反腐提出了全新的要求,也为英国高校建立更为卓越高效的反腐治理机制提供了契机。

一　国家《反贿赂法》对高等院校的新挑战

从 20 世纪 90 年代后期开始,英国开始启动贿赂罪立法改革,旨在通过加强司法反腐建设,以更好消除全社会各领域的腐败问题,进一步促进社会的公正廉洁。经过数年的研究、专家咨询和法案预期成效与影响评估,2010

---

*　本文系浙江大学廉政研究中心资助项目"高校廉政文化研究"成果之一(课题编号:LZYJ001),发表于《比较教育研究》2013 年第 1 期。

作者简介:邵兴江,浙江大学教育学院讲师,博士;许迈进,浙江大学教育学院研究员,教育学博士,博士生导师,浙江大学廉政研究中心副主任。

年4月英国政府正式批准了新的《反贿赂法》（以下简称新法），并于2011年4月生效。该法创新界定了"贿赂罪"，建立了可覆盖国内外、内涵完整的贿赂罪司法框架体系，成为迄今为止全球最为严厉的一部反贿赂法案。①

新法建构了新的贿赂罪概念。为建立更为简明、便于执法并可广泛适用于公私营部门的贿赂罪名，新法以"不当行为"为定罪基础，将贿赂罪划分为对他人行贿的"行贿罪"和接受他人贿赂的"受贿罪"，分别指许诺、承诺或提供财物或其他利益，以及索取、同意接受或接受财物或其他利益。换言之，新法将实质性的行贿和受贿，以及许诺、承诺行贿，或者索取、同意接受贿赂等行为均视为贿赂罪，由此扩大了贿赂罪的范畴，并且更容易被认定。

新法创新增设了两项新的罪名，并拓展了法律适用的地域范围。一是"贿赂外国公职人员罪"，即行为人为了获得或维持商业机会或利益，以影响外国公职人员履行职能为目的，便构成贿赂外国公职人员罪。二是"商业组织防止贿赂失职罪"，新法规定为某商业组织服务或代表该商业组织的行为人，有贿赂他人的行为，且与该商业组织的业务相关联时，那么该商业组织在防止贿赂行为的发生上存在疏忽，即构成本罪。换言之，该法认为任何商业组织都有责任建立健全的内部预防贿赂机制。此外，为便于执法，该法还规定无论商业组织注册在何地，只要在英国开展业务即适用本法。由此，该法赋予司法机构可以超出国家地域限制对贿赂行为进行认定和打击，也使全球化背景下打击跨境贿赂行为有了法律依据。

根据英国1992年的《高等教育法》，高等院校是具有独立法人地位的社会实体，因此属于《反贿赂法》所划定的"相关商业组织"一类。因此，新法对高校提出了多方面的新挑战：

第一，扩大的贿赂罪使高校触犯法律的风险加大。新法制定了全球最为严格、体系最为完善的贿赂罪，覆盖范围大为加大。高校作为教学、科研、社会服务的提供者，学校及其师生、合作伙伴和代表本校利益的代理机构，他们与英国政府、国内外社会机构、自然人之间存在着多种类型、层次的复杂业务联系，难免一些个体滋生触犯贿赂罪的可能。近年来伴随利益诱惑的增大，此类风险还将加大。近年来伴随政府资助经费的减少，高校还需要通过中介招收海外学生、寻求全球化合作伙伴、接受捐赠、提供横向科研服

---

① Parliament of the United Kingdom. The Bribery Act 2010 [R]. London：Ministry of Justice，2010.

务等方式,开拓经费来源,但这类活动也易滋生腐败。①② 显然在新法的规范和视域中,高校触犯贿赂罪的潜在风险不断加大。

第二,新设的"贿赂外国公职人员罪",同样增加了犯法风险。高等院校是具有高度国际化倾向的专业机构,这一倾向仍呈现进一步深化发展的趋势,因此高等院校不可避免地面临与不同国家的公私营部门开展合作,全球化业务往来不断增多的挑战。新法的新罪名将在非英国本土发生的腐败行为也纳入涉案范围,增加了高校触犯该法的可能性与风险。

第三,也是影响最大的一条,高校需要依法贯彻"商业组织防止贿赂失职罪"。该罪名意味着若高校疏于防范贿赂行为,则将被课以"防贿失职罪"的罪名,并受到法律严惩,面临诸如罚款、政府禁止该校开展某些领域的研究、丧失政府与公众的信任、影响师生的招募等方面的可能负面影响。③ 换言之,该罪将师生或关联人员个体层面的触犯贿赂罪行为与高校机构犯罪"捆绑"在了一起。唯一可以免罪的途径是高校需要提供"充分的防控政策",证明学校有预防腐败行为发生的机制。因此,各个高校为避免牵连,势必不得不建立"健全、完善的防止贿赂的程序和制度",从而避免犯失职罪。

当然,英国高校显然不愿看到也不允许本校的师生或关联人员陷入可能的腐败,进而给学校带来负面影响,因此自身也有建立清廉机构的内驱力,以确保学校良好的名声,培育优秀学子,以及与政府和产业界建立良好的合作关系。新的《反贿赂法》的实施,加速了英国高校建立更为科学高效的预防惩治并重的反腐机制的进程。

二 英国高等院校反腐的核心治理机制

在新法颁布前,英国大部分高校都有各自的反腐制度。然而,新法的颁布及其新要求,迫使各高校重新反思本校原有的反腐理念,做出调整,制定新的反腐政策,并着力建构主动预防、过程与风险管理、惩防并举、持续完善

---

① University of Liverpool. Anti-corruption and Bribery Policy [EB\OL]. http://www. liv. ac. uk/legal/policies/index. htm,2012 - 5 - 2.

② University of Stiring. Anti-Bribery Policy [EB\OL]. http://www. finance. stir. ac. uk/documents/AntiBriberyPolicy. pdf,2012 - 5 - 2.

③ The University of the Arts London, Bribery Act 2010: Guidance and Policy [EB\OL]. http://newsevents. arts. ac. uk/files/2011/07/draft-guidance-on-bribery-act. pdf, 2012 - 4 - 28.

一体化的反腐治理平台,从系统层面提升英国高校的反腐能力。

(一)形成共同的反腐理念

理念决定思想与行动,共同的理念是组织高效运行的保障和不懈动力。在反腐问题上,英国各高校均有一致的理念,认为大学需要秉持应有的诚信、反腐与伦理操守。不论是世界顶尖的牛津大学和剑桥大学、英国一流的杜伦大学和布里斯托大学,还是伦敦艺术学院和创意艺术大学,英国不同层次的高等院校普遍认为,无论在何时、何地、何事,学校都应当以高度的诚信、公平、专业和符合伦理的方式开展各类工作,对任何贿赂和腐败行为持"零容忍"的态度。在高校看来,学校的运作资金很大部分来自政府、捐赠和慈善机构,另一方面办学声誉与品质对高校而言至关重要,不容玷污。从这一意义上,高校也有责任妥善使用资金,确保捐赠者、雇员、师生和学校品牌不受贿赂和腐败的伤害。在更为宽泛的意义上,消除任何形式的贿赂与欺诈行为,也符合商业领域和民主社会的更大利益。

理念引领反腐文化建设。共同的反腐理念,有利于高校形成反腐治理的统一价值观,但英国高校还进一步注重基于理念的反腐文化建设,认为"高校反贿赂的关键是建立强大的反腐文化,并制定健全的反贿赂体制和程序"[1]。从事实情况来看,几乎所有的英国高校基于秉持的反腐理念,并结合遵守国家反贿赂和腐败的法律包括 2010 年的《反贿赂法》,纷纷制定了本校的反贿赂政策,如"反贿赂和腐败政策"、"反贿赂政策和治理程序"、"反贿赂政策"或"反贿赂与欺诈政策"。各高校反腐政策名称虽然有所不一,但都注重促进共同的反腐理念的进一步制度化,从而促进卓越反腐文化的构建。

(二)建立明晰的反腐治理组织架构

治理架构是组织分配职责、开展业务、搭建流程和落实管理的基本要素。为实现高效的腐败预防与处理,英国各个高等院校普遍设立结构清晰、职责明确的反腐治理组织架构,一般由三个层级组成。

最上层是英国高校反腐的最高决策中心,一般由大学委员会或董事会担任。这一层级的反腐基本职责在各高校基本一致:即对本校反腐问题负有最高责任;整体上把握本校反腐的形势与问题;负责制定或修订全校性的反腐政策,并确保这些政策与英国法律、大学伦理与责任相一致;授权相关部门或人员,负责开展反腐的执行、监督和评价活动;授权部门或他人开展

---

① Chris Breen. Bribery Act: Implications for Universities [EB\OL]. http://www.out-law.com/page-11526,2012 - 5 - 10.

反腐调查,并参与重大腐败案件的处理等。

中间层是英国高校反腐问题的常态负责和管理机构,一般由学校的高层管理者或者具体的实体部门负责,在不同高校有一定的校际差异。如剑桥大学由教务长负责,斯特林大学则由财务总监负责;布里斯托大学由校长办公室负责,爱丁堡大学则由风险管理委员会负责。中间层的常态负责主体虽各有不同,但其职责则基本相近:一是在学校总的反腐政策下,开展宣传沟通与解释性工作,并制定更具有可操作性的细化政策和工作流程;二是对反腐工作开展日常监控、举报接待和年度评议,审查反腐政策的落实情况;三是对出现的反腐问题组织展开调查和处理。此外,一般以年度为周期,定期对学校面临的腐败问题开展风险评估,并就政策贯彻、违规情况、政策的适用性和有效性等编制年报,向大学委员会或董事会汇报,必要时还提供相关的改进建议,从而为学校层面反腐政策的持续完善奠定基础。

第三层是英国高校反腐的具体贯彻落实和反馈机构,包括高校内的各个院系、研究机构、医院、公司等附属机构,以及代表本校利益开展业务的第三方关联机构等。需要说明的是,鉴于大学出版社业务的独立性和特殊性,英国出版机构的反腐事务一般不归高校管辖。该层级的反腐职责是:机构及其工作人员按照学校层面的反腐政策要求,宣传沟通反腐理念,确保校内反腐步调一致;规范所在部门员工行为,并按照学校要求做好经费收支、招待等方面的相关记录;负责人还承担本部门员工如招待等业务经费使用的审批,监督本部门员工遵守学校规范,接受部门员工腐败问题的举报;以及当有腐败问题发生时,向学校汇报并积极配合相关部门开展调查的责任。

(三) 制定成员共同恪守的行为规范

"人"是反腐倡廉的主体性和能动性因素,全体成员的廉洁行为在根本上决定组织反腐的最终成效。英国高等院校的反腐治理,尤为强调成员的行为廉洁,不仅对防腐监管确定有明确的人员范围,而且已基本形成了全体成员共同恪守的行为规范。一方面,不仅包括高校在职员工,而且与学校有合作的关联机构人员,都属于监管范围。亦即,英国高校的反腐政策不仅适用于在本校工作的所有等级和层次的员工,包括行政官员、终身雇员、临时雇员、普通工作人员、借调人员、劳务派遣人员、志愿者、实习生和其他任何形式在学校机构中工作的人员,还适用于"相关人员",包括任何为本校服务并代表本校利益的个人如捐赠者、项目合伙人、供应商、经销商、商业伙伴、中介、顾问等个体,以及大学附属机构、政府机构和其他公共机构及其个体。

另一方面,英国高校对成员普遍制定有明确的防腐行为规范,将学校秉持的诚信、守法、公平和反腐等理念融入员工的日常行为规范中,成为大家的共同意识和行为准则。一是告知明令禁止的腐败行为。以剑桥大学为例,该校规定学校任何雇员或相关人员不得通过贿赂方式为大学获得经济或其他方面的受益;学校任何雇员或相关人员也不得提供、承诺、给予、要求、同意或接受有意向的贿赂;接受"回扣"是不可接受的行为,除非他或她个人处于危险境地不得不做出此类选择,或当地法律允许;大学接受的慈善捐赠,仅可用于特定的慈善目的,它不可对大学所做的任何决定施加不适宜的影响,否则也将被视为腐败行为。① 二是对易滋生腐败的重点环节和重点部位,制定特定行为的操作规范,堵塞可能产生的腐败行为。英国绝大部分高校对如采购部、基建部、招生部、重大项目合作部等,都有特别的业务操作规范。如牛津大学规定,在业务活动或捐赠接待中若存在礼品过于贵重或招待超越标准的行为,则可能构成贿赂罪;除非符合学校的财务制度,否则任何雇员或相关人员给予或接受礼品、招待等都被视作不符合规定。② 三是积极鼓励成员参与监督,共同反腐,形成反腐合力。几乎所有英国大学,都积极鼓励全体员工共同参与反腐的监察与举报,并为之提供多种举报渠道。同时,学校对所有可能的贿赂和欺诈情况进行调查、记录和汇总分析。例如牛津大学明确要求大学雇员一旦怀疑某人或某事有贿赂或欺诈行为,应当及时汇报。③ 此外,对与高校有合作联系的其他机构,大部分英国高校在合作之初和相关阶段,都会清晰地告知对方本校的反腐"零容忍"政策,并要求彼此共同恪守这一规范,甚至将本校标准化的"反腐败和贿赂"条款写入合同,加大对第三方的制约力度。

(四)建构规范化的反腐治理程序

反腐治理程序是反腐文化建设的重要组成部分,是反腐理念的进一步落实与体制化。英国高校重视反腐工作的体制化和流程控制,积极引入公开、透明、清晰、操作性强的治理程序,旨在反腐的事前主动预防、过程控制、事后问责与处理、后续完善等不同阶段建立规范化的操作程序。

第一,反腐的事先主动预防程序,关注做好群众性基础工作。一是重视宣传沟通工作。各高校不仅在学校网络主页上清晰呈现本校的反腐政策,

---

① Cambridge University. Policy Against Bribery and Corruption [EB\OL].

② University of Oxford. Bribery and Fraud Policy[EB\OL]. http：//www. admin. ox. ac. uk/lso/statutes/briberyandfraudpolicy/,2012－5－2.

③ University of Oxford. Bribery and Fraud Policy[EB\OL]. http：//www. admin. ox. ac. uk/lso/statutes/briberyandfraudpolicy/,2012－5－2.

更为关键的是普遍采取多种措施如宣讲、海报、邮件告知等方式,确保所有员工知晓并理解本校的反腐政策。二是重视员工培训。大部分高校在政策刚颁布时会对全体员工和今后每年的新进员工,就反腐的核心价值观、学校反腐政策、员工的反腐权利和义务、反腐案例等话题,积极开展校本培训。绝大部分高校对某些腐败风险比较高的特定部门和人员,还进行专题培训。

第二,引入反腐的过程控制程序。一是财务开支的申报记录程序。绝大部分高校要求本校员工和代表本校开展活动的第三方,相关经费开支必须符合财务规定,需要事先申报、公开使用、做好文本记录和票据保存等,以便于审计。以萨利大学招待的事先申报为例,申报的信息包括招待者的姓名、职位、所属院系、招待时间、招待情况、招待价值、被招待对象和地址、和本校的业务关系,以及分管领导的姓名和批示等。① 二是尽职调查程序。英国高校对重大项目经费或学术合作活动,或者任何具有较大腐败风险的项目如基建项目,都会开展尽职调查,旨在重点预防这些高风险项目出现腐败问题。三是建立业务的标准化操作程序。如在索尔福德大学,制定有采购程序、投标程序、代理机构管理程序(如海外招生机构),以及公共利益维护政策、员工违纪惩治政策、人员招募手册、大学委员会成员和高级管理者行为手册等②,通过程序规范的方式,尽可能减少利益相关方的可能腐败机会。

第三,腐败的事后问责处理与持续完善程序。一是建立举报和调查程序。英国高校鼓励成员通过网络、举报信或现场举报等方式,向分管领导或学校反贿赂负责人进行举报。学校除保护举报人外,对任何被怀疑存在腐败的项目,将启动反腐调查程序,开展调查,并依据牵涉的人员类别,按照员工违纪或学生违纪的相关程序和制度进行处理,对于严重事件,则由司法机构介入处理。二是案例记录分析与风险管理程序。英国高校对所有事实的或可能的贿赂和腐败案例,均作文本记录。一些高校如牛津大学每年还会以这些记录为依据,运用特征分析和风险管理的方法,对本校过去一年的反

---

① University of Surrey, Ethical Conduct: Bribery, Fraud, Gifts, Hospitality and Conflict of Interests Policy [EB\OL]. http://www. surrey. ac. uk/about/corporate/policies/ethical_conduct_policy. doc,2012 - 5 - 2.

② University of Salford. Anti-Bribery Policy and Guidanc [EB\OL]. http://www. governance. salford. ac. uk/cms/resources/uploads/File/legal/anti-bribery-policy. pdf,2012 - 5 - 10.

腐情况做出客观评判,并作为学校下一年度反腐决策的重要参考依据。^① 三是反腐政策的修订完善机制。为完善反腐政策的可能不足,提高政策的恰当性、效用性与针对性,大部分高校都设有政策持续完善的更新机制。如剑桥大学,由学校审计委员会每隔三年对反腐政策进行重新评估并依据需要出台修订案。^② 通过政策的持续修订,可促进建立更为完善的反腐体系,减少可能的腐败行为。

三 述评

伴随 2010 年英国新的《反贿赂法》的颁布与实施,英国高等院校对学校反腐问题做出了积极回应,并前瞻性的以建构更为卓越高效反腐治理平台的立场,大力推进高校廉政文化建设,至少在以下几方面有启示与借鉴价值:

第一,大学是社会的良心和道德标杆,反腐是高等院校的重要治理内容,高校不仅要有反腐的自觉还要有积极的社会担当。基于新法对大学反腐的新要求和高校自身的价值观追求,几乎所有的英国高校在较短时间内都重新制定了本校的反贿赂政策,声明本校的反腐立场,号召教工自觉执行。英国的高等院校充分贯彻新法的"商业组织防止贿赂失职罪",敢于承担社会职责,接受"捆绑反腐"的治理观,将与本校有关联的第三方机构及其人员的反腐要求,纳入学校的反腐治理范畴,有利于带动外部社会的公正廉洁,共同构建反腐的"天网"。

第二,重视反腐理念认同,做好群众基础工作,培育内生性的反腐文化。英国高校重视将反腐理念与高校应当具有的核心价值观、秉守的社会伦理和大学理想相结合,并通过加强宣传沟通和培训的方式,促进反腐工作的集体认同,倡导形成"零容忍"的学校氛围,最终提高成员的反腐自律性,形成共同反腐的深厚群众基础。并基于此,制定体系化的反腐政策和治理组织,明确员工的行为规范,从而培育具有持续生命力的内生性反腐文化,奠定可持续反腐的基础。

---

① University of Oxford. Bribery and Fraud Policy[EB\OL]. http：//www. admin. ox. ac. uk/lso/statutes/briberyandfraudpolicy/,2012－5－2.

② University of Surrey,Ethical Conduct：Bribery, Fraud, Gifts, Hospitality and Conflict of Interests Policy[EB\OL]. http：//www. surrey. ac. uk/about/corporate/policies/ethical_conduct_policy. doc,2012－5－2.

　　第三,建立主动预防、过程控制、严惩问责、持续完善一体化的反腐治理的长效机制。英国高校非常重视"事前预防比事后处理更为有效"的治理观念,关注事前预防机制的构建,积极杜绝个体的腐败意识与倾向,落实从源头上铲除高等教育领域滋生腐败条件的治理观念。同时,对于易滋生腐败的重点环节和部位,则通过建立标准化管理和尽职调查程序的方式,加强过程控制,最大限度地堵塞可导致腐败行为的管理漏洞。当然,对于出现的腐败问题,则采取决不手软的态度严肃问责,并通过风险管理和政策修订努力防患未然,减少未来的腐败行为。

　　可以说,英国高等院校采取了多种反腐治理机制,促进各大学形成了一种学校层面政策制约、程序管控、动态监察、问责处理、制度完善和成员层面理念自律、行为规范、同伴共督,共同反腐的良好反腐治理格局,促进了英国高校的廉政文化建设和持续健康发展。

新加坡廉政治理经验与制度启示

——基于《反腐败法》的文本分析

陈永杰

【摘　要】　法治化是保障我国廉政治理权威性和合法性的基础。对新加坡《反腐败法》进行文本分析后发现:设立独立权威的反腐机构、建立公职人员财产追查制度、注重政企交易性腐败治理、建立检举人保护制度等四个方面是新加坡制度反腐败的核心策略。未来中国的反腐败法治化进程应着重从健全反腐败领导体制,重构腐败治理主体职责功能,建立公职人员财产申报制度,构建腐败治理中的社会参与机制,加强政企腐败性交易治理五个方面来重点推动。

【关键词】　制度反腐;新加坡反腐败法;文本分析;借鉴启示

一　引言

　　廉洁是国家治理体系和治理能力现代化的重要目标之一。廉政治理体系是国家治理体系的重要子系统。构建廉政治理体系的关键在于廉政制度的健全,特别是形成一套科学完善的廉政治理法律体系,这是保障我国廉政治理权威性和合法性的基础。然而我国自 2005 年加入《联合国反腐公约》以来,至今还没有出台一部完整、系统的《反腐败法》,这一现实直接影响着我国的反腐权威和效果,阻碍着我国反腐法治化的进程。因此,借鉴相关国家的廉政治理经验特别是对这些国家《反腐败法》的文本进行分析,有助于为我国构建《反腐败法》、推进反腐败法治化提供若干启示。新加坡作为公认的最清廉国家之一,反腐成绩卓越,与我国有着相似的政治、经济、文化,也更有助于我国吸取其经验。

作者简介:陈永杰,浙江大学公共管理学院,博士研究生与我国相比,新加坡的法律制度建设尤为可鉴。新加坡在反腐败方面的法律体系主要由《反腐败法》、《没收贪污腐败法》、《公务员惩戒规则》三部法律法规组成,其中《反腐败法》是反腐败法体系中的核心和指导性法律。本文以新加坡的《反腐败法》《PREVENTION OF CORRUPTION ACT》① 为分析对象,运用文本分析的研究方法,通过分析析其结构安排、制度设计和功能特征,以期为我国的廉政治理提供借鉴和启示。

二 新加坡《反腐败法》的结构设计

(一) 反腐主体及反腐权力的规定

新加坡反腐任务主要由新加坡腐败行为调查局(CPIB,Corrupt Practices Investigation Bureau,以下简称 CPIB)负责。依据《反腐败法》第二款第三条规定,CPIB 局长、副局长、局长助理及专门调查员可由总统直接任命,并由总统亲自签发委任状,CPIB 可行使专门调查权。《反腐败法》依据《刑法典》规定 CPIB 职员属于公职人员,由国家支持其财力,CPIB 职员必须遵守公职人员的职业道德和法律规定,保证调查行为的独立、客观公正。

依据反腐主体,反腐权力由两部分组成:一是 CPIB 调查人员享有的权力,二是检察官享有的权力。

1. CPIB 局长或专门调查员享有拘捕、调查、搜查和扣押的权力。

(1) 拘捕权:依据《反腐败法》第 15 条,CPIB 局长或专门调查员,可以没有逮捕令而拘捕涉嫌犯有《反腐败法》规定之罪的人,并且可起诉控告证据确凿的嫌疑人;同时 CPIB 局长或专门调查人员可逮捕涉嫌触犯《反腐败法》的任何人;

(2) 调查权:该法援引了《刑法典》第 68 章和第 224 章的规定,认为 CPIB 局长或专门调查员调查案件应视为警方调查,其中,该局长或专门调查员视为警官;同时《反腐败法》还对 CPIB 的局长或专门调查人员的警衔做了专门规定,规定局长或专门调查员应视为军士衔以上的警官;

(3) 搜查和扣押权:在掌握证据的前提下,法官或局长可以向专门调查员或级别不低于检察员的警员发放许可证,授权该专门调查员或警官,在必要时,以暴力方式进入该存放地,搜查、扣押、扣留这些文件、物品或

① PREVENTION OF CORRUPTION ACT(CHAPTER 241)[EB/OL]. http://statutes. agc. gov. sg/

财产。

2. 检察官享有特殊调查权、获取信息权等权力。

(1)特殊调查权:在掌握证据的前提下,检察官可以以命令的方式授权局长指定的、助理管理员级别以上的警官或一名专门调查员,让其以命令中规定的方式或方法,就该事件进行调查。此命令可以授权调查任何银行账户、股票账目、购货账目、消费账目或其他账目,或任何银行存款保险箱,并赋予该官员让他人披露或编制其所需的全部或部分信息、账目、文件或文章的权力。

(2)获取信息权:主要包括两个方面:一是检察官可以以命令的方式,授权局长、指定的专门调查员或指定的助理管理员级别以上的警官,检查银行账目;且可以授权局长,指定的专门调查员或警官在适当的时候,进入命令中所指定的银行,检查账目并可以复印任何账目;二是要求行为人进行书面陈述并宣誓列出其本人、配偶或子女的所有动产和不动产,并且,无论这些财产是通过购买、赠予、遗赠、继承,还是通过其他方式获得的,都必须列明获得每一财产的确切日期。送往新加坡以外地区的金钱或其他财产,要求行为人的关联人,审计官,政府机构主管人员、公众团体的总经理、主任、经理或行政主管,银行经理等其他一切有助于获取行为人信息的其他人提供有关的文件资料和银行账目复印件。此外,《反腐败法》还对隐瞒信息的处罚进行了规定:故意忽略或不遵守的,将构成犯罪,应当处以 10,000 美元以下的罚款或 1 年以下的监禁,或二者并罚。

(二)腐败行为的界定及惩戒

《反腐败法》对贿赂行为进行了较为详细的界定。共界定了四种贿赂情形:一是受贿人接受行贿人的非法给予,并按照行贿人的意图做出某种行为即使该行为与行贿人没有任何联系,如按照行贿人的意图为第三方谋利;二是受贿人接受行贿人的非法给予,即使受贿人没有权力或机会或在接受非法给予时本不打算按照行贿人的意图实施该行为;三是议员索取或接受贿赂情形;四是公众团体成员接受行贿,依照行贿人的意图在公众团体会议上投票赞成或反对,促成或阻止通过某项表决,批准任何符合行贿人利益的合同或其他事项,影响官方行为等。

《反腐败法》对受贿人和行贿人都做出了相应的处罚规定。《反腐败法》第 5 款规定,对接受和提供贿赂的任何人,应当对其处以 100,000 美元以下的罚款,或 5 年以下监禁或二者并罚。此外,对腐败行为的第二种情形,《反腐败法》也做出了上述处罚规定。值得注意的是《反腐败法》对以下两种情形提高了处罚标准：一是涉及犯罪的事项或交易是合同，或是与政府、任何部门、或任何公众团体之间的合同计划书，或是与分包人之间的关于合同中的任何事项的执行的计划书，如为从政府或任何公众团体处获得任何承揽工程、提供服务、实施行为、或供应商品、原料或财物的合同，而向任何参与合同投标的人提供贿赂作为其撤销投标的诱因或酬金；二是议会成员的受贿行为，议会成员索取或接受任何贿赂或向议会成员提供贿赂的任何行为。这两类行为在处罚的一般规定基础上，将监禁的上限提高到了 7 年，反映了新加坡政府对权力机构人员自我约束及政企交易环节腐败行为的重视。

（三）举证制度

新加坡《反腐败法》对贿赂腐败的举证进行了两类界定：一是拒绝"习俗惯例"类证据，即用某种职业或交易领域的习俗惯例来证明或辩解贿赂行为是一种正常行为。这项规定对游离于法律之外，但腐败行为本身的行政许可清楚的"灰色腐败"，如我国各地"跑步（部）前（钱）进，所谓的行业、圈内潜规则等进行了限制。二是资产来源的证据，资产来源是调查腐败行为的重要线索和证据。该法规定，被指控人不能充分说明与其正常收入不相当的资产之来源的，或不能充分说明其在涉嫌犯罪的期间内增加的资产之来源的，法院可据此认定在法庭调查和审理中证人所提出的、证明被指控人收受、获取、同意收受或企图获得贿赂的证据确实可靠，并且法院还可认定这些贿赂都是被指控人非法收受、获取的。在我国也有类似规定，《刑法》第三百九十五条规定，国家工作人员的财产或者支出明显超过合法收入，差额巨大，本人不能说明其来源是合法的行为。但我国没有把这规定为受贿罪，而是单独而立的巨额财产来源不明罪，这是与新加坡的不同之处；此外，从惩罚力度上，巨额财产来历不明罪的刑罚要轻于受贿罪。

（四）检举人保护制度

为保障检举人的合法利益，《反腐败法》对检举人的利益保护做出了三项保护：一是不得泄露检举人的姓名或地址，也不得要求证人陈述任何有可能导致检举人被发现的信息；二是若可能被查阅的账目或文件中有关于检举人姓名、特征或有可能导致其被发现的任何记载，法官应当在诉讼程序开始之前隐藏或尽可能删去，以保护检举人不被发现；三是披露检举人信息只能在法院认为检举人故意在控告词中就实质问题做错误的或不真实的陈述或法院认为不披露检举人就会造成诉讼双方不公平的情形下进行。

三 新加坡的廉政治理经验

（一）设立独立权威的反腐机构

独立权威的反腐机构是有效反腐的前提和保障。新加坡《反腐败法》为新加坡建立独立权威的反腐机构提供了重要的法理依据,主要包括两个方面:一是合法性明确。《反腐败法》第二、四章对腐败行为调查局职员任命和权力赋予进行了明确规定,为其合法性提供了法律依据。二是独立与集权。腐败行为调查局为新加坡最高也是最具威慑力的反腐机构,主要体现在其独立和集权的特性。腐败行为调查局由总统直接任命,并由总统亲自签发委任状同时依据《刑法典》,规定腐败行为调查局职员属于公职人员,并得到专项财政支持,从而保证了调查局的独立性;集权性体现在调查局不仅被赋予调查、搜查等一般调查权力,还可行使特殊调查权,可调查任何人、任何账目、任何文件资料;不仅能够行使上述权力,还可行使警局权力,包括拘捕、扣押等,这种高度集权性使腐败行为调查局在反腐领域产生了极具震慑的权威。

（二）建立公职人员财产追查制度

从腐败的定义来看,塞缪尔.亨廷顿认为,腐败是国家公职人员为实现其私利而违反公共规范的行为,其基本形式是政治权力与财富的交换,即权钱交易。[①] 而交易结果则是交易权力的一方财富,较之合法收入能力的非对称性增长。因此,在一定程度上,通过对其资产的现值与其合法收入能力进行比较便可推断出是否产生了贿赂等腐败行为。这种看似成本低廉、高效的反腐手段的必要前提则是建立一套完善的财产公示制度,并加以法律化。

《反腐败法》在第四章关于调查局反腐权力的行使及第五章关于腐败的举证、对财产来源的调查都进行了专门规定。特别是第五章第二十四条对资产来源的证据进行了具体解释和规定:被指控人不能充分说明与其正常收入不相当的资产之来源的,或不能充分说明其在涉嫌犯罪的期间内增加的资产之来源的,法院可据此认定这些资产的增加是不合法的,涉嫌贿赂腐败。财产来源已是腐败行为调查局反腐的重要线索和依据。新加坡反腐有效的重要原因,便在于官员的财产都是公开的,人们对官员的财产有疑问可

---

① 鄢利民. 对经济体制转轨时期腐败特征的认识[J]. 中国党政干部论坛,1993 (9):0—11

以投诉，有关部门应调查并向人们作出解释。

（三）注重政企腐败性交易治理

从目前学者对腐败的经济学分析成果来看，腐败产生的一个重要原因在于权力的寻租，公职人员运用公共权力为自己谋取利益即公共权力的非公共运用，典型的表现形式则为政企的腐败性交易。政企腐败性交易已成为滋生腐败的一方热土，新家坡《反腐败法》对这种腐败形式及处罚做了专门规定，并呈现出了惩罚对象的双向性、行为界定的完整性、惩罚程度严厉性三个特征，主要体现在：

1. 惩罚对象不仅包括受贿者而且包括行贿者，不仅包括政府公职人员还包括非政府组织的公共团体，不仅包括行政执行机关还包括权力机关。《反腐败法》第6条和第12条规定了受贿人接受贿赂及行贿人为自己的私利向受贿人行贿都必须受到处以100,000美元以下的罚款，或5年以下监禁或二者并罚。此外，《反腐败法》还提高了对权力机关议会人员的处罚标准。《反腐败法》第11条规定，议会成员索取或接受任何贿赂或任何人向议会成员提供贿赂的行为，将把监禁上限提高到了7年。

2. 腐败交易行为不仅包括通过交易实现目的行为，同时也包括交易行为的事实形成但目的未达到的行为。《反腐败法》第9条规定，即使贿赂目的没有实现，收受贿赂的行为也构成犯罪。第9条第1款规定受贿人接受行贿人的非法给予，即使受贿人没有权力或机会或在接受非法给予时本不打算按照行贿人的意图实施该行为，那么此种行为仍构成犯罪。

3. 《反腐败法》对与政府的腐败交易行为提高了惩罚标准。《反腐法》规定，通过与政府部门、公众团体的腐败交易而获得任何承揽工程、供应商品等行为或者向参与合同投标的人提供贿赂作为其撤销投标的诱因或酬金，而引发不正当竞争的行为，在处罚的一般标准上，将监禁上限提高到了7年。

（四）建立检举人保护制度

反腐工作作为一项及其复杂的系统工程，单靠国家治理，远远不够。因此，必须调动全社会的力量，形成国家、社会、公民多元治理格局。提高公民社会参与反腐的积极性不仅要建立相关的激励机制，更关键的是如何保护检举人的隐私信息，保障检举人的利益。《反腐败法》对检举人的隐私信息进行了三项专门规定，包括不得允许和强迫证人泄露检举人的姓名或地址，不得要求证人陈述任何有可能导致检举人被发现的信息；应隐藏或尽可能删去被查阅的账目或文件中有关于检举人的姓名、特征；在诉讼或审判中不得随便披露检举人的信息等。

四 对推动我国反腐败法治化进程的几点启示

(一)健全反腐败领导体制,增强反腐政治承诺

反腐工作既需要来自顶层的政治承诺,也需要强有力的执行机构。反腐政治承诺体现了执政者对反腐败的决心和态度。反腐政治承诺是反腐取得成功的前提,而强有力的执行机构则是反腐取得成功的关键。十八届三中全会公报明确指出,要健全反腐败领导体制和工作机制,而就当前而言关键是要设立独立权威的反腐机构。

目前我国行政和司法系统的最高反腐机构为国家预防腐败局和最高人民检察院反贪污贿赂总局,前者直属于国务院,后者直属于最高人民检察院,为正局级单位。从结构设置形式来看,虽然国家预防腐败局和反贪污贿赂总局的成立,尤其是前者的成立标志着在国家层面确立了我国反腐机构的独立形式。但实际上从职责来看,前者仅仅是负责全国预防腐败工作的组织协调、综合规划、政策制定、检查指导;协调指导企业、事业单位,社会团体、中介机构和其他社会组织的防治腐败工作;负责预防腐败的国际合作和国际援助。作为最高行政反腐机构,其并不直接参与腐败的调查与治理;而最高人民检察院反贪污贿赂总局虽然直接参与腐败案件的侦查和审理,但由于直属于检察机关,其地位和权威性大大减弱,直接影响了其在腐败案件调查特别是基层政府腐败案件调查的独立性。因此,国家必须在反腐机构的行政级别和权威性方面做出进一步完善,可借鉴新加坡经验,扩大国家预防腐败局的职责权限,直接参与腐败案件的调查审理,国家预防腐败局的负责人直接对全国人大或国务院负责,建立直接隶属国家预防腐败局的地方预防腐败局序列,财政来源由国家直接拨款,各项工作直接对上级预防腐败局负责,确保反腐机构的独立性。

(二)重构腐败治理主体职责功能,强化反腐权威

目前,我国反腐机构的调查权力处于"孤立"状态,无法实现有效协同,致使调查程序繁杂、效率低下,影响反腐效果。在我国,由反贪局负责侦查腐败案件,但需要逮捕或者扣押、搜查时,反贪局需要交由侦查监督科办理或分管的检察长批准;另外,我国的拘捕权划分为拘捕的决定权和执行权,检察院和法院行使决定权,公安机关行使执行权,而反贪局无法行使以上任何权力。这些反腐权力的分割一方面削弱了反腐机构的独立性;另一方面也降低了反腐效率。因此,应增强反腐主体的反腐权限,笔者认为应在以下

两个方面进一步增强：一是赋予反腐机构独立的信息获取权。反腐机构在掌握证据的前提下,可独立对嫌疑人的财产、账户等相关信息进行调查,而无须向上级请示,但必须对自己的行为负法律责任。此外,应建立对故意隐瞒信息或提供错误信息的处罚机制。二是赋予反腐机构独立的拘捕扣押权,目前逮捕拘留的权力主要由公安机关行使,我国《刑事诉讼法》第一百二十三条规定,需要逮捕、拘留犯罪嫌疑人的,由人民检察院作出决定,由公安机关执行。可考虑在检察院的批准下,赋予反腐机构独立的拘留权,进而提高反腐的威慑性和效率。

（三）加快建立公职人员财产申报制度,抑制腐败动机

所谓公职人员财产申报制度,就是通过立法要求担任公职的人员在任职之初、任职期间,以及在规定的时间以及离职之后的一定期间内,向相关机构报告或向社会公布自己以及共同生活的亲属的财产及其变动情况。[①]这一制度的核心是将公职人员的个人财产公之于众,受社会公众监督,进而对公职人员的潜在腐败动机有较为强烈的心理抑制作用,因此公职人员财产申报制度作为"阳光法案",被国际社会公认为反腐败的"利器"和基础性制度。[②] 当前社会对公职人员财产申报制度已达成共识,但这一制度的实施却进展缓慢,究其原因主要体现在三个制约:认识层次的制约、法律层次的制约和制度层次的制约,[③]具体表现为:官员的潜在心理抵触,对财产申报制度的认同度不高;法律制度缺位,造成财产申报制度刚性不足;配套制度不健全,造成财产申报制度运作乏力等原因[④]。因此,加快建立公职人员财产申报制度应从以下几个方面突破:

一是建构公职人员财产申报制度的价值认同;价值认同是公职人员对中央决策、理念和意志的遵从和维护,在这一过程中政治教化的礼仪化发挥着重要作用,虽然政治教化在维系权威体制,强化中央权威意志和理念方面具有局限性,但政治教化的礼仪化活动对权威体制仍然有着重要功能,这些礼仪化活动在日常生活中不断的维系、强化了人们相互间对中央权威的意

---

① 蒲志强.公职人员财产申报制度的行政伦理研究[J]. 政治学研究,2010(5):67—72

② 何平立.公职人员财产申报制度:反腐败的利器—建立公职人员财产申报制度势在必行[J]. 探索与争鸣,2010(4):8—10

③ 刘志勇.中国实行财产申报的制约因素分析[J].中国行政管理,2013,(1):72—110

④ 姚瑞平,刘祖云.财产申报制度:现实困境及其路径突破[J].南京社会科学,2013(6):78—85

识和认可,因此加强就财产申报制度的政治教化,有助于产生对财产申报的共享观念和价值认同[①];

二是加强公职人员财产申报制度的法律支撑;目前我国公职人员财产申报并没有在《公务员法》中找到明确清晰的规定,此外刑法较轻的法定刑与追究刑事责任的高标准,也会造成一些腐败分子心存侥幸,按照两害相较取其轻的原则,腐败分子宁愿选择沉默,也不会说明巨额财产的来源,"巨额财产来源不明"在很大程度上已经成为犯罪分子的"避难所";再次公职人员财产申报是政府信息公开透明的应有之义,但我国《政府信息公开条例》要求的是行政机关公布其自身的具体行政行为和抽象行政行为,基本不涉及行政机关工作人员个人信息,也即排除了公职人员申报财产的义务。这些法律层次上的问题,都制约着公职人员财产申报制度的建立和完善,因此未来我国应重点从以上三个方面做出相应调整,使之为财产申报制度提供法律依据;

三是完善公职人员财产申报制度的配套制度;公职人员财产申报制度的建立和完善还需要一系列的配套制度来支撑。具体应在公务员工资制度、金融实名制度、责任追究制度等四个方面加以完善,使之为财产申报制度提供技术支持。首先应建立公平的公务员工资制度,地区之间、部门之间同级别公务员的工资收入差距加剧了公职人员心理不平衡感,因此增强了寻租腐败以弥补收入差距的动机,而这一部分非法收入恰恰成为了财产申报制度实施的瓶颈;其次是建立和完善金融实名制,金融实名制是反黑钱活动的一种制度,它可以使个人收支更加透明,使腐败行为在透明的交易中难以遁形;最后是建立责任追究制度,明确和规范财产申报过程中各个主体的职责和行为,对迟延申报、申报不实、拒不申报等行为进行问责处罚,同时也应注重保护申报者的个人权益。

(四)注重政企腐败性交易,破解政府俘获和行政腐败

乔尔.赫尔曼等根据 1999 年商业环境与企业绩效调查教据,从企业层面和国家层面对企业与政府之间的关系展开了研究,他们依据企业和政府之间租金分配的不同形式,区分了三种类型的关系——政府俘获、企业影响力和行政腐败。政府俘获是指通过向政府官员进行非法的和不透明的私人支付,影响基本博弈规则(即法律、规则、政令和规章)的形成。企业影响力是

---

① 周雪光.权威体制与有效治理:当代中国国家治理的制度逻辑[J].开放时代,2011(10):67—85

指企业无须诉诸对公共官员的私人支付而对基本规则的形成施加影响的能力(通常是由于诸如企业规模、国家所有权、以及与政府官员往来频繁等因素)。行政腐败则被界定为向公共官员提供私人支付,从而使其歪曲执行既定的官方规则和政策。①

从上述含义的动态视角看,政府俘获和行政腐败恰为当前政企腐败性交易行为的运行机理提供了有效解释;而若以静态视角来看,二者则可被划分为为政企腐败性交易行为的两种表现形式。从现实来看,政府俘获和行政腐败是两种最为常见也是最主要的腐败形式。公婷(2012)对我国2000—2009年2800多个腐败案例进行统计分析后发现,政府采购、工程承包是腐败的高危领域。在其数据库收集的腐败案例中,政府采购、工程承包类案件居首位,共计731件,占总案件数的1/4;且从2000年到2009年,两种类型的腐败案件一直处于高发态势,在当年腐败案例中的比例都在20%以上。②因此,现阶段我国必须重点治理政企交易领域的腐败、政府俘获和行政腐败,通过建立健全政企交易领域的法律法规,界定政府职责边界,减少腐败机会,使公职人员不能贪;加大政企腐败交易的处罚力度,使其不敢贪;提高政府人员的薪酬水平,使其不想贪,同时加强对行贿者的处罚力度,实现集约式反腐。

(五) 建立社会参与腐败治理机制,形成多元治理格局

腐败的结果是对机会和其他资源的排他性占有,这种占有侵犯了其他社会主体平等享有社会资源的权利,打破了社会资源和利益的分配均衡,直接损害了社会公众的利益,因此,社会组织和公众具有足够的动力参与腐败治理。然而,"我国现行腐败治理体制的缺陷恰恰在于公共权力系统独霸腐败治理领域,腐败治理的动力主要来自于作为公共权力结构核心的执政党持续执政的强烈需求。由于公共权力运作过程中的党政职能分工,更由于执政整体与执政者个体、执政整体与行政个体在利益上的实际冲突,必然导致体制内反腐动力不足。"③因此,必须强化腐败治理的社会参与,构建系统的社会反腐网络,一个强大的、活跃的和警觉的公民社会,是制约国家权力

① 乔尔·赫尔曼等,周军华译.转轨国家的政府俘获、腐败以及企业影响力[J].经济社会体制比较,2009(1):1—12

② 公婷,吴木銮.我国2000—2009年腐败案例研究报告—基于2800余个报道案例的分析[J].社会学研究,2012(4):204—246

③ 柏维春.中国治理腐败的体制困境及其应对[J].东北师大学报(哲学社会科学版),2011(3):21—24

防范政治腐败的有力屏障。①

　　社会参与腐败治理的关键是科学设计社会参与腐败治理机制。首先，应厘清社会参与腐败治理的领域及职责；即必须界定在腐败治理的哪些环节可以参与，权限及功能；其次，应在法律制度层面确定社会参与的主体地位，明确社会参与在腐败治理中的"身份特征"，使社会参与腐败治理合法化、正当化，保障社会参与的程序化、制度化和规范化；再次，应建立社会参与腐败治理的机制和平台，即要解决社会如何参与腐败治理的问题，具体可包括公民揭发检举、非政府组织发布国家廉洁报告、成立专业的腐败治理非政府组织（如反贿赂事务所、公民申诉受理协会、行业监督协会）、建立反腐专业网站等；最后，应建立完善的社会参与利益保障机制，保证社会参与者的利益不受侵犯，形成不因反腐而利益受损的可信承诺，营造全社会共同参与的反腐氛围，构建系统性社会反腐网络。

①　何增科.论构筑反腐败的制度平台[J].北京行政学院学报，2004(6)：5—10

从朱元璋铁腕肃贪得失谈提高
反腐倡廉制度的执行力 [*]

张国芳

【摘　要】　本文从明代开国皇帝朱元璋铁腕肃贪的历史教训切入正题,分析了当前国内反腐倡廉制度在执行方面存在的问题,以及制约反腐倡廉制度执行力的有关因素。笔者认为,要提高反腐倡廉制度的执行力,必须在制度建设方面实行科学化、人性化,增强制度执行的可行性、权威性和适应性;在制度执行方面实行民主化、大众化,强化制度监督、严格责任追究、加强宣传教育、提倡领导带头。唯如此才能真正提高反腐倡廉制度的执行力,确保反腐倡廉取得实效。

【关键词】　朱元璋;反腐倡廉;制度;执行力

历史上,明代开国皇帝朱元璋是反腐败手腕最狠的一个皇帝。朱元璋登基不久,官场腐败之风渐起,到洪武六年(1373 年)官吏贪赃枉法、官逼民反之事时有发生。朱元璋知道,如果不严惩贪吏,大明江山就会动摇。因此,他亲自主持修订《大明律》、制《大诰》,加大对贪官污吏的惩治力度,其手段之严酷,态度之坚决,前无古人,后无来者。[②]

如《大明律》规定,受财枉法者,一贯以下杖七十,每五贯加一等,八十贯则处以绞刑。受财不枉法,一贯以下杖六十,每五贯加一等,至一百二十贯杖一百,流放三千里,后改为受四十贯就流放。贪赃钞六十两以上官吏,均处以枭首示众,并剥皮楦草等等。[③] 鉴于官员们杀一批又犯一批的现实,朱元璋后来又发布命令,今后有贪污受贿的,不必以 60 两为限,全部杀掉。[④]

* 本文系 2012 年全国纪检监察系统反腐倡廉法规制度建设理论研讨会选送论文。
作者简介:张国芳,浙江大学管理学院党政办副主任,副研究员。

② 高寿仙. 定鼎秦淮河[M]. 华夏出版社,2001:109
③ 佚名. 朱元璋的 6 次大规模肃贪[J]. 政府法制,2008(8):43
④ 赵艳芳,刘金燕. 明朝"重典治国"的评价与启示[J]. 历史与文化,2012(7):195

官员犯了别的错误尚可饶恕,唯有贪污,绝不放过。凡贿案发生,必定顺藤摸瓜、斩尽杀绝,实行"宁错杀一千,不放过一个"的极端政策。

在他的严厉打击下,一颗颗贪官人头落地,一个个污吏被流放。由于诛戮过甚,两浙、江西、两广和福建的行政官吏,从洪武元年(1368年)到十九年(1386年)竟没有一个做到任期满的,往往未及终考便遭到贬黜或杀头。从洪武十八年(1385年)到洪武二十八年(1395年),皇帝与百姓密切配合,严厉打击贪污腐化,几乎无日不杀人。① 在洪武时代做官成了一件极危险的勾当。传说当时的京官,每天清早入朝,必与妻子诀别,到晚上平安回家便举家庆贺,庆幸又活过了一天。②

虽然惩贪措施如此严厉,腐败却从来没有绝迹。大的腐败消失了,小的腐败却仍然层出不穷,真可谓"野火烧不尽,春风吹又生"。官员们认为反正动辄得咎,不如趁早捞一把算了。对于官员如此毫不畏死,前赴后继,朱元璋震惊之余,也是无可奈何。虽然他在世时,通过他堂吉诃德式的努力,贪污腐化现象得到了一时抑制,然而却积蓄了巨大的反弹能量。他死后第二个月,建文帝就宣布了《大诰》的终结,之后腐败迅速发展起来,并且愈演愈烈。明代中后期,腐败现象在各级官吏中处于争先恐后的疯狂和无耻状态中,向政治肌体的一切环节蔓延扩散,并最终积聚成为汹涌的巨涛,吞没了整个王朝。大明最终以中国历史上最腐败的皇朝之一被列入史书。③

朱元璋铁腕治贪但效果并不理想,究其原因,除了封建专制体制造成权力过于集中而又缺乏有效制约这一根本因素外,朱元璋在某些政策的制定和执行方面存在很大问题。在封建专制社会,政治权力笼罩了社会生活的方方面面,在权力没有制约的前提下,腐败机会遍地皆是。而朱元璋的"低薪制"又加剧了腐败的蔓延。史称明代"官俸最薄",一个县令月收入不过合五两银子,这五两银子不光要负担县令个人的生活,还要供养家庭,支付师爷们的工资。因此,如果不贪污,大明皇朝的官员们根本活不下去。这种"低薪制"直接导致了"欲廉而不能"的时代悲哀。④ 朱元璋一味猛打猛杀,过分看重了刑法的力量,而没有从制度的完善和执行上下功夫,很多时候是上有政策下有对策,玩老鼠逗猫的游戏,如此就大大削弱了反腐的可持续性和

---

① 张廷玉等. 明史(全二十八册)[M].中华书局,1974
② 赵艳芳,刘金燕. 明朝"重典治国"的评价与启示[J].历史与文化,2012(7):195
③ 吴晗. 朱元璋传[M].百花文艺出版社,2000:128
④ 吴广伦. 朱元璋的历史难题——浅谈朱元璋重典治贪[J].安徽冶金科技职业学院学报,2006(2):122

有效性,导致人亡政息,并且迅速恶化的局面。

朱元璋铁腕治贪但效果并不理想给我们两点启示:一是反腐败制度建设一定要科学化,要有可操作性、可持续性,经得起历史的检验;二是在反腐败制度执行方面一定要民主化,要不断完善内外监督机制。结合当前国内反腐倡廉形势,笔者认为在我国反腐倡廉制度不断完善、健全的背景下,如何切实提高反腐倡廉制度的执行力是决定反腐成效的关键所在。

所谓反腐倡廉制度的执行力是指反腐倡廉制度执行的主体,通过对各种政策资源的调度、控制和使用,有效地执行反腐倡廉制度,完成反腐倡廉各项任务的能力。本文从朱元璋铁腕肃贪的得失重点探讨如何提高反腐倡廉制度的执行力。

一 当前制约反腐倡廉制度执行力的因素分析

与 600 多年前的大明皇朝相比,当今世界发生了翻天覆地的变化,世界正处于大发展、大变革、大调整的新形势下,因此反腐倡廉工作更加艰巨复杂,面临的挑战和压力更加巨大。要取得反腐倡廉的胜利,在狠抓反腐倡廉制度创新的前提下,必须切实有效地提高反腐倡廉制度的执行力。但在现实生活中,反腐倡廉制度在执行方面还存在着制度不执行、制度难执行、制度执行缺乏监督和责任难追究等诸多问题,严重削弱了制度的权威性和政府的公信力,并最终影响到反腐败成效。推究制度执行不力的因素有以下几方面:

1. 制度设置的盲目性。制度的设置脱离本单位、本部门实际,没有认真研究反腐倡廉的形势和趋势,对反腐倡廉工作究竟需要什么样的制度研究不够,对制度的供求现状缺乏必要的了解,只是十分笼统、模糊地提出制度建设要求。

2. 制度的可操作性不强。现有的一些制度存在内容空洞、要求笼统、难以操作的问题。制度建设在内容上的空洞化,使制度看似健全,实质无从执行,从而使制度的权威受到藐视,尊严受到挑战,公信受到怀疑。

3. 制度内容的标准不确定性。一方面,制度供给过剩,条条框框到处都是;另一方面,有效制度供给不足,还要呼吁制定新的制度。因此,迫切需要对制度建设建立一套科学的评价标准,让那些好看但不管用的制度及时被淘汰;让那些大而空、实践中无从操作的"摆设"性制度不得出台和施行。另外,还要通过评价标准,建立起一种导向机制,防止只管制定和出台制度,不管内容是否切合实际、不管执行效果是否达到预期目的的倾向。

4. 制度主体缺位。制度设置作为一门科学,其主体不仅仅是制度的执行者,还必须包括制度的制定者、制度的监督者和制度的评价者。一个制度出台后能否有效施行、能否体现出应有的效果,制度的制定者、监督者和评价者,都应该负起相应的责任。而当前几乎所有的制度,往往只有制度的执行者是制度建设的唯一责任者,而其他各方都不能负起自己应有的责任。

5. 责任追究不到位。制度执行不力,很大程度上是因为对责任的追究不到位,现行很多制度的内容只是重在提醒和警告,对违反者的处罚失之于软、失之于宽,违反制度的成本太低,对与制度有关系的制度制定者、监督者和评价者的连带责任追究更是无从谈起。

二　反腐制度制定上追求科学化

要提高制度的执行力,必须着力提高制度设计、制定的科学化水平,增强制度执行的可行性、权威性和适应性。在制度的设计、制定过程中应该做到:

1. 增强制度的实用性、可行性。在构建惩防体系进行制度建设时,要依据市场经济原则和反腐倡廉要求,注重其可操作性和有效性,确保制度用得上、行得通、管得住、用得好。同时,制度设计一定要科学、严密、操作性强,尽可能减少单位或个人自由裁量的空间。理想的目标是,通过以预防为取向的科学制度设计,最终使人不想腐败、不敢腐败,也不能腐败。

2. 增强制度的强制性和权威性。在制定具体的实施细则和办法时,一定要增加执行制度的硬性措施或要求,使普适性的笼统规定明确化、原则的表述具体化、定性的规定定量化。制度一旦建立,就必须不折不扣地贯彻执行。同时,要坚决消除制度执行上的随意性,更不允许蓄意变通行为的发生。

3. 增强制度的时效性和适应性。制度设计既要立足于当前,更要立足于长远。为此,制度设计的主体要洞悉社会发展的大趋势,敏感反映党风廉政建设的新信息,要根据反腐倡廉形势的发展变化,及时做好制度的废、改、立工作,把明显滞后于形势发展的予以废止,把不够完善的进行调整充实,把实践证明行之有效的做法固定下来,增强制度的时效性和适应性,从而有效堵塞制度漏洞,减小腐败行为产生的概率。

三 反腐制度执行上实行民主化

1945 年 7 月,毛泽东在延安同民主人士黄炎培作了一次被誉为"千秋窑洞对"的著名谈话。黄炎培问毛泽东:历史上许多政权"其兴也勃焉,其亡也忽焉",形成了一种周期率,共产党执政后有没有跳出这个周期率支配的新路? 毛泽东答道:"我们已经找到新路,我们能跳出这个周期率。这条新路,就是民主。只有让人民来监督政府,政府才不敢松懈;只有人人起来负责,才不会人亡政息。"60 多年过去了,世情、国情、党情、民情正在发生深刻变化,但这次谈话中提出的民主监督治理腐败的思想,却给了我们真理的启迪。

1. 强化制度监督,增强制度刚性。制度的执行,不仅取决于自觉,还要加强监督检查。(1)要建立制度落实的监督责任机制。凡一项制度一经出台,都必须明确监督执行的责任部门,使制度监督责任不可推卸。把制度执行情况的监督检查与党风廉政建设责任制考核检查结合起来,将制度贯彻执行情况作为责任制考核的重要内容,建立起完备的制度执行情况的督查、反馈和考评机制,及时解决制度执行中出现的问题。(2)各监督主体要形成合力,发挥监督效力。纪检监察部门要承担起对制度落实情况进行监督检查的主要责任,发现问题及时解决。同时要发挥人大、政协和人民群众、新闻媒体的作用,畅通诉求渠道,完善监督方式。做到定期监督与日常监督相结合,专门监督与综合监督相结合,事中监督与事后监督相结合,保证制度的贯彻落实。(3)实行"阳光工程"。要大力推行党务公开、政务公开和办事制度公开,凡事要以公开的形式接受监督,提高工作的透明度和公信力。

2. 严格责任追究,提升制度威力。加大对制度执行不力情况的责任追究,是提升制度威力、形成良好制度执行环境的重要基础。(1)要严查领导干部违反制度行为。对领导干部带头破坏制度、有意干扰制度的行为,不论职务高低,一律照章办事,严格责任追究,严肃查处,以强硬的措施维护制度的权威。(2)要坚持原则,秉公处理。在制度的责任追究上,要坚持原则,公平公正、一视同仁,不允许有"例外"和"打折"的现象。制度追究不能以关系亲疏来定性、以职位高低来定责,更不能以违者众多而放任,使有权者不敢以权谋私藐视制度,位高者不敢以身试法无视制度,从众者不敢放纵行为漠视制度,增强制度的威慑力和严肃性。(3)要公开责任追究结果。对已经组织处理的违反廉政制度的人员和情况,必须坚持公开透明原则,敢于曝光,敢于亮丑,及时向社会公布处理情况。通过公开曝光披露,使违规者无地自容,无处藏身,使广大干部群众得到警示,受到教育,提高遵守制度的自觉性,自觉维护制度的权威。

3. 加强宣传教育,营造良好氛围。(1)要推进制度宣传的常态化。通过制度宣传的常态化,使每位领导干部人人知晓、人人敬畏制度,确保制度宣传教育取得实实在在的效果。(2)要明确制度宣传教育的重点。反腐倡廉宣传教育的重点是领导干部,特别是党政"一把手"。因为领导干部位高权重,他们的言行举止对群众起着示范和导向作用,要尽量避免泛化反腐倡廉制度宣传教育对象,防止教育对象的倒置,解决"领导有病、群众服药"的不良状况。(3)要丰富制度宣传的内容、形式、载体、方法。采取举办先进事迹报告会、法纪知识竞赛、网上廉政教育、反腐倡廉形势报告会、廉政文艺会演、党风廉政征文、读书学习会、专家专题辅导、广播电视讲座等生动活泼、宽松和谐的活动方式,学习宣传反腐倡廉制度规定,使党员干部领会制度精神、熟知制度内容、强化制度意识,从而带头严格执行、自觉维护制度,真正把制度转化为自己的行为准则和自觉行动,营造党员干部崇尚制度、敬畏制度、严守制度的良好氛围,在全社会形成敬廉崇廉、风清气正的良好舆论氛围,为提高反腐倡廉制度执行力创造良好的条件。

4. 提倡领导带头,发挥表率作用。(1)领导干部要带头研究制度建设情况,与有关部门一起研究制定出一些优质制度。领导干部带头研究制度,不但能提高制度的质量,还能不断强化领导干部的制度意识。(2)领导干部要带头学习制度。领导干部只有学法懂法,才有可能自己不违规犯法、督促执法部门执纪守法。无论工作多忙,工学矛盾多突出,也要抽出时间来比普通党员干部多学一些、学深一点,有些重要制度规定还要让家属、子女和身边工作人员学懂记牢。(3)领导干部要带头遵守制度。在制度执行上,领导干部应"先于""高于""严于"一般干部,做到要求属下遵守的自己先遵守,要求属下做到的自己先做到,要求别人管好的自己先管好,绝不能言行相悖欺骗群众,弄虚作假糊弄群众,光说不干蒙混群众。(4)领导干部要带头维护制度。领导干部特别是各级主要领导在带头遵守制度的同时,还要按照党风廉政建设责任制的要求,抓好本单位、本部门、本系统反腐倡廉制度的监督落实。领导干部只有真正坚持模范遵守制度、发挥表率作用,才能真正维护反腐倡廉制度的严肃性和权威性,从而真正提高反腐倡廉制度的执行力。

600多年前的朱元璋至死都想不明白,这些饱读诗书的官吏们,以所谓"朝闻道,夕死可矣"为人生信条,却在当官之后成了"朝获派,夕腐败"的反面典型,更具讽刺意义的是大明作为历史上最腐败的皇朝之一而载入史册。这不能不说与开国皇帝朱元璋一味以严刑峻法肃贪而无视反腐政策的科学性、政策执行的极端专制性不无关系。"以史为鉴,可以知得失"。历史经验深刻地警示我们,在当今复杂多变的国际国内形势下,反腐倡廉任重而道远,我们必须以科学化、人性化的制度设计,民主化、大众化的制度执行,来进一步加强和优化反腐倡廉工作,确保国家经济社会发展长治久安,人民生活幸福安康!

竺可桢执掌浙江大学时期的廉洁思想初探

许慧珍　胡肖娅

【摘　要】　1936 年 5 月,竺可桢在补行就职宣誓典礼时宣读的就职誓词,正是他克己奉公、清正廉明的廉洁思想的真实写照。竺可桢在浙大期间,无论在学校管理、校务公开、任人选才,还是廉洁教育、招生录取、个人生活等方面都一一兑现了他的就职誓词,充分体现了他公私分明、清正廉明的高尚品质。

【关键词】　竺可桢;廉洁;思想

从 1936 年到 1949 年,竺可桢担任浙江大学校长共 13 年,是浙大历史上任期最长的校长。而这段时期正是日寇侵略,国家生死危亡的关键阶段,浙江大学更是多次搬迁校址。正是在这样的背景下,竺可桢将浙江大学从一所规模较小、底子薄弱的地方性学校创办成为中外知名的高等学府,他由此被尊为近代中国高校四大校长之一。长久以来,我国科技界和教育界宣传并研究竺可桢的活动持续不断,有增无减。据不完全统计,这方面形成的文字材料已超过数百万字,但有关其克己奉公、清正廉明的廉洁思想的研究并不是很多。

据现存于浙江大学档案馆的国立浙江大学校刊第二百五十期校刊记载,竺可桢于 1936 年 5 月 18 日上午 10 时补行就职宣誓典礼,监誓人为当时北京大学的校长蒋梦麟,浙江省各界名流及全校师生一同观礼。誓词全文——"余敬谨宣誓,余恪遵总理遗嘱,服从党义,奉行法令,忠心及努力于本职,余决不枉费一钱,妄用一人,决不营私舞弊,及授受贿赂。如违背誓言,愿受最严厉之处罚。此誓。"综观誓词全文,虽只有寥寥数语,但意义深

作者简介:许慧珍,浙江大学纪委办(监察处)纪检员,馆员;胡肖娅,浙江大学纪委办(监察处)纪检员,讲师。

远。时至今日,在我们的视听感受里仍很贴切、庄重!"服从党义,奉行法令,忠心及努力于本职"说出了他以身作则、恪尽职守的职业操守。"不枉费一钱,妄用一人"表明了他厉行节约、合理用人的基本准则。"决不营私舞弊,及授受贿赂。"道出了他清正廉明、廉洁自律的心声。"如违背誓言,愿受最严厉之处罚"显现了他与贪赃枉法、徇私舞弊行为彻底决裂的信心和决心,彰显了他高洁清廉的师风和师德。竺可桢在浙大期间,无论是学校管理还是机构改革、任人选才等各方面,都一一兑现了他的就职誓词。

一 民主办学,力推教授治校

竺可桢学习当时世界先进大学办学经验,提倡教授治校。1945 年 9 月 17 日,竺可桢在《战后国家与学校诸问题》的演讲中指出:"今后大学应行教授治校制,以符合民主之潮流"。竺可桢接管浙大后,确立校务委员会为学校最高权力机构,凡重大校务问题,都由校务会集体讨论决定。校务委员会的成员有:校长、教务长、训导长、总务长及教授代表若干人。教授代表由学校的全体教授民主选举产生,每年选举一次,连选可以连任。校务会议一般每月开一次,讨论有关学校发展的重要问题。校务会议设常务委员会,每周举行一次,讨论学校的经常性事务。另外,还根据需要成立了一些特设委员会。1937 年,浙大撤离杭州时,为适应当时形势和学校搬迁的需要,就设立了特种教育委员会。此后浙大每一次迁校,都会设立迁校委员会,每到一地,都由校舍支配委员会和建筑委员会负责安置和筹建等事务。1938 年,为帮助经济困难的学生,学校成立了贷金委员会和工读委员会,并拟订临时贷金委员会章程。据记载,到 1943 年浙大共有预算委员会、训导委员会、出版委员会、图书馆委员会、建筑委员会、社教推行委员会、章则修改委员会、教职工福利委员会等 10 个委员会,其中预算委员会、建筑委员会等由竺可桢校长亲自负责①。

二 校务公开,广泛听取意见

竺可桢还坚持校务公开,民主办学。凡是学校的大政方针、规章制度及经校务会议讨论通过的重要决定,都会通过各种途径尽快传达给全体师生。

---

① 竺可桢.竺可桢日记(第 2 册)[M].人民出版社,1984:716、959、1163—1173

《国立浙江大学日刊》、《国立浙江大学校刊》就是当时校务公开的重要途径。《国立浙江大学日刊》自 1936 年创刊以来,天天出刊,即使在西迁途中也不间断。日刊设有布告、校闻等栏目,大到各种会议纪要,小到一些校内消息,都会有记载。此外,学校还在每周一召开由全体学生参加的总理纪念周,在纪念周上竺可桢一般都会安排本校教师或邀请社会各界作专题演讲,同时他也会利用这个机会向大家报告校务。每到新学年初,竺可桢都会把学校的计划、经费、师资变动等情况向广大师生公开。如:1936 年 9 月 14 日,竺可桢"报告一年中计划之大概,关于浙大量的方面与质的方面之发展"①。竺可桢虽为一校之长,但从不独断专行,而是集众家之长,共同管理学校。他每周都会安排一次行政碰头会,广泛听取师生的意见。当时浙大师生可以通过教授会、讲师会、学生自治会等组织随时向学校反映情况。竺校长也经常深入学生中,与学生对话,了解情况。如:1938 年 5 月 29 日在江西泰和,竺可桢与部分教授及毕业班学生一起座谈,当天他的日记是这样记载的:"今日在趣园遐观楼楼上约四年级生茶点。到乔年……诸人,与四年级生约 80 人(全体 91 人)。余与乔年、亦秋、季梁、掌秋、鸿逵均致辞,学生方面,杨治平、李如南、顾振军等均发表意见。教授所言大致均勖勉之词,而学生方面则希望必修科之减少,设备之增添,以及导师制之能实现。"②

三 德智并重,倡导廉洁教育

竺可桢在学生培养方面,十分重视学生良好品性德行的养成,坚持德智并重、教训合一。他上任后不久,就确定以"求是"为浙大校训,并一再强调"大学教育的目的,决不仅是造就多少专家如工程师、医生之类,而尤在乎养成公忠坚毅、能担当大任、主持风气、转移国运的领导人才。"③在他看来,在当时,大学培养出来的应该是能"转移国运的领导人才",并要能担负起"拯救中华"的重任。他教育思想的出发点和落脚点都基于此。针对当时社会腐化、学风不良的状况,他还进一步提出:"凡是有真知灼见的人,无论社会如何腐化,政治如何不良,他必独行其是。"1945 年 7 月 1 日,在浙江大学第18 届毕业典礼,竺可桢作了题为《大学生之责任》的演讲,对即将走上社会的学生提出,必须要认清"知先后、明公私、辨是非"三点。他在第二点"明公

① 竺可桢. 竺可桢日记(第 1 册)[M]. 人民出版社,1984:54、234
② 竺可桢. 竺可桢日记(第 1 册)[M]. 人民出版社,1984:54、234
③ 竺可桢. 竺可桢文录 [M]. 浙江文艺出版社,1995.5:108

私"中明确指出："在抗战时候道德堕落,这是古今中外一律的事。但若能赏罚严明,公私有别,则道德就不致十分堕落。……近来报上所载我国贪污之案层见叠出,其至财政部总务司长王绍齐、直接税局局长高秉坊、中央银行业务局长这类人也竟监守自盗,舞弊上千万。诸君看了报自然莫不痛心。但是诸位要晓得,在有一个时期,这类作弊的人,也是和诸君一样,从大学刚毕业、极清白纯粹的大学生。因为贪污之层见叠出,所以一般人以为官是做不得的,财是不能发的,这可大错了。做公务员就是官,我们希望顶好的人才、顶廉洁的知识阶级去做官,唯有这样,公家的事才能办得好。中国那么穷,我们就希望大家绞尽脑汁来发明、办工厂、开农场、去发大财。唯有这样,国才能富,民才能强。所以我希望你们能做官、能发财,但不希望你们因为做了官再去发财。为做官而发财,是没有不贪污的。……唯有公私分明而后贪污才能绝迹。"①

四 选人用人,唯才不谋私利

竺可桢爱才如命,选人用人举才荐贤,不谋私利。他认为:教授是大学的灵魂,一个大学学风的优劣,全视教授人选为转移。他把教授人选、图书仪器等设备和校舍建筑看作办学的三要素,其中教授人选是第一位的、最为重要的。在聘用教师上,竺可桢豁然大公,决无门户之见。竺可桢三顾茅庐最终请出"瑰宝"级国学大师马一浮先生;他不止一次亲自登门拜访,欲请前校长邵裴子先生。因抗议他的前任郭任远的做法而辞职离开浙大的物理学家张绍忠、何增禄、束星北等人都被竺可桢一一请回学校。其中束星北因"个性太强",曾当面冲撞过蒋介石,很多人对请回他有所顾虑,竺可桢却不顾这一切,照样聘请束星北为物理系副教授,并很快将他升为教授。谈家桢1937年从美国学成归来,因他出身于教会办的东吴大学,想进国立大学在当时那个时代是一件很不容易的事。后经胡刚复推荐,二十八岁的他竟收到了竺可桢寄来的浙大聘书。多年后,已经卓有成就的谈家桢感叹:"竺先生是'任人唯才',而不是讲派系的。所以,他把我这样一个'外来人'也聘进了。后来我还听说,沪江大学出身的涂长望教授和燕京大学来的谭其骧教授,也都由他聘来浙大,并且都得到重用。可见他聘用教会学校出身的教

---

① 王天骏.竺可桢在1945年浙江大学毕业典礼上的演讲《大学生之责任》[DB/OL]. http://digitian.blogchina.com/index_2.html

授,并非仅我一人。"①

五 招生录取,决不徇私通融

竺校长非常重视学校的生源质量,严格把好新生入学这一关。自他任校长后,浙大就开始和中央大学、武汉大学、西南联大等国内知名大学联合招生,统一考试。他每年亲自主持招生工作,并在学生入学分数方面把控很严,学生入学考试成绩哪怕只差一分,亲朋好友甚至省里官员子女也绝不通融。1946 年 10 月 1 日,浙江省主席沈鸿烈的女儿沈致平"考中国文学系,国文 65 分,但数学只 2 分,平均 28.6 分",浙江省参议会议长张毅夫之子张国维,"考文学院一年级,国文 59 分,而英文 12 分,数学 0 分"。省建设厅厅长皮作琼、省政府秘书长张协承等先后来说情,竺校长坚决不同意,说:"因敷衍无限制,而一年级入学考试不能不严格执行。"②竺可桢对学校教师子弟,甚至包括他自己的子女在入学方面也决不徇私。据浙大校友吴耕民回忆,竺校长女儿竺梅报考浙大时成绩不够理想,就没有从宽录取。竺可桢的大儿子自抗战一开始就当兵抗日,从没听说要到浙大来开后门。即使当时学校有些教师以不应聘相要挟,竺校长也不为所动。1948 年夏天,外语系教师方某、叶某想让女儿不参加考试就进浙大,否则不接受学校的聘书。当时浙大外语系师资紧缺,但竺可桢并未因此而放弃招生原则。竺可桢一再在日记中强调:"降低程度收容乃是困难之事,因教职子女可收容,则弟妹亲戚均可收容,将来校中将无法拒绝一切外人之说情矣。""若欲学校通融,则此门一开,以后效尤者不可胜数,从此浙大学生均可将考试不及格之学生入校矣。"③

六 公私分明,生活廉洁自守

竺可桢在生活方面廉洁自守,公私分明。即使在抗战生活十分艰苦的岁月,浙大农场的瓜果禽蛋甚多,竺也从不占丝毫便宜。1946 年 1 月,美国援助浙大鱼肝油精五千粒,有人欲送给其体弱之长子少许,当即被竺可桢拒

---

① 谈家桢. 回忆当年竺校长[C].竺可桢诞辰百周年纪念文集,1990:7-8
② 竺可桢. 竺可桢日记(第 2 册)[M].人民出版社,1984:716、959、1163—1173
③ 竺可桢. 竺可桢日记(第 2 册)[M].人民出版社,1984:716、959、1163—1173

绝。① 在泰和时期,由于战乱,物资缺乏,浙大师生家属生活极其艰苦。竺可桢校长廉洁俭朴,一心为公,公而忘私,更是处处为人表率,他忙于迁校事宜,无暇顾家,甚至夫人张侠魂和次子竺衡身患重病疟疾也无法顾及,由于医疗技术和药品缺乏,竺校长的夫人和次子竺衡先后病逝于泰和。身为浙大校长,竺可桢本人生活很简朴,身无长物,乃至朝不保夕。1941 年遵义物价飞涨,一日三变,他从衣箱中翻出上海华安人寿保险公司已经期满的单据,一共两千元,不过能买几担米,"一生积蓄仅此而已,岂他人所能信哉"。1948 年 6 月 1 日,他在日记中说:"因余未向学校领私人应用之物品。唯草纸一项余个人所用者由学校供给,嗣后余亦当停止使用。允敏并当面告知,谓私人决不要公家之物来用。余意以后凭余开条签名取物。"在他年老时,竺校长还把自己结余的存款、房子和大量珍贵藏书捐给国家。

竺可桢一生自奉廉洁,操守极严,除身体力行,服务于社会、国家之外,不求其他。有关竺校长的道德品德,就曾有人做出如此描述——"他的人品一如他老家绍兴的白墙黑瓦,一派日月山川般的磊落明静"。他的廉洁和清贫也正是他高尚人品的真实写照。他作为著名的教育家,高尚、正直的学者,知识分子的良心,他在为人处世、治学育人上所表现出的崇高品德,永远是后人学习的榜样,其精神和风范也应为当今高校领导所继承和发扬。

---

① 《竺可桢传》编辑组. 竺可桢传(第 1 版)[M].科学出版社,1990.2:113

读《墨子·兼爱》有感

严书元

【摘　要】　墨子以其摩顶放踵、舍己利他、扶弱抑强的高尚人格赢得了世人的尊重,时至今日仍可为人民公仆的楷模。"兼爱"是墨子廉政思想的核心。墨子认为"兼相爱,交相利"是为政者处理人与我、公与私关系的准则;"兼爱"具有可行性,需要为政者大力弘扬;为政者清廉爱民,就会得到百姓拥护。墨子的思想具有超越时空的价值,能给我们的廉政建设以重要的启示。

【关键词】　墨子;兼爱;廉政

墨子为中国历史中一甚大人物。墨子所创墨家,战国时与儒家并为世之显学。汉代之后,墨学方才逐渐式微。在春秋战国,那个奠定今日中国人思维方式、价值取向和文化基因的"轴心时代",墨翟以他"摩顶放踵以利天下"的自苦利他精神、爱利天下为核心的社会思想体系、呼唤平等博爱的平民情怀赢得了世人的尊重,时至今日,虽历经千载,他的思想依旧闪耀着独特的光辉。墨子已然成为中华文化的一个符号或标杆,在不同的时代吸引着不同的人重新感受、体味他的学说与思想,从中寻找解决时代问题的药方。当下我国正处于党领导人民建设中国特色社会主义的关键阶段,党风廉政建设方兴未艾,反腐任重而道远,先秦墨子的思想具有超越时空的价值,能给我们的廉政建设以重要的启示。

一 墨子其人

据考证,墨子生时约当孔子五六十岁间^①。墨子尝学于鲁,当时之鲁国,

---

*　作者简介:严书元,浙江大学光华法学院本科生。

①　参见胡适:《中国哲学史大纲》,岳麓书社出版,2010 年第 1 版,第 111 页。

孔门之学正炽，墨子受其影响亦大矣。这从兼爱三篇中不难看出：在墨子所推崇的理想社会中，君惠臣忠、父慈子孝、兄友弟恭，这些并未超脱儒家的话语体系。然墨子"以为其礼烦扰而不悦，厚葬靡财而贫民，久服伤身而害事"（《淮南子·要略》），成为反对儒家的第一个批评者，并另辟蹊径，独树一帜，倡墨学于天下，墨子为纷乱的天下开出了不同于儒家的另一剂药方。

墨子何许人也？一曰鲁人，一曰宋人。宋人在诸子百家中常被当作愚人的代名词，上有宋襄公以义战而败于楚，下有揠苗助长、守株待兔之人。然我认为宋人之民风按今天的话说就是淳朴、"实诚"，老实巴交，在纷繁乱世中实乃难能可贵。我倒愿意相信墨子乃宋人。他为了非攻弭兵，穿草鞋短衣奔走于各国，曾连走十日十夜至郢都，止楚攻宋。墨子提倡节用、节葬、非乐，反对一切超越最基本生存需要的物质生活和文化生活，以利天下作为行为准则。他以勤俭的大禹为楷模，曰："昔禹之湮洪水，决江河而通四夷九州岛也，名山三百，支川三千，小者无数。禹亲自操橐耜，而九杂天下之川；腓无胈，胫无毛，沐甚雨，栉疾风，置万国。禹大圣也，而劳天下也如此。"（《庄子·天下》）他以身作则的同时要求门徒"以裘褐为衣，以跂蹻为服，日夜不休，以自苦为极，曰：不能如此，非禹之道也，不足谓墨"（《庄子·天下》）。志同道合的墨者聚拢在他身边，成一纪律严明、志虑单纯、不怕牺牲的社会团体（甚至被认为是一种宗教），甚至"赴火蹈刃，死不还踵"①。这种慷慨好义、苦己利人的"实诚"令人动容。

庄子虽然对他提出了尖锐的批评："其生也勤，其死也薄，其道大觳；使人忧，使人悲，其行难为也，恐其不可以为圣人之道，反天下之心，天下不堪。墨子虽独能任，奈天下何！离于天下，其去王也远矣！"（《庄子·天下》）却不得不表示由衷钦佩"虽然，墨子真天下之好也，将求之不得也，虽枯槁不舍也。才士也夫！"（《庄子·天下》）毕竟"摩顶放踵以利天下"②试问天下有几人可以做到？"其智可及也，其愚不可及也"这话拿来形容墨子我认为倒是恰到好处。甚至连墨子的朋友都看不下去了，谓墨子曰："今天下莫为义，子独自苦而为义，子不若已。"子墨子曰："今有人于此，有子十人，一人耕而九人处，则耕者不可以不益急矣。何故？则食者众，而耕者寡也。今天下莫为义，则子如劝我者也，何故止我？"（《墨子·贵义》）此等精神与人格足可与"知其不可而为之"（《论语·宪问》）的至圣先师孔子比肩。难怪梁启超誉之

---

① 语出《淮南子·泰族训》："墨子服役者百八十人，皆可使赴火蹈刃，死不还踵，化之所致也。"

② 语出《孟子·尽心上》："墨子兼爱，摩顶放踵，利天下为之。"

曰"古今中外哲人中,同情心之厚,义务观念之强,牺牲精神之富,基督而外,墨子而已!"[①]

二 《兼爱》的内容与逻辑

墨子为了挽救天下动荡混乱的颓势和社会陷入恶性运行的局面而提出"十伦":"凡入国,必择务而从事焉。国家昏乱,则语之尚贤、尚同;国家贫,则语之节用、节葬;国家憙音湛湎,则语之非乐、非命;国家淫僻无礼,则语之尊天、事鬼;国家务夺侵凌,即语之兼爱、非攻。"(《墨子·鲁问》)这十大主张构成一个求治去乱的理论体系,兼爱则是这一理论体系的核心命题。梁启超甚至说墨家唯一之主义曰"兼爱"。[②]

墨子指出,天下纷争缘于人与人之间不相爱。子不爱父,父也不慈子;弟不爱兄,兄也不慈弟;臣不爱君,君也不慈臣,"此亦天下之所谓乱也"(《墨子·兼爱》)。人们只是自爱而不爱别人,为了自己的私利而不惜图谋损害别人的利益,虽是父子、兄弟、君臣,莫不如此。既然在这种亲情、亲密关系中都是赤裸裸的利己自爱,在一般的人际关系中损人利己就更甚:"盗爱其室,不爱其异室,故窃异室以利其室;贼爱其身,不爱人身,故贼人以利其身。"与盗贼损人利己类似,大夫亦乱别家肥己、诸侯亦攻他国以利己,于是造成社会的整体动乱。因此,社会动乱之源就是自私自爱,墨子称这种状态为"别"。改易之道奈何?墨子曰:"兼以易别"(《墨子·兼爱》)。

墨子认为自爱的对立面就是兼爱,以兼爱代替自爱:"天下兼相爱则治,交相恶则乱。"天下治乱的关键在于是否能够实施兼爱。何为兼爱?在《兼爱》三篇中,墨子都有文字专门论述兼爱的效果,虽然表述不尽相同,但内涵却并无二致。上篇曰:"若使天下兼相爱,国与国不相攻,家与家不相乱,盗贼无有,君臣父子皆能孝慈,若此,则天下治。"中篇曰:"然则兼相爱、交相利之法将奈何哉?子墨子言:视人之国,若视其国;视人之家,若视其家;视人之身,若视其身。"下篇曰:"故君子莫若欲为惠君、忠臣、慈父、孝子、友兄、悌弟,当若兼之不可不行也。此圣王之道,而万民之大利也。"在交往中能够以推己及人的心情对待对方,视他人如己身,视人之家如己之家,视人之国如己之国,则君惠、臣忠、父慈、子孝、兄友、弟悌,盗贼无有,家国安康,这就是

---

① 梁启超:《先秦政治思想史》,岳麓书社出版,2010 年第一版,第 148 页。

② 梁启超:《先秦政治思想史》,岳麓书社出版,2010 年第一版,第 136 页。

兼爱的体现。总之,墨子所倡导的兼爱是一种平等、周遍的博爱,不同于儒家差序式的仁爱。

墨子如何论证兼爱的必要性呢?墨子在《非命上》中阐释了自己的论证法。子墨子曰:"言必立仪,言而无仪,譬犹运钧之上而立朝夕者也。是非利害之辩,不可得而明知也。故言必有三表。"何谓三表?子墨子曰:"有本之者,有原之者,有用之者。于何本之?上本之于古者圣王之事。于何原之?下原察百姓耳目之实。于何用之?发以为刑政,观其中国家百姓人民之利。此所谓言有三表也。"墨子认为,任何言论是否合理,就是看它是否符合古者圣王各种历史经验,是否符合现实社会百姓大众的感性经验,是否有利于国家百姓的利益。在论证兼爱必要性时,墨子同样运用了这三表论证法。

首先,墨子从历史经验出发,告诉世人古代圣王之所以能善治天下,就是靠"兼相爱,交相利"。在《兼爱中》墨子举了大禹、文王、武王之事,证明"兼相爱、交相利,古者圣王行之。"《兼爱下》墨子复举文武汤禹论证兼爱取法自圣王。古人行之有效,今人未尝不可仿效。墨子提倡"凡言凡动,合于三代圣王尧舜禹汤文武者为之;凡言凡动,合于三代暴王桀纣幽厉者舍之。"此非复古,而是历史经验可利于当世者则用之的"实利主义",本质上与第三表同理。

第二表乃"原察百姓耳目之实"。墨子为了让受众更容易接受兼爱之说,常从现实社会百姓大众的感性经验出发进行论证。如子墨子曰:"姑尝本原之孝子之为亲度者。吾不识孝子之为亲度者,亦欲人爱、利其亲与?意欲人之所恶、贼其亲与?以说观之,即欲人之爱、利其亲也。然即吾恶先从事即得此?若我先从事乎爱利人之亲,然后人报我爱利吾亲乎?意我先从事乎恶人之亲,然后人报我以爱利吾亲乎?即必吾先从事乎爱利人之亲,然后人报我以爱利吾亲也。"(《墨子·兼爱下》)

第三表"发以为刑政,观其中国家百姓人民之利"最能体现墨子的哲学思想。胡适认为此乃墨子的"应用主义",或曰"实利主义"。梁启超命之曰"交利主义"。墨家说:"义,利也"。即凡事照这样做是有利的,也就是"义的"。儒家义利相对,舍利而取义,墨家则认两者为一。但不可认为墨子所说的"利"乃自私自利的小利或者财利的利,而是利天下的利,国家百姓人民之利,按西方哲学的话说,则是"最多数人的最大幸福"。他认为兴天下之利,个人的利也就有了保障。

墨子的兼相爱是以交相利为现实基础的,没有交相利,兼相爱就无从表现,甚至没有必要。没有兼相爱的主观愿望和内心主动的驱动力,那么交相利的结果也无从实现。爱利关系就像鸡和蛋的关系,乃互为因果的共生关系。但在墨子的论述中不难发现，吾之平等博爱之心具有起始意义，即吾先以爱人之心，行利人之事，唤起他人之爱人之心，他人亦将以利吾之行为报答，这样就在全社会形成一个"兼相爱，交相利"的良性循环，天下便得以大治。

三　墨子的兼爱思想与廉政文化

在廉政建设中，典范的力量是巨大的。墨子以其摩顶放踵、舍己利他、扶弱抑强的高尚人格和思想魅力赢得了世人的尊重，时至今日仍可为人民公仆的楷模。墨子对廉政高度重视，视其为国家存废和王朝兴衰的关键，并从多个方面阐发了丰富和系统的廉政思想，对于当下我国的廉政建设仍不乏借鉴意义。

廉就是要在社会财富的分配方面做到公平公正，在对社会奉献和索取之间谋求平衡，不取非分之财，不损公肥私，损人利己，侵占他人的劳动成果。判断廉政与否的关键是看如何处理人与我、公与私和义与利的关系。墨子给出的答案是"兼相爱，交相利"，具体做法是"视人之国，若视其国；视人之家，若视其家；视人之身，若视其身"。设想一下，假若那些为政者都能视百姓如自己家人，爱民利民，又怎么会做出损公肥私，敲骨吸髓，压榨百姓之事呢？这样，从理论上看，墨子的兼爱主张可以有效地减少甚至消灭贪污腐败现象。

问题是，政治学和伦理学是实践性极强的学问。仅仅理论上成立而没有可行性的话，这样的理论是没有价值的。对此，墨子雄辩地论证了兼爱的可行性。墨子说，可能有人会讲，兼爱好是好，但是知易行难啊。于是墨子反问：有多难呢？就像"少食恶衣，杀身而为名"那么难吗？可是就连这样"天下百姓之所皆难"（《墨子·兼爱中》）的事当年不也都有人做到吗？楚灵王好细腰，臣下就"皆以一饭为节，肱息然后带，扶墙然后起。比期年，朝有黧黑之色。"；晋文公喜爱简朴，臣下就穿粗布衣，披母羊皮，踏草鞋垫；越王勾践好勇，他的武士就赴汤蹈火万死不辞。可见"上有所好，下必甚焉"（《礼记·缁衣》），只要处高位者推崇赞扬这种行为，使之成为时代风尚，天下之人就能做得到。兼爱，不是"挈太山而越河济"这种从古至今没人做到的事情，上古圣王禹汤文武都能行之，所以墨子认为兼爱是完全可以做到的。廉政问题亦复如是，只要我们的执政者、中央政府以壮士断腕的决心和毅力持续深入地推进反腐工作，对腐败"零容忍"，同时大力弘扬清正廉洁、无私奉献的精神，使之成为新时代的风尚，那么就能在全社会营造出廉洁的环境。

墨子还说,何况兼爱是有好处的。因为"爱人者,人必从而爱之;利人者,人必从而利之。"这样利人利己,两全其美的事,何乐而不为?反之,"恶人者,人亦从而恶之;害人者,人亦从而害之",而这正是天下大乱,民不聊生的乱源。为政者清廉爱民,人民必定爱戴他、拥护他,从而上下一心,政通人和;反之,如果执政者假公济私,腐败堕落,为了自身及其利益集团的私利而损害人民的利益、社会公义,破坏社会和谐,则必定会失去民心,丧失执政的根基!最后墨子总结:兼,利人利己利国利民利天下;别,害人害己祸国殃民乱天下。

墨子的理论,可谓雄辩有力,滴水不漏,逻辑性极强,不能不让人折服;而且他以身作则,言行一致,不能不让人佩服。既有逻辑性又有实践性,所以他的理论在当时能大行于天下。

"廉"字的写法在"广"下便是"兼",不正暗含着将"兼爱"推而广之,及于天下的意蕴吗?所以,墨子的廉政思想的核心就是"兼爱"。墨子深知反腐倡廉是系统性的工程,故他还提出了尚贤(重视人才队伍建设)、尚同(统一思想,形成全社会的共识)、节用(提倡勤俭节约、艰苦奋斗,反对奢靡之风)、节葬、非乐(反对享乐主义)等主张,作为"兼爱"的辅助和配套,多管齐下,内外兼治。

墨子的廉政思想深刻而隽永,对今天的我们不乏启发意义。作为在社会主义国家执掌权力的群体或个人必须始终牢记执政的宗旨,明确权力的来源,从人民的利益出发,以实现好、维护好、发展好人民的根本利益作为出发点和落脚点,努力做到爱民、为民,不为名利所累,不为金钱所惑,正确行使权力,做到权为民所用,情为民所系,利为民所谋,淡泊名利,清廉为官,永葆公仆本色。

活动案例

廉洁教育进课堂

浙江大学思想政治理论教学科研部

　　"廉洁教育进课堂"是思想政治理论教学科研部贯彻落实中央纪委十八届二次全会精神和中央纪委等《关于加强领导干部反腐倡廉教育的意见》、《关于加强廉政文化建设的意见》以及教育部《关于在大中小学全面开展廉洁教育的意见》要求,认真贯彻落实学校第十三次党代会精神和《关于进一步加强党风廉政建设的实施意见》,结合我部实际,近年来坚持把廉洁教育纳入全校思想政治理论课教学的一项具体举措和教学活动,是充分发挥思想政治理论课教学的主渠道作用,在全校大学生中开展继承和发扬求是创新精神教育,营造崇尚廉洁的校园文化氛围,为加快建成世界一流大学提供坚强的文化保证和精神动力。浙江大学思想政治理论教学科研部四个教研中心根据学校的相关文件精神和部署,在四门大学生必修的思政理论课中,精选教学主题,精心设计教学环节,综合运用多种教学方法和教学手段,开展了"廉洁教育进课堂"的系列教学活动,增强在大学生中开展廉洁教育的生动性和实效性。

　　各教研中心开展"廉洁教育进课堂"活动情况如下:

一　《马克思主义基本原理概论》课教研中心

　　在课程中始终贯穿廉洁教育、反贪反腐等相关内容,特别在课堂讲授、专题讨论、课后作业、案例分析等教学环节中,进行了专门的设计和实践。

　　1. 教研中心教师集体备课,商议廉洁教育纳入《马克思主义基本原理概论》课程的章节、方法、模式等。

　　2. 课堂专题讲授。在《马克思主义基本原理概论》教材体系的以下章节中对廉洁教育及相关内容进行了具体讲授。第一章第三节"意识的能动作用"中强调个人意识对于廉洁的作用;第二章第二节"真理与价值"中强调价值评价和价值观的重要作用;第三章第三节"人民群众在历史发展中的作用"中强调人民群众的监督作用;第四章第三节"资本主义的政治制度和意识形态"中举例资本主义国家中的腐败现象。

3. 开设廉洁教育主题讨论,主要在课堂中进行的讨论题目有:主题一:何为腐败? 腐败现象能否克服? 主题二:我们能否做到对腐败零容忍? 主题三:高薪能否养廉? 主题四:腐败问题与社会制度有什么关系? 同学们发言积极,参与踊跃。

布置相关课后作业,主要有:① 廉洁教育中的文化传统与价值观念;② 廉洁教育中的信仰问题;③ 腐败现象的本质分析。很多同学在课堂中没有时间参与讨论,纷纷在课后与老师进一步交流,递交作业。

积极展开案例分析,同学们就《"后院起火"折射韩国反腐之困》、中国反腐靠"小三"吗? 网络反腐的利与弊等现实案例进行理论反思和分析。

二 《毛泽东思想和中国特色社会主义理论体系概论》课教研中心

为了提高教学实效性,教研中心根据教学内容的不同采取了多种不同的教学方式,廉洁教育在不同的教学章节、不同的教学方法采用中都得以一一贯彻和实施。

在具体的教学章节上,集中在第九、十、十一、十五章。在教学方法上,廉洁教育通过教师讲授理论知识,学生参与课堂讨论,观看相关专题视频等方式体现。

在讲第九章建设中国特色社会主义政治的内容时,主要是通过制度层面对学生进行理论阐述,一方面指出中国特色社会主义基本政治制度的历史必然性和创新性,另一方面也指出这一制度需要进一步完善的地方,通过法治对政府公权力进行约束,把权力关进制度的笼子,把腐败的根源彻底铲除。

在讲第十章建设中国特色社会主义文化的过程中,主要是通过专题讲座的方式通过十八大关于社会主义核心价值观的最新理论宣传,在大学生中间激起价值观问题的讨论,一些课堂还通过课堂讨论、学生PPT展示的方式进行形式多样的课堂教育。

在讲授第十一章构建社会主义和谐社会这一章内容时,主要是从树立科学发展观,促进社会和谐的角度出发,针对现实中的一些不和谐现象进行深层次的原因分析,提出加强社会建设和社会管理创新,改进国家机关工作人员的评价机制,以民生为重点,进一步强化政府的公共服务职能,提高执政党和政府的威望和公信力。

在讲授第十五章中国特色社会主义事业的领导核心时,我们的授课重点就集中在党的建设这一内容上,一方面教师通过历史梳理,系统讲述我们党从成立以来的发展历程及其历次整风运动,另一方面结合现实,尤其是十八大以来我们党在反腐问题上的态度及所取得的成绩,说明我们党所面临的风险和历史任务。此外,我们还给学生播放反映苏联解体的专题电视《居安思危》中的部分专题,学生看了以后触动也很大。

三 《中国近现代史纲要》课教研中心

1. 在课堂讲授中积极融入廉洁教育的相关内容

在讲授第一讲"反对外国侵略的斗争"和第二讲"近代早期关于国家出路的早期探索"时,我们把廉洁教育与分析反侵略斗争失败原因以及洋务运动的局限性和破产原因结合在一起,指出:清政府的腐败无能,社会制度的腐朽正是导致中国近代多次反侵略战争失败的决定性因素。"统治中国的清王朝,从皇帝到权贵,大都昏庸愚昧,不了解世界大势,不懂得御敌之策。许多官员贪污腐化,克扣军饷。不少将帅贪生怕死,临阵脱逃。他们大多害怕拥有坚船利炮的外国侵略者,甚至为了自身的私利,不惜出卖国家和民族的利益。他们尤其害怕人民群众,担心人民群众动员起来以后可能危及自身的统治。所以,他们不仅不敢放手发动和依靠人民群众的力量,而且常常压制与破坏人民群众和爱国官兵的反侵略斗争。在这样腐败的政府领导和指挥下的战争,怎么可能不失败?"(《中国近现代史纲要》2013年修订版,第34页)

而在讲授洋务运动的局限和破产原因时,则以李鸿章、张之洞等创办的洋务企业如江南制造总局、汉阳铁厂等为典型例子,剖析了这些企业管理上存在的腐朽性,如"企业内部极其腐败,充斥着徇私舞弊、贪污盗窃、挥霍浪费等官场恶习","正因为如此,洋务运动不能避免最终失败的命运"。(《中国近现代史纲要》2013年修订版,第47—48页)

在讲授第八讲"社会主义基本制度在中国的确立"的相关内容时,我们着重介绍了新中国成立前后中国共产党在加强自身建设以及进行廉政建设所采取的一系列重要举措和取得的成果。"针对中国共产党成为全国范围的执政党,党的工作重心从农村转向城市的新情况,党和政府教育广大干部和党员必须经受住执政的考验、接管城市的考验和生活环境变化的考验。进城前,党对干部和人民解放军普遍进行了城市政策和入城纪律教育;进城后,政府工作人员和解放军指战员纪律严明、清正廉洁,同国民党官员的腐败风气和旧军队欺压百姓的行为形成鲜明的对照。1950年和1951年,中国共产党在全党范围开展整风、整党运动,批判居功自傲等错误思想,进行共产党员标准八项条件等的教育,并在此基础上发展了一批新党员。1951年底到1952年,开展了反贪污、反浪费、反官僚主义的"三反"运动,处决了犯有严重贪污罪行的原高级干部刘青山、张子善,使全党震动,全国人民振奋,对于在执政的条件下保持共产党人的革命精神,促进中国共产党和人民政府的廉政建设,起到了重要的作用"。(《中国近现代史纲要》2013年修订版,第212—213页)

2. 在课堂讨论和录像教学中结合廉洁教育

在课程教学中,我们播放了《建国大业》、《百年中国》等历史故事片和历史纪录片(片段),并在观看录像后安排同学们进行课堂讨论。

比如我们在讲授第七讲"为新中国而奋斗"的相关内容时,我们一方面播放《百年中国》历史纪录片的相关片段,同时组织同学们围绕"抗日战争胜利后,国民党政府为什么会陷入全民的包围中并迅速走向崩溃"这一论题进行课堂讨论和思辨分析。通过录像和讨论相结合的方式,使得同学们更加充分地认识到"国民党政府由于它的专制独裁统治和官员们的贪污腐败、大发国难财,抗战后期在大后方便已严重丧失人心。在抗战胜利时曾经对它抱有很大期望的原沦陷区人民,也很快对它感到极端的失望"。(《中国近现代史纲要》2013年修订版,第178页)

而在讲授第一、二讲内容时,我们也安排了以穿越题材为题的"假如我穿越为慈禧,应如何应对中法战争"的课堂讨论,引导同学们围绕着这个问题就如何解决晚清官场腐败,建设一个独立自主的现代化国家展开了热烈的研讨。

3. 在课程考核中体现廉洁教育的相关内容

期末考试出题时,我们在A卷和B卷中分别出了一道简答题和一道材料分析题以考核课程教学中结合廉洁教育取得的实际效果。从答题情况看,同学们对于廉政的重要性有较为扎实的理解与认识。

附:期末考核中与廉洁教育密切相关的简答题与材料分析题

简答题:抗战胜利之后,国民党倒行逆施,最终导致国民党在大陆的统治迅速崩溃,而人民解放战争迅速获得胜利,试分析导致这两个"迅速"的诸多原因。

材料分析题共选取了三段材料,材料①是毛泽东关于"两个务必"的重要论述;材料②是新中国成立之初中国共产党进行"两个务必"党风建设的相关情况；材料③是胡锦涛在十六大后考察西柏坡学习考察时的讲话内容（节选）。要求同学们根据上述三段材料回答以下 3 个小问题：（1）依据材料①和材料②分析毛泽东提出继续保持"两个务必"作风的历史背景；（2）依据材料①和材料②简述新中国成立之初中国共产党是如何进行保持"两个务必"作风的党风建设？（3）根据材料③分析坚持"两个务必"作风在当今时代的重要意义。

四 《思想道德修养与法律基础》课教研中心

1. 深入挖掘教材廉洁教育资源，对大学生进行廉洁意识、品质和行为的教育

（1）在思想修养的目标价值取向上引导大学生确立廉洁的意识。结合第三章：领悟人生真谛，创造人生价值中的第一节"树立正确的人生观"展开教学。教育大学生树立为人民服务服务的人生观，反对拜金主义，反对享乐主义，反对极端个人主义，用科学高尚的人生观引领人生。

（2）在道德修养的品质培养过程中形成大学生廉洁的道德品质。把廉洁作为一种道德品质贯穿在"基础课"的道德教育板块中进行培养，同时又作为一种道德规范约束个体的行为。结合第四章"学习道德理论，注重道德实践"、第七章"遵守行为规范，锤炼高尚品格"展开教学。

第一，利用"基础课"中华民族优秀传统道德的内容进行廉洁教育。"公义胜私欲"是中国传统道德的根本要求。"夙夜在公"、"国而忘家，公而忘私"、"先天下之忧而忧，后天下之乐而乐"，都显示了强烈的为国为民的精神。

第二，利用"基础课"公民道德规范和诚信道德的内容进行廉洁教育。"爱国守法、明礼诚信、团结友善、勤俭自强、敬业奉献"这二十字是公民道德基本规范，大学生在思想上和心理上要对其产生认知和认同，将其作为行为标准，做践行公民基本道德规范的模范。

第三，利用"基础课"职业道德的内容加强大学生廉洁教育。爱岗敬业、诚实守信、办事公道、服务群众、奉献社会。大学生是以后党政干部的主力，应具有较高的廉政素质，认识到廉政建设对提高整个社会的道德水平和道德素质，对党和国家的未来具有重要的现实意义。

（3）在法律法规教育中促进廉洁的行为。法律具有强制性，任何违法行为都会受到法律的制裁。利用"基础课"的《公务员法》、《刑法》关于职务犯罪规定的有关内容，要求大学生今后要廉洁奉公，清廉执业，无论在哪个行

业、什么职位,一定要遵守国家的法律法规,保持清正廉洁,否则就会受到法律的制裁。法律部分的廉洁教育可根据不同专业的学生选用不同的案例进行教学,告诉学生不管什么行业,都有相关法律法规禁止的不廉洁的行为。还可结合典型的腐败案例的讲解分析,告诉那些想为官的学生,为官是一种责任的承担、个人的奉献,而不是捞取个人利益、抬高自己的社会地位,否则只能成为人民的罪人,受法律制裁,被人民所唾弃。

2. 综合运用多种教学方法和教学手段,增强廉洁教育的生动性和实效性

(1)案例教学法:根据与廉洁教育有关的教学内容,选好相应的案例,并运用好教学形式起到"以案说法"的教学效果。在前面所述三个板块可用于廉洁教育的内容中,引入案例进行教学,达到更深刻的教育教学效果。特别是在法律法规教育中,引入典型的腐败案例,以反面事例来达到正面教育的效果,让学生从思想深处意识到廉洁自律的重要性。案例有些用视频方式呈现,有些用文字的方式呈现,将多种教学手段利用起来,增强了案例教学的效果。

在教学中选用了被判死刑的"郑筱萸案"和近期的热点案例"刘志军案"。

2007年6月22日,北京市高级法院作出终审判决,以受贿罪、玩忽职守罪,判处国家食品药品监督管理局原局长郑筱萸死刑,剥夺政治权利终身,并依法报请最高人民法院核准。经最高人民法院核准,郑筱萸7月10日被执行死刑。

法院经审理查明:1997年6月至2006年12月,郑筱萸利用担任国家医药管理局局长、国家药品监督管理局局长、国家食品药品监督管理局局长的职务便利,接受请托,为8家制药企业在药品、医疗器械的审批等方面谋取利益,先后多次直接或通过其妻、子非法收受上述单位负责人给予的款物共计折合人民币649万余元。在2001年至2003年全国范围统一换发药品生产文号专项工作中,郑筱萸擅自批准降低换发文号的审批标准,导致部分药品生产企业使用虚假申报资料获得了药品生产文号的换发,其中6种药品竟然是假药。

郑筱萸伏法后,以其为首的国家医药腐败窝案中多名涉案的高官纷纷落马。在主张慎杀、少杀的刑事司法政策背景之下,郑筱萸被执行死刑,再次表明了中国反腐"刮骨疗毒"、铁腕治吏的坚定决心。

2013年7月8日,北京市第二中级人民法院对原铁道部部长刘志军受贿、滥用职权案作出一审宣判,对刘志军以受贿罪判处死刑,缓期二年执行,剥夺政治权利终身,并处没收个人全部财产;以滥用职权罪判处有期徒刑十年。北京市第二中级人民法院认为,检察机关指控刘志军犯受贿罪,数额特

别巨大,情节特别严重;犯滥用职权罪,徇私舞弊,致使公共财产、国家和人民利益遭受重大损失,情节特别严重,事实清楚,证据确实、充分,指控的罪名成立,应依法惩处。检察机关及刘志军的辩护人所提刘志军具有在有关部门调查期间如实供述犯罪事实并主动交待办案机关未掌握的部分受贿事实,受贿犯罪的赃款大部分已被追回,滥用职权造成的经济损失大部分已被司法机关挽回的量刑情节经查属实。刘志军的受贿行为严重侵害了国家工作人员职务行为的廉洁性,败坏了国家工作人员的声誉,论罪应当判处死刑,鉴于其具有上述法定及酌定从轻处罚情节,且认罪悔罪,对其以受贿罪判处死刑,可不立即执行。刘志军滥用职权犯罪的情节和后果均特别严重,虽造成的经济损失已大部分被挽回,但不足以对其从轻处罚。北京市第二中级人民法院遂依法作出上述判决。

(2)课堂讨论法:选取适合讨论的内容,以小组的方式展开讨论,讨论中发表自己的见解和看法,达到对某个问题或内容更深刻的认识和理解。比如对教学案例进行分组讨论;对当官的职业理想价值取向,对官瘾现象进行分析;讨论为什么大学生热衷于考公务员,引导大学生树立正确的理想观、价值观和权力观。

(3)专题教学法:根据前面所述内容,把廉洁作为专题进行教学,比如讲职业道德规范内容时,讲法律法规有关职务犯罪的内容时,都以专题的方式开展廉洁教育,增强廉洁意识。在课堂教学中,组织学生观看反腐纪录片,进行课堂演讲,收到了良好的教育效果。

"廉为本、洁自好"廉洁教育活动

浙江大学计算机学院和软件学院

为深入贯彻落实党的十八大精神，围绕立德树人的根本任务，营造风清气正的校园文化氛围，引导广大师生为实现国家富强、民族复兴、人民幸福的伟大"中国梦"而发奋图强、不懈奋斗。在学校纪委领导下，计算机学院和软件学院党委结合学院文化特色开展"廉为本、洁自好"的廉洁教育活动，本活动以"讲文明，树新风——推动廉洁文化建设"为主线，积极调动计算机学院和软件学院党团组织的积极性，在全校开展爱莲（"廉"）摄影活动（以下简称"廉洁活动"），现对整个廉洁活动总结如下：

一 廉洁教育活动概况

计算机学院和软件学院"廉为本、洁自好"廉洁教育活动以爱莲（"廉"）摄影活动为重点，自 2013 年 7 月初展开，通过学校 zupo 等宣传，到 8 月初，共有 21 位摄影爱好者提交作品，共计 125 组照片，参加者有老师和学生，既有在职老师也有退休老师，学生有本科生、硕士生和博士生。计算机学院各学生支部也积极参加，围绕廉洁教育开展支部生活并递交相应廉洁教育活动作品。

8 月中旬，学校摄影协会组织专业教师为参赛作品评审。在暑假酷暑天，评审专家认真仔细评审，有的对照片是否需要剪裁进行分析，有的对作品的名称再三斟酌，并和参赛者沟通商议，最后评审出一等奖 2 项、二等奖 4 项和三等奖 10 项和若干入围奖。爱莲（"廉"）摄影活动中部分优秀的作品推荐到第二届全国高校廉政文化作品大赛。10 月，学校给获奖者颁发证书和奖品。

这次廉洁活动，也丰富了支部建设，很多支部围绕廉洁教育，开展丰富多彩的活动。通过这次廉洁活动丰富了校园廉政文化建设的形式，为塑造风清气正的校园文化做了一次探索，也为学校参加教育部的活动提供了素材，学校从中筛选并推荐 2 部 MV 作品，2 项平面设计作品和 2 幅摄影作品参加第二届全国高校廉政文化作品大赛。

二 廉洁教育活动的启示

通过这次"廉为本、洁自好"廉洁教育活动,广大师生受益匪浅,也为活动组织者提供了很好的经验和启示,主要有以下几点:

第一,要进一步加强廉洁文化教育,通过多种形式,使廉洁文化成为校园文化重要部分,廉洁教育在师生中形成常态化,铭记廉洁无小事。为了做好廉洁文化教育,学校纪委推出的系列活动就是一个很好的举措,让更多的师生尤其是领导参与,效果会更加明显。

第二,举办好一个活动需要有好的策划和坚强的执行力,更关键要有领导的大力支持。如这次廉洁活动监察处领导都能给以仔细的指导和审核,纪委副书记张子法老师亲自参与作品评审,党委组织部副部长兼机关党委书记李五一老师亲自评审并帮忙召集摄影专家。

第三,活动成功举办需要充分发挥党支部的作用,如廉洁活动充分发挥了党支部的作用,使作品有多样化,有照片、DV 和平面设计作品。

三 廉洁教育活动的深层意义

莲即"荷花","荷"被称为"活化石",是被子植物中起源最早的植物之一,其野果和根节(即莲子与藕)不仅可以食用,而且甘甜清香,味美可口。渐渐地,"荷花"这一人类生存的粮食来源便深深地印刻在人们的祖先——原始人类的心中,成为人类生存的象征。莲和廉谐音,爱莲("廉")活动寓意在于必须做好廉洁,才能确保生存。

清白、高尚而谦虚(高风亮节),"出淤泥而不染,濯清涟而不妖"(周敦颐《爱莲说》),表示坚贞、纯洁、无邪、清正的品质,低调中显现出了高雅,荷花是花中品德高尚的花,爱莲("廉")活动的意义在于高校要营造纯洁的校园文化,培养学生清正的品质。

"荷"与"和"、"合"谐音,"莲"与"联"、"连"谐音,中华传统文化中,经常以荷花(即莲花)作为和平、和谐、合作、合力、团结、联合等的象征;以荷花的高洁象征和平事业、和谐世界的高洁。因此,某种意义上说,爱莲("廉")活动,也是对中华"和"文化的一种弘扬。荷花品种丰富多彩,是"荷(和)而不同",但又共同组成了高洁的荷花世界,是"荷(和)为贵"。通过开展这样的活动,组织者期望能让求是学生从内心弘扬和平文化、和谐文化,为促进祖国统一、维护世界和平、构建和谐社会的事业贡献各自的力量。

学生骨干廉洁教育实践活动

浙江大学团委

为深入贯彻落实党的十八大精神,围绕立德树人的根本任务,在求是园内营造风清气正的校园文化氛围,应学校廉洁教育和廉政文化建设工作领导小组号召,浙江大学青年马克思主义者(学生骨干)培养学院在结合组织特色的基础上,积极探索"廉洁教育"的实践模式,深入挖掘学生骨干在廉洁教育实践上的能动性,并组织开展针对性的"爱廉洁"学生骨干廉洁教育实践项目。

"爱廉洁"学生骨干廉洁教育实践项目主要以"识社会·爱廉洁"为主题,以"廉洁教育实践"为主线,以"西湖区人民法院廉洁教育实践"、"学生骨干探访嘉兴南湖革命纪念馆"等实践形式,有机整合校内外"廉洁教育"资源,积极搭建学校反腐倡廉的宽广平台。

背景及问题

党的十八大以来,中央把党风廉政建设和反腐败斗争提到了新的高度,作出一系列重要部署,也提出了一些新的理念、思路和举措。去年全国18.2万人受到党纪政纪处分,严肃查办违纪违法的县处级以上干部6400多人,其中,中管干部有31人(省部级27人),厅局级70人。从这些数据可以看出,当前滋生腐败的土壤依然存在,反腐败的形势依然严峻复杂,一些不正之风和腐败问题亟待解决。当然也说明,中央惩治腐败是坚决的,而且这种高压态势必将继续保持下去。

早在2011年,就有学者发表文章指出大学中团委、学生会的不正之风。2013年年初《人民日报:学生为何"官气十足"》一文也抨击了时下高校本不该有的一些官场文化。同时,伴随网络反腐的发展,各大新闻媒介也增加了关于高校学生干部不良行为的曝光。据不完全统计,百度贴吧、天涯论坛等各大主流论坛中与高校学生干部队伍有关的帖子高达5万多篇,其中大部分都在申诉高校团委、学生会的不廉洁行文。尽管有许多是捕风逐影，但该现象表明，学生干部，这一学生中的领袖群体，在发挥积极作用的同时，却是也存在着许多问题，高校学生干部中党风廉政建设显得尤为必要。

"其身正，不令自行；其身不正，虽令不行。"榜样的力量是无穷的，作为学生干部，大学生群体中的佼佼者，他们的一言一行将给大学生产生重大影响。所以培育大学生的廉政观念重点在对高校学生干部的廉政教育上，只有学生干部以身作则了，才更能为广大学生营造一个良好的廉洁行政氛围。

二 主要做法

1. "反腐"案例教育：从深入剖析案件得到教育和警示

从 2013 年 3 月份开始，浙江大学青年马克思主义者(学生骨干)培养学院和杭州市西湖区人民法院进行长期的课外实践平台构建的合作，截止到现在已有两批优秀的学生骨干在课余时间前往法院进行实际案例学习、特邀调解员助理实习等"廉洁教育"活动。

在 2013 年 6－9 月份，青马学院、西湖区人民法院共同开展了"治腐"案例教育系列活动。此次活动紧密结合社会相关时事，将社会热点搬上学习课堂，将"表"哥杨达才、薄熙来案等进行深入剖析，并进行别开生面的讨论，借此进行"治腐"案例教育，从负面角度对学生骨干进行警醒式的廉洁教育。

此次廉洁教育活动主要从"网络治腐""新媒体倡廉"等角度出发，并由青马学院的学生骨干对"表哥"杨达才被"双规"整个案件进行回顾梳理、重点要点分析、组织讨论。各参与人员在做好前期的充分调研准备的基础上，各抒己见，并针对"新媒体"治腐在信息时代的应用进行主题分享。各学生骨干一致同意，"新媒体"治腐案例的曝光，不仅给各路贪官一记记警醒，也给广大群众一个"从下至上"的信访渠道。"有腐败网上晒"让更多的社会力量参与到社会治理当中，很好地加大舆论的监督，大大地促进了政府的"廉政"。

"薄熙来"公审案是 2013 年法律界的一大热点。为了更好地了解社会，学习"廉洁"教育，青马学院学员和西湖区人民法院相关法官进行沙龙式交流，并对"公开审判"、"反腐倡廉"等话题进行深入讨论。学生骨干们通过"法治透明化""防腐途径"等观点地阐释，表达自己对"薄案公审"的意义的理解，在西湖区人民法院就职的曹法官、陈法官非常认同同学们的看法，并从历史角度用"陈希同案"、"陈良宇案"等进行对比，分享中国法治透明化的进程以及中国政府"防腐"的坚定决心，并且从自身法院工作经验出发，分享

"廉洁教育"的意义。参与活动的各学生骨干们,也都认识到"廉洁教育"的紧迫性,也都表示如此的"案例"教学能很好地学以致用,并能更深刻地认识到"廉洁教育"的含义。

2．"治腐"认知实习：以调解员助理身份理解公正严明

特邀调解员助理与"治腐案例教学"一样,也是由青马学院与西湖区人民法院一同举办的廉洁教育实践活动。青马学院根据西湖区人民法院的用人要求,在浙江大学校内进行特邀调解员助理的招募,主要进行调解工作的协助、网络调解室的维护、法院工作环境的认知等实习工作。特邀调解员助理的招募与实施,旨在让学生骨干们尝试着抛开书本,走进社会,在法院的实际环境中认知法治的重要性,从而提高自身的"廉洁"意识。

从 2013 年 3 月份开始,已有两批学生骨干前往法院进行认知实习。在此期间,同学们以轮流值班助理的形式进行法院工作的实习,并主动与法院工作的法官进行"廉洁教育"等问题的探讨。在第一期活动结束后,有位学生骨干感悟总结道："在作为特邀调解员助理的日子里,接触到法院的整个工作方式,看到法院在处理社会矛盾中的特殊作用。只有我们去亲身经历体会我们才会发现书与现实、理想与现实之间的区别与联系。"的确,此次特邀调解员助理的实践,让学生骨干们能真实地认知社会,通过在法院的实习认知,更好地了解"廉洁教育"的现实意义。

3．访红船观革命纪念馆：用厚重的历史提升自身素养

结合浙江大学"廉洁教育"活动的深入开展以及 2013 全国"少数民族大学生骨干社会实践和社会观察"项目,浙江大学青年马克思主义者(学生骨干)培养学院学员于 2013 年 7 月 15 日赴浙江省嘉兴市南湖革命纪念馆进行参观学习,并通过党情教育等形式,对"廉洁教育"进行深入探讨学习。

小船成就大党,1921 年南湖上的一只小船见证了中国共产党的诞生,也将红船精神融入嘉兴这个江南小城的血脉里,赋予其在中共党史上无可替代的地位。2005 年 6 月 21 日,时任浙江省委书记习近平在《弘扬"红船精神"走在时代前列》的文章中把"红船精神"的内涵精辟地概括为："开天辟地、敢为人先的首创精神,坚定理想、百折不挠的奋斗精神,立党为公、忠诚为民的奉献精神"。其中,立党为公、忠诚为民的奉献精神便是号召干部清廉为政、以民生为重,更是青马学生骨干们值得学习的重点。

廉洁奉公、诚信守法的社会氛围是社会进步的具体表现,在中国现代化建设日新月异的今天,作为浙江大学青年马克思主义者(学生骨干)培养学院中的学生骨干,通过红船精神的进一步实地认知,对中国共产党发展历史的学习,更能从历史的角度出发,理解保持党的纯洁性的重要性,以及深刻

认识到"廉洁教育"活动的开展对于社会、学校的重要性。而作为当代学生骨干,更应当心系民生、洁身自好、树立廉洁意识,以实际行动为营造一种崇廉、敬廉、爱廉的良好社会风气而不懈努力!

三 规划展望:探寻学生骨干廉洁教育的长效机制

"识社会·爱廉洁"主题学生骨干廉洁教育实践项目,在浙江大学廉洁教育和廉政文化建设工作领导小组的指导下,在青年马克思主义者(学生骨干)培养学院的认真执行下,成功取得了阶段性的成果。在此基础上,青马学院也不断探索学生骨干廉洁教育的长效机制。

1. 将廉洁教育与实践结合,养成学生干部的廉洁习惯

加强高校学生干部队伍连接建设,光靠课堂学习是不够的,和社会实践结合起来尤为重要。高校学生干部廉洁教育要坚持理论联系实际、凸出教育实践这一重要环节,引导学生干部走出校门,到基层、群众中去。要坚持把廉政教育实践与志愿服务相结合、与社会调查相结合、与公益活动相结合。

在不断与西湖区人民法院沟通协商的基础上,青马学院与之达成长期搭建实践平台基地的合作意向。西湖区人民法院表示将在每个学期接收10～15名学生,并提供相应的特邀调解员助理的岗位,让更多的优秀学生通过法院的实地学习,更好地了解"廉洁教育"的必要性。青马学院也将在之后的每个学期初面向全校进行"特邀调解员助理"的招募,并进行"在线报名—面试筛选—往期经验分享—实地法院学习—总结反馈交流"的机制建设,进一步完善"以学生骨干法院实地学习促进廉洁教育推广"的模式。

2. 深入学生干部思想引导,树立廉洁奉公的公仆意识

加强高校学生干部的廉洁修养,同时也应从思想道德教育这个基础抓起。思想道德教育是学生干部队伍廉洁建设的根本所在,从思想上对学生干部进行引导,有利于学生终身发展,帮助学生干部树立正确的世界观、人生观,使他们明确自己的工作目标和责任,并能以身作则、公正严明。

理论学习是青马学院主抓的培养举措之一,项目定期推荐各类优秀理论读物,编印《浙江大学青年马克思主义者培养工程理论读本》,让学生骨干在原著品读与热点辨析中与时俱进地学习马克思主义,使之成为学生的灵魂家园和思想灯塔,指引其以"政治坚定"的姿态,在中国特色社会主义的正确道路上不断前行。

该培养模式将职责观念、责任意识、服务理念、敬业精神的教育始终贯

穿于学生干部培养的各个环节中。让学生知道,学生干部所代表的应该是广大同学的利益,而非自身的任何特殊利益或好处,应该把服务的好坏作为衡量学生干部工作成效的重要标准。

3. 加强党风廉政宣传,增强学生干部队伍的凝聚力战斗力

同时,青马学院也积极通过新媒体平台对相关廉洁教育活动进行宣传推广。为了适应新时代的要求,青马学院组织专人进行人人网"浙大青马"公共账号、新浪"浙大青马"官方微博的维护和宣传,同时也在近期对青马官方网站进行更新,以更融入亲近学生的方式进行廉洁教育的推广和宣传,进一步达到营造风清气正的校园文化氛围的目的。

以长期合作机制建设为基础,同时加大校园宣传力度,促进学生骨干廉洁教育的长效性和可持续性,是我们尝试并践行的新模式。

伴随社会发展,与时俱进;结合学生需求,因地制宜。这正是青马学院"爱廉洁"学生骨干廉洁教育实践项目最真实的缩影。

"廉洁信电,师生共建"活动

浙江大学信息与电子工程学系

为深入学习贯彻十八大精神,响应校"廉洁教育季"活动号召,使"为民、清廉、务实"的理念深入人心,浙江大学信息与电子工程学系针对全系师生开展了以"廉洁信电,师生共建"为主题的系列活动。通过理论与实践相结合的教育方式使"廉洁"二字在信电人心中扎根,使全体师生党员重温革命烈士艰苦奋斗精神,提高自身思想境界;使学生学业优秀且品行隽秀,成为对社会有积极贡献的人;使师生们能更加积极地投入工作学习当中,更好地服务学校、服务社会。

一 活动方案设计

本次"廉洁信电,师生共建"系列主题活动,针对学生、教职工党员、科研教师三个系内受教育群体,打造四大系列主题活动。

第一,以党为先,拨冗引路。革命先人为了新中国抛头颅,洒热血,以廉洁朴实的革命精神感染和教育每个人,让我们坚定"永远跟党走,跟随党走出一条廉洁社会主义道路"的信念和决心。

第二,规范制度,求是科研。针对全系教职员工,充分利用科研经费管理相关文件,增强规范科研经费管理和使用意识,并以反面案例加强警示教育,让每一笔科研经费财尽其用,避免误用挪用滥用。

第三,步入就业,廉洁先行。对于一群朝气蓬勃,即将奔赴祖国大江南北各个岗位上的信电学子,进行廉洁教育是遏制未来职业腐败的有效"预防针",让信电人能够行事方正,为母校、母系树立廉洁的良好形象。

第四,廉洁信电,出谋划策。只有拥有一个廉洁的信电,营造一个健康、积极的科研环境,才能够惠及广大学生。系内学生党支部召开"廉洁信电"主题讨论会,将党员合理意见与建议反馈给信电系党委,使得每一位党员都参与到"廉洁信电"的建设中来。

通过以上四个系列的主题活动,进行全系上下联动学习和深化廉洁教育,既具有针对性,也具有广泛性,在全系树立起务实、清廉、为民的好风尚。

二　活动实施情况

本次活动立项主题深,活动意义大,时间跨度长。围绕"廉洁信电,师生共建"这一主题,以"廉洁教育季"活动为契机,开展了一系列活动,取得了良好实效。

(一) 以党为指引,发扬革命精神,永远跟党走

2013 年 6 月 7 日,信电系在玉泉校区教三 441 会议室举办"永远跟党走"王明华教授专题报告会。王明华教授系中国共产党创始人之一王尽美先生之孙,也是我系微光所的博士生导师。

王明华教授以"中国梦——永远跟党走"为主题,为在座的师生讲述了其一家四代的红色历程。通过介绍党的一大、二大、国共合作一大、淮海战役等重大历史事件,讲述了祖父王尽美先生和许多创建中国共产党先烈们的事迹;通过介绍父辈在工作上的奔波、调动和遭遇,为大家呈现了他所熏陶的党员家风和父辈无私的党员形象;通过对子女的教育和引导,将廉洁正直的党员本色示范给下一代,要求时刻以"中国共产党"后人的身份严格要求自身。王明华老师的报告让在座的每一位师生党员如沐春风,深深感受到革命先烈的艰苦奋斗、无私奉献精神,感叹如今舒适校园生活、良好科研环境的来之不易。

系党委书记徐国良老师在报告会结束后的讲话中强调,党员们要坚定"永远跟党走"的理想信念,将艰苦奋斗、无私奉献的革命精神,与时俱进地应用到当今社会中,让每一位党员都能够做到洁身自好、廉洁正直,起到模范带头作用,这样才能为国家和党的建设输送源源不断的优秀党员队伍。

(二) 规范制度,求是科研,营造清廉学术氛围

教师是科学研究的主力军,但由于过去制度对科研经费使用监管不够健全,个别科研工作者对科研经费的理解存在一定的偏差。鉴于高校个别教师中存在这一不良风气,信电系提出"廉洁信电,教师带头",针对全系教职员工,2013 年 4 月,举办科研经费规范使用教育专题会议。会议向全体教师传达教育部及学校有关精神,进一步吃透科研经费管理相关文件,增强规范科研经费管理和使用意识,并以反面案例加强警示教育,让每一笔科研经

费财尽其用,避免误用、挪用、滥用。同时,每年年初学系要求每位教师根据《浙江大学科研经费管理办法》等政策规定对上一年所负责经费的使用情况进行自查自纠,上交经费年度使用报告,形成长效机制。让制度为腐败套上枷锁,为廉洁保驾护航。

(三) 步入就业,廉洁先行,毕业生廉洁教育在行动

2013 年 6 月,又一批信电莘莘学子奔赴祖国的大江南北,踏上为实现个人价值,为祖国的繁荣富强,勇于奋斗、敢于拼搏的征程。

然而,无论在哪里,无论在何时,"方正做人,清廉做事",都是一代又一代信电人的作风。步入就业,廉洁先行。信电系在毕业生临近离校时,有条不紊、紧锣密鼓地开展各项职业廉洁教育活动,在毕业生之间营造一种思想端正、积极向上的人生观与价值观。

1. 廉洁主题诗朗诵

2013 年 6 月 18 日晚,信电系 2013 届毕业晚会在玉泉校区永谦剧场隆重举行。

信天下,华灯初上才子相聚,电乾坤,为学求是佳人共舞。毕业晚会上,声情并茂的廉洁主题诗朗诵节目无疑是晚会的一大亮点,同学们华丽的礼服、青春的姿态、坚定的声音,通过这种诚挚而委婉的方式在为大家带来艺术之美的同时,也将"廉洁"的精神充分传达至每一位毕业生的内心。

2. 端正未来,踏上正途——信电系毕业生廉洁教育大会

2013 年 3 月 14 日下午,信电系 2013 届毕业研究生离校教育大会在玉泉校区教三 441 举行。系党委副书记楼建悦老师、信电系全体 2013 届毕业研究生参加大会。会议由系研究生总支书记赵蕾蕾老师主持。

在毕业生教育大会上,楼建悦老师向广大毕业生进一步传达党中央、中纪委以及学校党代会的相关精神,让毕业生全面了解"廉洁就业"的内容、意义及重要性。指导毕业生的职场态度,帮助他们步入工作岗位后树立正确的观念,更好地实现社会价值和个人价值的统一。

3. 反腐倡廉,我为廉洁信电出谋划策

2013 年 6—7 月,信电系学生党支部分别开展"廉洁信电"主题讨论。针对保障廉洁有效机制、廉洁教育活动形式等问题,学生党员们纷纷表达自己的想法,对廉洁教育活动出谋划策,各党支部将党员的合理意见与建议反馈给信电系党委,使得大家能够积极投入到"廉洁信电"的活动中,并贡献自己的一分力量。

三 活动成效

以党为指引,发扬革命精神——营造清廉学术氛围——打造行事方正的信电毕业生,通过这样"三位一体"的活动方案设计,围绕立德树人的根本任务,在信电系营造了风清气正的文化氛围。

1. 巩固执政之基,党员为重。提高教职工、学生党员思想境界,学习革命先烈的高尚精神,着眼于自我净化、自我完善、自我革新、自我提高等方面。党员是群众的带头人,是群众学习的模范。加强系内党员的"廉洁教育"建设,有助于在系内、在党员群体内部营造清廉正直的良好风气,从实质上起到党员先锋模范带头作用。

2. 规范经费使用,教师为主。加强科研经费使用制度的完善,提高科研人员对于科学规范使用科研经费的重视。一方面,"科研经费零腐败"活动,有效杜绝了科研经费的滥用、挪用,使得科研经费能够用到实处。另一方面,科研经费的合理使用,能够在系内形成提升科学研究热情和科研学术水平的良性循环。

3. 毕业走向社会,廉洁先行。桃李不言,下自成蹊。信电系毕业生以"踏实做人、勤奋做事"的形象获得了用人单位的青睐和认可,这得益于信电人在校园内营造的良好文化氛围。加强对毕业生的"廉洁教育",将未来可能的职业腐败萌芽扼杀在摇篮里,树立起积极向上的人生观与价值观,方正做人、正直做事,使每一位走出去的信电人都能为母系、母校争光。

本次"廉洁信电,师生共建"系列活动触及系内师生的方方面面,主题意义深刻,参与对象广泛,活动形式多样,相信会对我系乃至全校吹起廉洁之风起到重要积极作用。

强意识、传本色，弘扬社会主义核心价值观

——离退休老党员关心下一代廉洁教育活动

浙江大学离休党工委、离退休工作处

为深入贯彻落实党的十八大精神，围绕立德树人的根本任务，弘扬社会主义核心价值观，在求是园内营造风清气正的校园文化氛围，引导广大师生为实现国家富强、民族复兴、人民幸福的伟大"中国梦"而发奋图强、不懈奋斗，根据校纪委的统一部署，离休党工委、离退休工作处开展了离退休老党员关心下一代廉洁教育活动，广大离退休老党员积极响应，热情投入，取得了良好成效。

廉洁教育活动以弘扬社会主义核心价值观为核心，充分发挥离退休老党员的丰富经验和独特优势，坚持与青年思想道德建设相结合、坚持与和谐校园建设相结合、坚持与师德师风建设相结合，重实效，增强教育的针对性和吸引力，营造崇尚廉洁的校园文化氛围，努力为加快建成世界一流大学提供坚强的文化保证和精神动力。

一 廉洁教育主题报告：强化师生廉洁自律意识

离退休老党员们认为，廉洁教育是一种全方位渗透式的教育。不能满足于让青年师生知道什么是廉洁，而是应该把廉洁以及与此相关的德行走进青年师生心里，成为他们骨子里面的东西，内化为他们的自律意识。

活动开展以来，浙江省新四军历史研究会宣讲团副团长、我校关工委顾问、校关工委宣讲团成员郑元康教授为建工学院、经济学院的学生党员和离退休工作处的工作人员开展了 3 场专题报告会，旨在提升青年师生的党性修养，进一步强化廉洁自律的思想意识。

郑元康教授曾担任我校党委宣传部部长，是社会科学领域的知名教授，对党的历史和发展有深入的研究，对如何保持党员先进性，引导学生党员和党员干部树立正确的群众观、权力观、政绩观有深刻的理解。报告会上，他

通过国内外的真实案例,告诫党员同志腐败是世界性的顽疾,是执政党在和平时期的致命伤,面对严峻的反腐形势和艰巨的反腐任务,我国需要建立一条具有中国特色的反腐倡廉新道路。党员同志只有真正把金钱、权力视作浮云,把国家和人民视作泰山,看重党性与名节,以高尚的人格情操、广阔的胸怀,严格奉行廉洁自律,才能脚踏实地、正气凛然地影响和带动群众,服务群众。只有形成风清气正的氛围,才能使党员干部更有凝聚力和号召力,让国家更强大,百姓更幸福,政权更稳定。

通过主题报告,青年师生们对党风廉政建设有了新的认识,增强了廉洁自律做好工作的信心与决心。学生党员认识到在实践中要正确认识和处理个人与他人、个人与集体、个人与社会的关系,形成以廉为荣、以贪为耻,以洁为荣、以污为耻的道德认知,养成自我教育、自我约束、自觉省察、自觉纠错、自觉修身的良好习惯。建工学院的一名党员在听完报告后说,通过这次廉政教育讲座,不仅让大家了解了腐败形成的根源,进一步开阔了自己的眼界,同时也为大家敲响了构筑廉洁自律防线的警钟。他表示在工作后,一定会时刻牢记做一名廉洁工程师。

教工党员认识到要做好工作之前首先要学会做人。一名党员干部说,"吏不畏吾严,而畏吾廉;民不服吾能,而服吾公,古训在今天仍然有着极强的现实意义和警示意义。"要在加强自身党性修养的同时,加强道德修养,始终坚持自重、自警、自省、自励,正确对待手中的权力,自觉抵御拜金主义、享乐主义的侵蚀,自觉接受人民群众的监督,要堂堂正正做人、踏踏实实做事、干干净净履责,做严于律己、廉洁自律的表率,全心全意为群众服务。

二 老少党员结对共建:传承廉洁正直革命本色

廉洁教育活动期间,西溪离休第二党支部与丹青学园学生第十三党支部在西溪校区离退休办公室"党员之家"开展了以"党员纯洁性教育"为主题的支部会并举行了老少党员结对仪式,两个支部正式结成共建关系。

会上,学生党员代表们就学生党员应如何提高自身党性修养、如何积极向党组织靠拢、如何保持党员纯洁性等问题进行了探讨。大家纷纷讲到:要成为一名合格的优秀的党员,必须在学习文化知识的同时,加强自身的政治思想教育,树立起坚定的理想信念,不断提高自己的科学文化素养、政治素养和道德修养,在理论武装自己的同时积极投身到社会实践中去。特别强调作为一名党员,要正确处理个人与集体的利益关系,要将集体利益放在个人利益之上,做到个人价值与社会价值的统一。每一位党员要时刻明白一点"入党不是为了索取,而是为了奉献"。

离休党员们从自身的经历与体会出发,回顾了党的历史和国家建设富强走过的历程,他们用亲身经历告诉学生,什么是真正的共产党员,用言传身教向学生们展示了廉洁正直的党员形象。在抗日战争、解放战争时期,他们为了理想,参加革命战争;在和平时期,他们为了祖国繁荣进步、人民幸福不断努力奋斗,他们始终坚持理想信念不动摇,不向社会上的不良现象妥协。老党员们告诫学生党员要坚定理想信念,继承与发扬党的艰苦奋斗、无私奉献的革命精神,努力成为党和国家的栋梁。年轻党员与老党员结对子,建立共建关系,为新老党员搭建起一个相互学习和沟通交流的平台,老党员们坚定的理想信念以及精深的专业知识为学生党员的成长插上助翼,年轻党员的加入可以为老党员们带来新鲜血液和活力,这样的党建活动还将持续开展下去。

三 搭建宣讲平台:弘扬社会主义核心价值观

廉洁教育的根本,就是要树立社会主义核心价值观。社会主义核心价值观,是我们坚定不移继续走中国特色社会主义道路的价值基础,也是我们坚守道路自信、理论自信和制度自信,朝着"中国梦"不断奋进的力量源泉。浙大关工委求是宣讲团,正是一支以弘扬社会主义核心价值观为主的宣讲团队。在廉洁教育活动中,宣讲团的老党员们充分发挥优势,传播正能量,弘扬正能量。

求是宣讲团成立于 2012 年 12 月 30 日,目前有 14 位成员,由一批离退休老领导、老干部、老教授、老专家、老战士所组成。宣讲团坚持德育为先的育人思想,以社会主义核心价值观为引导,以重大政治活动和重大事件为契机,充分利用各种教育资源,开展形式多样的教育活动,用社会主义核心价值观引导学生树立正确的世界观、人生观、价值观。活动开展以来,宣讲团以弘扬核心价值观为主题,开展了系列报告、讲座等活动。截至 2013 年年底,宣讲团在校内外作主题报告近 50 场次,受众人数近 7000 人次。宣讲对象以本校大学生为主体,上至老干部、老教授,下至中小学生,北至浙大关工委在湖州市南浔区共建的教育基地,南到浙大宁波理工学院。宣讲报告主题鲜明、内容丰富翔实,凝聚了老同志的心血和一生知识的积淀,更倾注了老同志对党对社会主义祖国的真挚情感和对下一代成长的关爱。

宣讲团还积极参与浙大与省新四军历史研究会共建基地的"相约星期五"活动。宣讲团成员用自己的亲历和感悟传承革命传统、交流学习中国特色社会主义理论的体会,激励学生坚定不移跟党走,树立道路自信、理论自信、制度自信,春风化雨,润物无声。浙大与浙江省新四军历史研究会共同举办的"相约星期五"活动,以宣传党的十八大和中国梦为主题举办了6场座谈活动。

　　青春与银发交流,朝阳和晚霞共融,离退休老党员是历史的创造者,也是历史的见证者,通过廉洁教育活动,同志们充分发挥知识积淀和人生阅历的优势,将长期从教的功底和经验,厚重的知识积累,丰富的人生经历熔为一炉,将廉洁思想、廉洁作风、廉洁文化传播到高校校园的每一个角落,发挥了离退休老党员的独特优势和作用。

后　记

　　在高校党风廉政建设特别是在着眼预防腐败的工作中,廉洁教育、廉政文化和廉政研究是既相互联系又各有侧重的。廉洁教育关注的是对不同的群体进行有针对性的教育,重在"教";廉政文化建设主要是通过开展廉政文化产品创作和廉政文化传播活动,浓厚校园廉政文化氛围,将廉政理念以文化的形态深入师生心田,以起到"随风潜入夜,润物细无声"的效果,重在"化";廉政理论研究主要是围绕高校反腐倡廉工作中出现的新情况新问题,结合学校教育改革发展实际开展热点难点问题的研究,为反腐倡廉实践提供理论支撑和智力支持,重在"研"。多年来,浙江大学党政领导班子和纪委班子一贯重视将这三方面工作一起谋划,一起部署和一起落实。本书意图呈现给读者的正是这三方面的"结合体",想以此来反映学校廉洁教育、廉政文化建设和廉政理论研究(主要是基于工作实际的调查研究)的概貌。当然,限于我们的水平和能力,"教育"之覆盖面和有效性、"文化"之潜移默化功用、"研究"之深入和系统化,都还有待进一步提高,当继续勉励前行。

　　《清廉·浙大》丛书由校党委副书记兼纪委书记、教育学专家周谷平教授担纲总编,本册由郑爱平、张子法担任主编,张栋梁担任副主编。收录的领导讲话或讲稿根据当时的讲话素材整理修改而成,尽量保持原貌;所载调研报告、工作思考等大都出自不同时间段,编者特别加注,以反映当时之面目;所选理论征文和读书报告来自本校生,只在论文规范和原创性上提出要求,其思考和感悟亦未加修饰。全书由张子法、张栋梁负责统稿和协调,周谷平、郑爱平亲自审阅。本书的成功付印,除了感谢文稿的作者或执笔人、书画等作品的原作者之外,更要感谢为学校廉洁教育和廉政文化建设做出实实在在工作的各级组织和每一位同志,正是你们的思考和实践,才成就了本书。最后也要感谢浙江大学出版社的领导和具体负责本书工作的同志,你们的专业水准和敬业态度,也是本书编者在此中的收获。

编写组

2014 年 6 月于求是园

"清心　正道" 书法作品

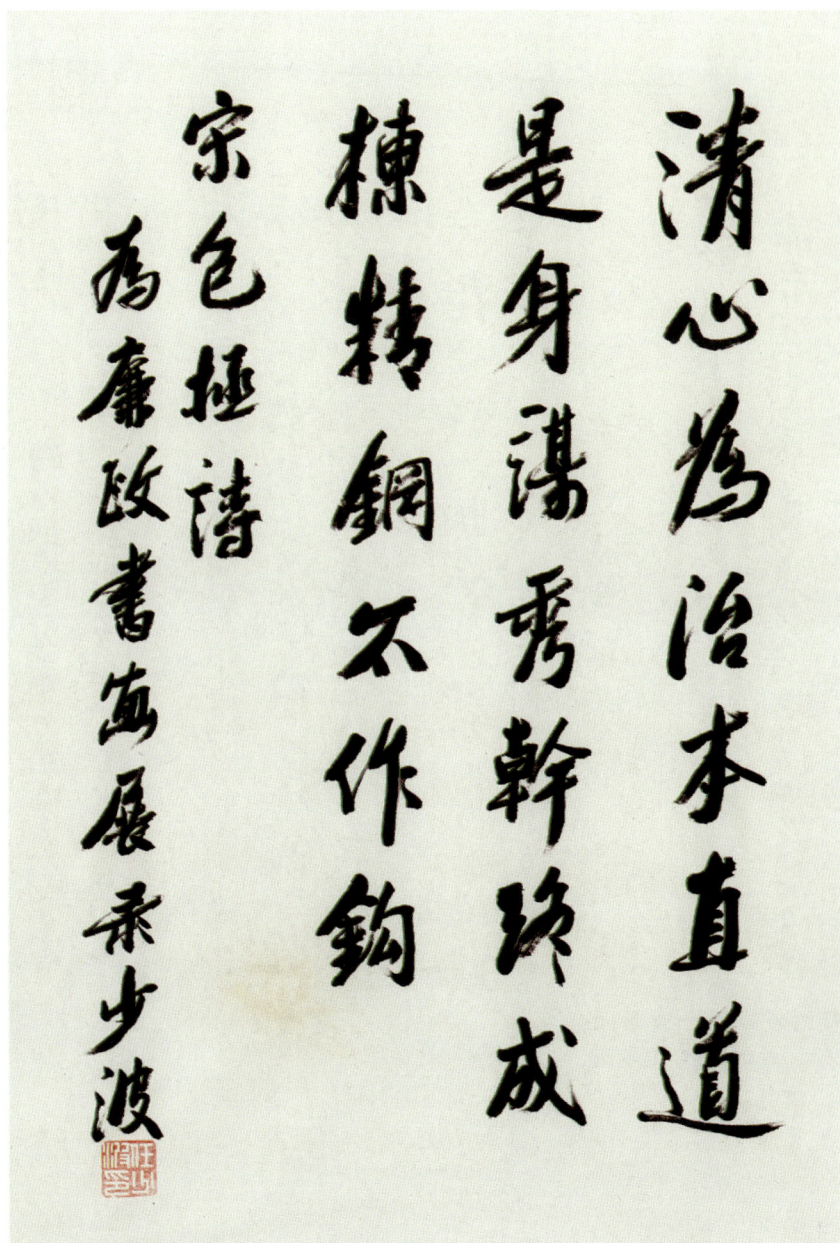

清心為治本真道
是身謙秀幹頻成
棟精鋼不作鈎
宗色挺涛
為廉政書畫展錄少波

浙江大学党委副书记、校秘书长
任少波　题

周敦颐《爱莲说》草书四条屏
金健人（教师）人文学院

诸葛武侯《诫子书》 行书横幅
董平（教师）人文学院

范仲淹《岳阳楼记》 行书手卷
楼含松（教师）人文学院

《陈确集·别集》节录 行书横幅
沈华清（教师） 人文学院

郑板桥《潍县署中画竹呈年伯包大中丞括》
行书条幅
潘国强（教师）医学院附属邵逸夫医院

《晏子春秋》之景公问廉政 篆书条幅
姜齐云秋（学生）人文学院

清正在德　康漾明志

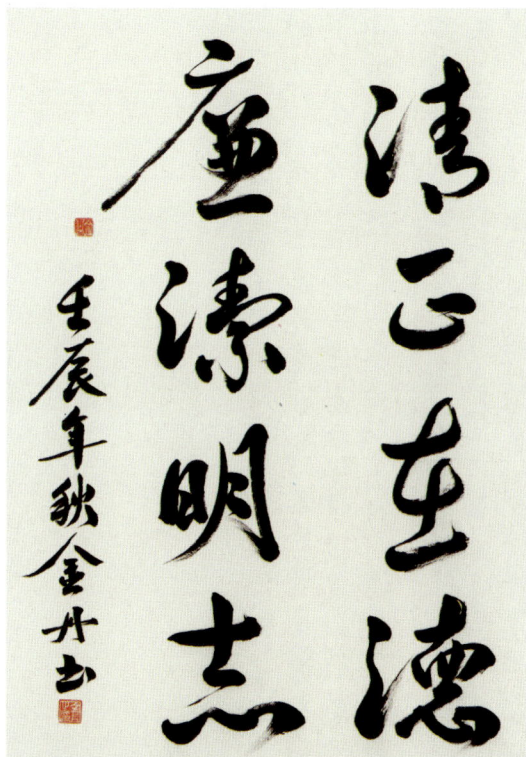

养天地正气 行书条幅
李霄霄（学生）　竺可桢学院

壬辰年秋金丹书

旷达 榜书中堂
颜培大（学生）　人文学院

文天祥《正气歌》草书条屏
席薇薇（学生）地球科学系

"清心　正道" 国画作品

根涤源清图 山水中堂
胡礼祥（教师）城市学院

风霜高洁 花鸟中堂
戟锋（离退休教师）继续教育学院

不随黄叶舞秋风 花鸟中堂
倪集裘（教师）后勤集团

高风亮节 花鸟条幅
李永翰（学生） 人文学院

"清心 正道"油画作品

洁净睡莲图 油画斗方
毛振棠（离退休教师）继续教育学院

莲 油画斗方
江崇岩（教师）人文学院

"清心　正道" 篆刻作品

有万喜

下里巴人

敬事

复归平正

新月如佳人

慎独

公

少则得

小榻琴心展

肃雍

平阳郡

借古开今

非人磨墨墨磨人

畅神

得趣

爱“莲”摄影作品

《洁》
方旭升（离退休工作处教师）

《向往》
杨亮（发展联络办公室教师）

"爱廉洁"新媒体作品

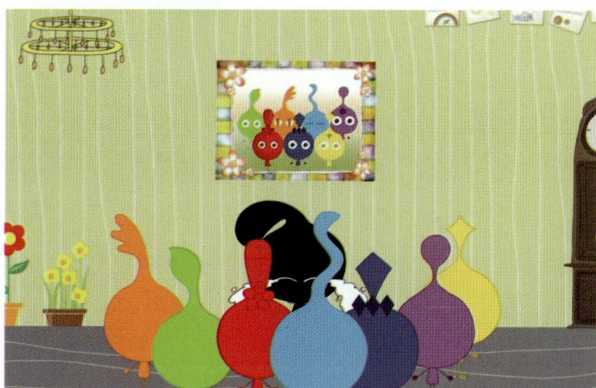

微电影《清白》海报
郝力滨（计算机学院硕士研究生）

廉洁为基

— 四大发明新解 —

制作者：浙江大学计算机学院 陶钧冶

活字印刷术
胸怀大局
拒绝出格行为

造纸术
珍视清白
绘就完美画卷

火药
谨慎行事
当心玩火自焚

指南针
把握导向
永不偏离路线

公益宣传片《四大发明新解》海报
陶钧冶（计算机学院硕士研究生）